Waldefried Pechtl • Zwischen Organismus und Organisation

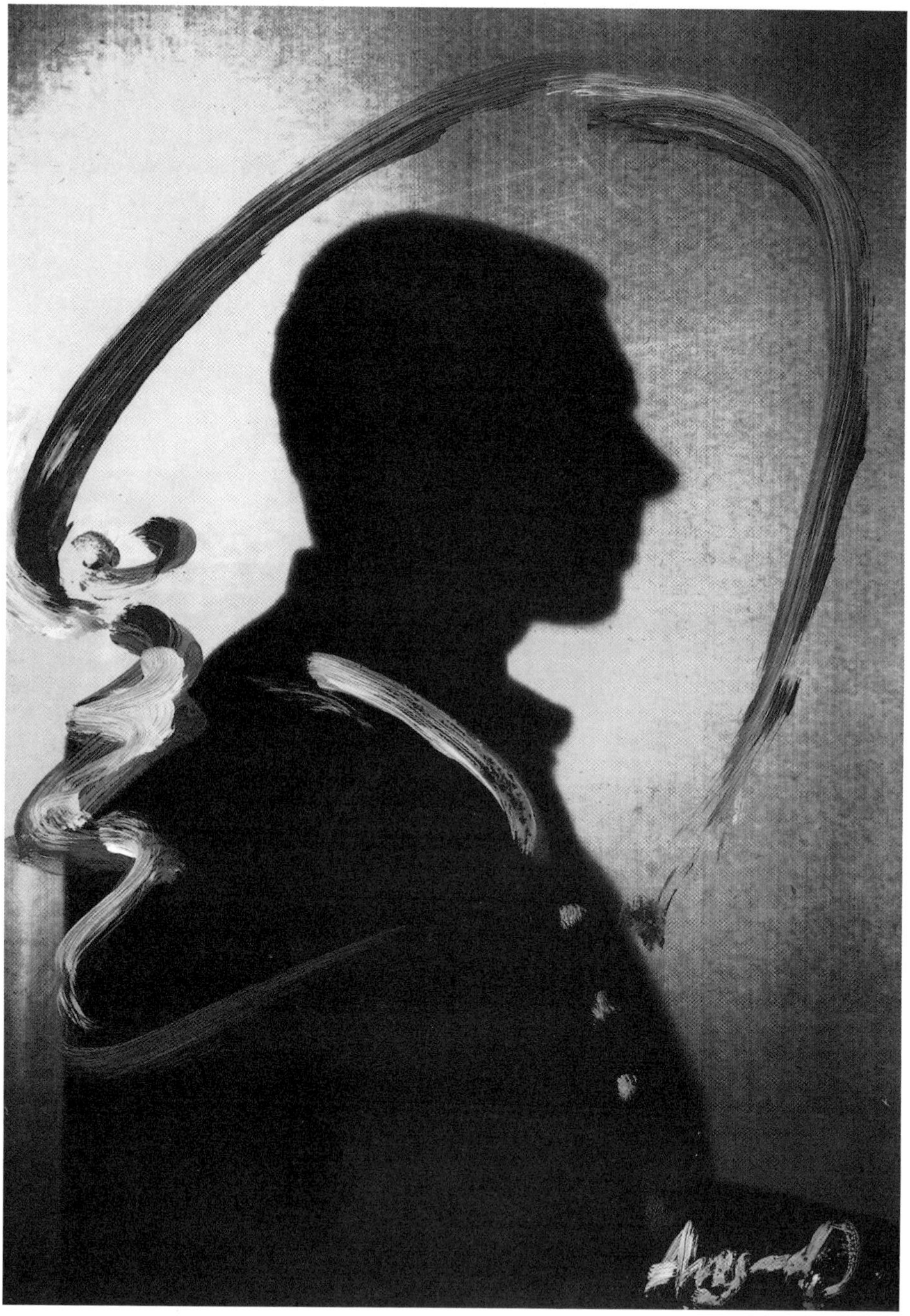

Waldefried Pechtl

Zwischen Organismus und Organisation

Wegweiser und Modelle für Berater und Führungskräfte

Illustrationen:
Angerer der Jüngere

VERITAS

Gedankensplitter zum Titelbild:

Begreifen und wahrnehmen:
ein bewegender Halt.
Hände mit Fingerspitzengefühl.
Eines begreift das andere.
Das Licht begreift den Schatten nicht.
Der Schatten versteckt sich vor dem Licht.
Das Gesicht läßt Löcher, Fugen, Freiräume für die Phantasie des Beschauers.
Das eigene Gesicht, die eigene Geschichte taucht schemenhaft aus dem Grunde auf und verschwindet wieder im Zusammenspiel der vielen Möglichkeiten.
Ein Gesicht geht durch, bis die Einbildungen zusammenfallen mit der Wirklichkeit, dem Ausdruck des Künstlers.

Anmerkungen zum Shadow-Painting:

Im Shadow-Painting gilt der authentische Schatten als Symbol für die Realität.
Der Lochkopf steht für die Anonymität — unsere Auflösung im Allgemein-Menschentum.
Die Strichführung zeigt die Individualität des einzelnen in der Masse.
Freie Flächen, hineingedachte Figuren und Formen bauen ein Spannungsverhältnis für den Beschauer auf, die ihn selbst zum Bestandteil der paradoxen künstlerischen Wirklichkeit werden lassen.
Diese Verwobenheit einer Ganzheit ist die Persönlichkeit vom Schatten der Persönlichkeit.

Gedruckt in Österreich; 1. Auflage / 1989
Gesamtherstellung: LANDESVERLAG Druck Ried

ISBN 3-85329-716-1

Inhalt

Vorwort

Endlich die letzten Zeilen,
ausklingend,
und doch am Anfang
dieses Buches.

Vorworte,
nachhinein geschrieben,
lassen meist der Tat
den Dank folgen.

　　Jedem Dank gebührt
　　ein Ehrenplatz.

Alle werden erwähnt,
die flüsternd und laut,
unüberhörbar und unmerklich
sich in dieses Buch
einschlichen,
es füllten,
quälten,
doch letztlich den Gehalt,
den Wert bestimmten.

　　Jener Dank ist so leise,
　　wie der Ton der Quelle,
　　wo Unwissenheit zur Weisheit wird.

Sie werden alle erwähnt,
sind der Öffentlichkeit
wehrlos preisgegeben,
ob sie wollen oder nicht.

Namen sind zu lesen,
unbarmherzig wird geprüft,
ob jemand, niemand
übergangen und vergessen wurde.

　　Jeder gerichtete Dank
　　läßt den daneben
　　danklos stehen.

Wir alle sind Beschenkte:
die Leser wie der Schreiber.
Nur was wir als
Geben und Nehmen
erkennen,
bleibt als Geschenk zurück.

Es waren bestimmte Menschen,
die mich und meine Aussagen formten.
Sie ließen mich zuhören und erzählen,
bis ich namenlos geworden
ihre Namen nennen wollte.

Eine unendlich lange Liste,
eine Kette von Personen und Gruppen
erscheint:
auswählen, nennen und reihen
müßte ich sie
und erstarre in mutiger Feigheit.

Innerlich bebe ich
im Rausch des Dankes.

In der Verzückung des Dankes
und der Arbeit
habe ich alle geliebt,
die mir gaben.

Im Aufzählen der Namen
gleichen sie jedoch Unterschriften,
die ungefragt geleistet werden
für ein Werk
zu einer Selbstdarstellung.

Angeboten wie ein gerahmter Spiegel
wird dem Dank ins Gesicht geschaut.
Der Name wirkt verzerrt
durch die Vielzahl der Personen,
die sich selbst erkennen.

Man bedankt sich
für den Dank
wie für ein Getränk,
das nicht gekostet wurde.

Im Mantel der Wertschätzung
wird die gedruckte Unsterblichkeit
zur Selbstaufgabe.

Mein Dank gilt nicht
allein den Helfern, Freunden und Gewährenden,
sondern den Unzähligen,
die mich forderten,
mich kränkten,
schmerzhaft und unbequem,
unüberwindbare Hindernisse schufen,
mich auf einen Weg stießen,
mich zweifeln und verzweifeln ließen,
bis ich nicht mehr anders konnte —
als zu schreiben.

Der Dank heilt keine Wunden.
Er läßt sie unvergessen bleiben.

Ein Vorwort stirbt
mit jeder Zeile,
die hin zum Inhalt führt.

Denjenigen, die Geduld besitzen,
ungeduldig durchzulesen,
denjenigen, die Entdeckungen machen
beim Umdenken,
denjenigen, die in der Gelassenheit
Freude finden,
sei mein sprichwörtlicher Dank
ausgesprochen.

Unsagbarer Dank
kommt aus dem Herzen.

Beteiligte Personen,
ein Blumengebinde,
das nie welkt.

Meine Mutter, mein Vater,
mein Zwillingsbruder Helmut.

Meine liebe Frau Ingrid,
die mich am Boden der Wirklichkeit hielt,
für mich schrieb,
mir gab,
mich schützte.

Meine Freunde,
die mich begleiten
und mich halten.

Leopold Stieger und Gerhard Scheibel
von der Gesellschaft für Personalentwicklung.

Walter Angerer d. J.

Anonymus.

1. Ganz persönlich

''Eine lange Reise beginnt mit dem ersten Schritt'', heißt ein chinesisches Sprichwort. Ich sage mir diesen Satz schon zum siebenten Mal vor und habe zum elften Mal neu begonnen, die ersten Zeilen zu formulieren. Und nun — zufrieden mit dem Beginn — taucht die Befürchtung auf, es könnte einen zwölften, dreizehnten Beginn geben und dann einen Beginn, der das Ende ist.

Auch wenn mein Zaudern und Zagen die vielen kleinen ersten Schritte dieser chinesischen Weisheit in Frage zu stellen scheinen, bleibt ein grundsätzlicher Gedanke und Impuls zurück:

''**Trau dich, fange an, etwas zu tun und zu handeln.**''

Und ein getaner Schritt ist so ein Schritt, vielleicht ein Rückschritt oder auch ein Seitensprung, aber in jedem Fall steckt in diesem Schritt Bewegung. Ich bleibe fast in meiner Selbstbetrachtung des ersten Schrittes hängen, weiche über die Phantasie aus in eine Dimension des Spielerischen — beginne die Reise; mein Schreiben, mit der Vorstellung zu tanzen, um mich mitzuteilen.

Ich weiß jetzt schon, daß vieles, das ich schreiben werde, bereits bekannt, selbstverständlich und banal ist. Was ich vorhabe, ist nicht mehr, als mir und Ihnen einfache Zusammenfassungen zu vermitteln, die helfen sollen, in einer komplexen Wirklichkeit Fuß zu fassen, Standorte zu beziehen und Auseinandersetzungen zu ermöglichen. Was ich mir wünsche, ist, Impulse zu geben, um neue Wahrnehmungen zu ermöglichen und Perspektiven aufzuzeigen, ohne auf das Bisherige verächtlich zurückzublicken.

Ich gehe nicht von gegenüberliegenden Polen eines ''Falsch'' oder ''Richtig'' aus, sondern ich glaube an Entwicklung. Eine neue Erkenntnis ist oft nur eine Veränderung des Blickwinkels: Wir sehen die gleiche Sache, und doch ist das Bild von ihr ganz anders. Photographiere ich ein dreidimensionales Objekt von mehreren Seiten, so werde ich verschiedene Bilder desselben Gegenstandes bekommen. Von jeder Seite sehe ich einen anderen Teil des Ganzen. Zu sagen, das eine Bild ist richtig und das andere ist falsch, trifft die Sache nicht. Wir sollten die komplexe Wirklichkeit betrachten wie eine Skulptur: Ringsherum gehen und sie aus jedem Blickwinkel aufmerksam wahrnehmen. Diese Art von Erkenntniserweiterung — das Wandern von einem Blickwinkel zum nächsten — ist am besten mit dem Begriff der Entwicklung zu beschreiben. Er läßt alte Erkenntnisse gültig bleiben und fügt ihnen neue hinzu.

Vor Jahren nahm ich mir vor, mich erst an ein Buch zu wagen, wenn ich mir zutraue, wertschätzend zu schreiben. Für meine Beratungsarbeit, sei es mit Einzelpersonen, Gruppen oder Organisationen, stellte sich mehr und mehr heraus, daß sich jemand letztlich nur getraut, bewußt neue Schritte zu setzen, wenn genügend Bestätigung für sein gelebtes Leben vorhanden ist. Dieses "Sich selbst gelten Lassen" und die Anerkennung durch andere Bezugspersonen schaffen einen Boden, auf dem man es wagt, Neues, anderes zu tun, einen Sprung zu machen, sich in Unbekanntes hineinzuwagen.

Im Lauf der Jahre habe ich auch erkannt, daß alles Schwierige, Komplexe und Aussichtslose, mit dem man sich beschäftigt, oft durch ganz einfache Erkenntnisse und Hilfen lebbar wird. Im herkömmlichen Sinn wird man statt lebbar meist von lösbar sprechen, aber schon dies ist ein Beispiel für eine Vereinfachung, die es ermöglicht, nur durch einen Austausch von Worten andere Wege zu gehen. Ich vermeide das Wort "lösbar", denn Lösungen anzustreben beinhaltet immer etwas Endgültiges, Trennendes. Das kleine Wort "lebbar" hingegen gibt den Aspekt wieder, der eine Weiterentwicklung ermöglicht.

Das Seltsame jedoch ist, daß das Einfache im Sinn einer tiefen Erkenntnis erst dann als Hilfe erkannt wird, wenn eine innere Bereitschaft vorhanden ist — die Bereitschaft, eine Anreicherung der eigenen Einstellung zuzulassen. Im üblichen Sprachgebrauch spricht man davon, daß "einem ein Licht aufgegangen ist". Aber: Es können Scheinwerfer und Kronleuchter installiert sein, um die Städte des Selbst zu erleuchten — ohne die Bereitschaft einer Person zum Tun und Einschalten des Lichts bleibt die Erleuchtung aus.

Hier will ich ein Bekenntnis ablegen. Mein, und weil viele geschätzte Freunde und Kollegen die gleiche Ansicht vertreten, unser Ansatzpunkt und Hebel für die Beratungsarbeit, Therapie und Organisationspsychologie geht immer auf die einzelne Person zurück.

Durch unsere Verschiedenartigkeit als Person sind wir, jeder einzelne, einzigartig.

Bei der einzelnen Person liegt das Potential, neugierig zu sein und Neues zu entwickeln. Und andererseits hat jede einzelne Person, mit der ich gearbeitet und gelebt habe, ob Partner und Freund, Lehrmeister oder Teilnehmer, Analysant, Supervisant oder Reisegefährte, mir zu meinem Wissen verholfen, und ich konnte das werden, was ich bin. Vielleicht haben auch meine Gedanken und meine gelebten Einstellungen zu Mitmenschen dazu beigetragen, daß diese einen Schritt taten, eine Entwicklung oder Erweiterung ihres Lebenshorizonts erlebten.

Nur wenn ich bereit bin etwas hinzugeben, werde ich auch etwas bekommen.

Die Reise beginnt beim ersten Schritt.

Dies ist eine Gesetzmäßigkeit in einer sozialen Gemeinschaft, die friedlich miteinander leben will. Zugleich ist es wieder eine banale Einfachheit, die eine Reihe von Konsequenzen fordert, wenn wir sie akzeptieren. Es liegt tatsächlich an mir, ob ich von anderen etwas erhalte. Viele halten dauerhaft ihre Handflächen nach oben, jammern über das Nichts, das sie mehr berührt als ein freundliches Lächeln, klagen sich und alle anderen an wegen der Habgier, der Feindseligkeit und der Leere, aber das kleinste Zeichen der Bereitschaft, selbst etwas zu geben, fehlt. Es geht nicht immer um das direkte Geben, sondern einfach um das Bereit-Sein für das Geben und dadurch auch für das gleichwertige Nehmen-Können.

Mich beschäftigt das Schreiben als Geben oder auch Hingeben — ohne Verpflichtung, daß es genommen wird. Ich habe viel bekommen und mitbekommen im zwischenmenschlichen Kontakt: Wörter, die Sprache, Gesten und Verhaltensweisen, grundsätzliche Einstellungen, Blicke — freundliche und ärgerliche, Bewegungen und Ideale. Beim Schreiben fehlt mir aber gerade dieser Vermittlungskontakt, und ich gebe zu, eine leichte Traurigkeit beschleicht mich wegen meiner momentanen Einsamkeit.

Nicht nur studiertes Wissen, sondern auch das umfangreiche gefühlsmäßige Wissen spielt eine wichtige Rolle in unserer Entwicklung. Unsere Gefühlswelt ist nicht nur das Depot von Gewußt und Bewußt, sondern sie wird auch aus einer anderen Quelle gespeist: Das träge, schlummernde und brodelnde Unbewußte ist ein verborgener Schatz von zusätzlichen Fähigkeiten. Wir sind stark rational ausgerichtet, scheinbar leistungsbezogen, tatsächlich aber bedürfnishungrig und vergessen oft, umfangreiche Quellen unseres Daseins anzuzapfen.

Um Hilfen und Leitlinien soll es in diesem Buch gehen. Wir brauchen Fertigkeiten und Techniken, um uns in unserer komplexen, verwirrenden Welt zurechtzufinden und das zu finden, was wir uns wünschen.

Ich habe die offenen Interventionstechniken in diesem Buch ausführlich behandelt, weil diese Instrumente ein ausgezeichnetes Medium oder ein Leitfaden sein können, komplexere Themen sach- und beziehungsgemäß zu behandeln. Der Aufbau und die Gliederung dieses Buches geben an sich einen Regelkreis wieder, den wir auch für Ausbildung und Fortbildung, Therapie und Organisationsentwicklung als empfehlenswert ansehen. Ich spreche hier sehr bewußt in der Mehrzahl, da diese Gedanken und die darin verborgene Philosophie mit einigen Freunden, Kollegen und Mitautoren lange diskutiert und durchgearbeitet wurden. Wir setzen bei den offenen Interventionstechniken als fast durchwegs beobachtbare und beschreibbare Verhaltensweisen an, um für den Lernenden und Lehrenden eine gemeinsame Basis einer Wahrnehmung und Betrachtungsweise zu ermöglichen. In der Erarbeitung und Vermittlung dieser Techniken mit alltagsbezogenen Themen, Aufgabenstellungen oder auch konkreten Arbeitssituationen, ergeben sich in einer natürlichen Entwicklung zusätzliche Fragestellungen, die über die Interventionstechniken weit hinausreichen. Das Bewußtmachen und kritische Konfrontieren mit den selbst verwendeten Interventionstechniken gibt die Möglichkeit der Selbsterkenntnis und damit der Erweiterung des Spielraumes für Aktivität.

1.1. Regelkreise der Bewußtseinsbildung

Der Aufbau und die Gliederung dieses Buches geben an sich einen Regelkreis wieder, den wir auch für Seminarkonzeptionen, Ausbildung und Fortbildung, Therapie und Oranisationsentwicklung als empfehlenswert ansehen.

Von der Grundannahme ausgehend, jede Person besitzt, wertfrei gesehen, ein eigenes **persönliches Konzept**, nach dem sie lebt und handelt, so ergibt sich hieraus die Folgerung, daß mehr oder weniger bewußt auch Kenntnisse über eigene **Techniken**, Fertigkeiten und Instrumente (Handwerkzeug) vorhanden sind. Das Eingestehen dieses Zur-Verfügung-Habens von Fertigkeiten, deren Ausbau und die Erweiterung des Instrumentariums sind oftmals mit Widerständen und Abwehrmaßnahmen gekoppelt. Fertigkeiten und Techniken sind allerdings bezüglich ihrer Handhabung erlernbar, trainierbar und vermittelbar. Eine gewisse Trägheitsliebe und das Beibehalten-Wollen von Gewohnheiten und Sicherheiten machen es so schwer, **Methoden** zu finden und zu entwickeln, die eine Erweiterung des Wiederlernens und Lernens zulassen. So rückt das methodische Vorgehen im Sinne von neuen Wegen, Vorgangsweisen und Verfahren-finden gerne in den Mittelpunkt der neuen Selbstverwirklichungen, um der Trägheit des Alltags zu entkommen.

Damit persönliche Konzepte, Techniken und Methoden nicht Selbstzwecke werden, gilt es, **Modelle** bewußt zur Verfügung zu haben, um eine grundlegende Auslotung verschiedener Möglichkeiten zu gewährleisten. Die Schwierigkeit, bewußt und modellhaft vorzugehen, besteht im persönlichen, strengen und auch hilfreichen Normen-Wert-System und den daran geknüpften Vorstellungen. Diese idealtypischen, moralischen Vorstellungen machen gerne einen Ausflug in die Welt der Illusionen und führen abseits von allgemein brauchbaren, überpüfbaren Betrachtungsweisen, die als **Theorie** zu bezeichnen sind. Verständlicherweise fällt es schwer, die Bereiche getrennt zu erfassen. Unfaßbar ist und bleibt der Bereich des Unerkennbaren.

Um die Ausführungen zur schematischen Darstellung über die fünf Bereiche persönliches Konzept,Technik, Methode, Modelle, Theorie nicht austrocknen zu lassen und das Selbsterfahrungslernen auszuleuchten, nenne ich zuerst eine orientalische Weisheit und dann ein Beispiel aus der Fischerei, um wieder flüssiger zu werden:

''Gibst du jemandem einen Fisch, nährt er sich nur einmal, lehrst du ihn aber das Fischen, nährt er sich für immer.''

Wenn ein Fischer als Fachmann mir zeigt, wie er in einem Bach unter einem Strauch mit einer Fliege als Köder spielerisch eine Forelle herausholt, diese zu halten vermag, bis sie fachgerecht in der Tragetasche die letzten Zuckungen macht, erahne ich vielleicht die Schwierigkeit des handwerklichen Handhabens, weiche aber sicherlich in eine entzückte Bewunderung aus, um am späteren Mahl teilhaben zu können.
Begreifen und Erfassen werde ich einen Teil der Erfahrung des Fischers erst, wenn ich die Angel ergreife und die ersten Griffe für das Auswerfen der Schnur mit der Fliege mache.
Das **persönliche Konzept** der Handhabung des Angelgerätes ist rasch entwickelt: Angel halten und Schnur mit künstlicher Fliege auswerfen. Der spätere Leckerbissen tummelt sich in der Stromschnelle, bereit zu beißen, gefahrlos.
In diesem Stadium hat jedoch das persönliche Konzept einen Haken. Der hilflose Genuß, selbst an der Angel zu zappeln, sich zu verknüpfen und zu verknoten, den Haken aus dem Hosenbein zu lösen, auszurutschen, stellt nicht das Konzept in Frage, sondern läßt die Zielsetzung, einen Fisch zu fangen, ein Stückchen flußabwärts treiben.
In solch einem Stadium der Ohnmacht gilt es, den Glauben an Wunder fallen zu lassen und sich eine Chance mehr zu verschaffen. Man benötigt mehr Fertigkeit oder genauere Kenntnisse von der Handhabung des Angelgerätes, d.h. **Technik**. In diesem Beispiel ist es erstens naheliegend — auch wenn oftmals das Naheliegende übersehen wird — , daß der Fachmann Fischer gebeten wird, Hilfen zur leichteren Handhabung zu geben, und als zweite konsequente Folgerung, daß die verbesserten und verfeinerten Techniken geübt werden. Der Fisch tummelt sich nicht mehr, sondern übt bereits zwischendurch waghalsige Unterwassersprints.
Die Vermittlung der Techniken und deren bewußte Anwendung fordern unseren Fischer heraus, **methodisch** vorzugehen. Der Fischer bemerkte, daß das Vorzeigen und Praktizieren der Technik nicht genügte. Der Star-Fischer in spe verstand exzellent, wie es zu machen ist, worauf zu achten ist, aber war nicht in der Lage, es in eine sachgemäße Handhabung umzusetzen. Keiner, der jemals eine Angel in der Hand hatte, wird von ungeschickt sprechen. Der Weg für die Umsetzung des Vermittelten, **die Methode**, stellte beide auf eine harte Probe, ließ sie fast kalte Füße bekommen und rettete einigen Fischlein das Leben.
Der Fischer erinnerte sich selbst seiner ersten Versuche und bot sein Wissen nicht mehr nur als Wissender an, sondern als einer, der lernt, seinem Begleiter das Fischen zu lehren. Er entwickelte für sich mögliche **Modelle**, die es ihm und dem Anfänger erleichtern, zum Ziel des Fischefangens zu kommen. Er sah jetzt nicht allein Schwierigkeiten, sondern akzeptierte diese als gegeben und analysierte die Situation, zerstückelte das Insgesamt des Ablaufes und bot kleine Maßnahmenpläne

an. Knotenmachen, Bewegungsabläufe, geeignete Standorte für den Fischer, mögliche Fangplätze, Erfahrungen über die verschiedenen Köder zu bestimmen, Wassertemperaturen, Jahreszeiten, Tageszeiten, gesetzliche Regelungen versponn er langsam zu einem System, das nicht mehr nur auf Nachahmung und Imitation des Vorbildes beruht, sondern zu einem hilfreichen eigenen Modell des Lehrenden und des Lernenden wurde.

Nach jahrelangem Fischen, Beraten und Betreuen von Anfängern und Fortgeschrittenen beschloß er eines Tages, ein Buch herauszugeben mit dem Titel: Theorie und Praxis für den perfekten Anfänger beim Fischen.

Er beschrieb mit hilfreichen Schemata, Beispielen und Anekdoten (in lateinischer Sprache), was ein Anfänger, Fortgeschrittener und Meister beim Fischen zu berücksichtigen hat. Das buchstäbliche Festhalten seiner **Theorie** vertiefte sein Wissen, ließ es für ihn strukturierter zur Verfügung haben, erhöhte allerdings auch seine leidenschaftliche Sehnsucht, in der Natur unterwegs zu sein. Eine seiner liebsten Phantasien waren die Zwiegespräche mit den Fischen, was sie von seinem Buch hielten.

Das Unmögliche möglich machen.

Er wollte einfach nicht glauben, daß die Fische wirklich stumm sind und nur menschliche Leser Löser und Angler sind.

1.2. Zum Buch

Der Leitgedanke dieses Buches ist die Bewußtseinsbildung. Der Aufbau des Buches zieht sich von der Einführung in die Thematik von komplexen Bereichen in immer konkretere Fragestellungen und Aussagen, die als Hilfsmaßnahmen deklariert sind. So erstrecken sich die Überlegungen und Anwendungsmöglichkeiten von einer sogenannten Psychologie bis zum dichten Band der Organisationspsychologie und Organisationsentwicklung.

Durch die Einengung auf bestimmte Bereiche, Themen und Grundaussagen ist es möglich, kapitelweise und auszugsweise nachzublättern, nachzuschlagen und zuzuschlagen. So können die einzelnen Kapitel vorbereitend gelesen oder während der Seminararbeit als Basis oder Ergänzungsmaterial benutzt werden.
Das erfolgreiche, wirkungsvolle Einsetzen von Hilfsmittel, Techniken und Formelbildungen ist eng verwoben mit der Einstellung und Haltung der Einzelperson. Daher war es nicht genug, nur bei den Fertigkeiten zu bleiben, sondern auch andere begleitende Überlegungen in diesem Buch zu verarbeiten.

1.3. Hilfe vor der Hilfe

Hilfe vor der Hilfe könnte auch ein "Hütet Euch vor den Helfern" sein. Die meiste Hilfe brauchen die Helfer, da diese Helfer wurden, um nicht um Hilfe bitten zu müssen.
Was ich anschneiden will, ist das quälende und leidige Thema der Hilfe um der Hilfe willen, das Ausgraben von tausend Gründen, warum etwas so ist, die psychologische Gescheitmeierei des Besserwissens und der Außeracht-Lassung der primären Akzeptanz des So- und Daseins.
Hilfe kann nicht für sich allein stehen, sondern ist gebunden an Personen, die gelernt haben, andere ihren Weg gehen zu lassen, einen Wegweiser ohne Zwang aufzustellen und im entscheidenden Moment sogar einmal einen kleinen Schubser zu geben, um neue Blickwinkel zu schaffen.
Mein väterlicher Freund und Lehrmeister I.A. CARUSO hat uns in einem Privatissimum eine Hilfe dieser Art gegeben, die ich erst nach vielen Jahren wiederentdeckt und erfaßt habe.
Er meinte,

wir sollen wieder mehr Objekt der Natur werden und Subjekt unserer eigenen Geschichte.

Eine Aussage, über die es sich lohnt, lange nachzudenken. Er hat uns den Sinngehalt nicht aufgedrängt, sondern jedem die Zeit gelassen, zu werden, sich zu entwickeln und zu begreifen, was damit gemeint ist.
Ich meine, daß Hilfe als ein Miteinandersein zu verstehen ist, wo der einzelne seine Sinne einsetzt und erweitert, Gedanken assoziativ laufen lassen darf, bis er für sich zu einem bewußten, eigenständigen Handeln gelangt.
Hilfe von der Hilfe heißt deshalb, auch dort anzusetzen, wo das größte Fähigkeitspotential schlummert: im Glauben an die dauerhafte Entwicklungsfähigkeit des Individuums mit seinem Körper und Geist.
Ich habe viele Entdeckungen machen können, als ich anfing, den körperlichen Organismus wieder von der Natur her zu betrachten und zu spüren. Das energetische Gleichgewicht der Kräfte steht als idealer Balanceakt für das Leben und Überleben, und da wir überlebt haben — mit perfektem Überlebensmechanismus —, geht es mehr darum, unsere Sinne, unsere Wahrnehmungen, unseren Ausdruck und unsere Beweglichkeit so zu erweitern, um anzufangen, ein wohlbefindliches, glückliches Leben zu leben.
Es ist bestimmt nicht abwegig, den Organismus einer Person in Relation zur Organisation eines Betriebes zu setzen. Die Phänomene sind vergleichbar, aber nicht gleichzusetzen. Ein körperliches Kopfweh ist vergleichbar mit der Führungsschwäche eines Direktors, der sich den Kopf zerbricht, welche Entscheidung die richtige sei, aber sein Unbehagen delegiert, statt sich zu entscheiden. Ein Gleich-

Die Ganzheit.

setzen der Symptomatik wäre ein Zuviel, um das komplexe Geschehen zu erfassen, aber es dürfte in der Einengung und Reduktion auf einzelne beschreibbare Teilbereiche neue Blickwinkel und Anregungen möglich machen. Vergleichbar ist in beiden Fällen, daß, von den üblichen Vorstellungen her geprägt, als erstes Ansinnen bei Schmerz oder Schwäche ein Abhilfe-Schaffen angepeilt wird. Sei es das Verabreichen von schmerzlindernden Medikamenten oder ein Seminar für Mitarbeiter über Entscheidungsfindung, — die Maßnahmen für die (Ab-)Hilfe sind vorrangig, nicht aber das grundsätzliche Verständnis, welchen Nutzwert das Symptom für das genannte System hat.
Ich meine, daß wir häufig Unterstützung brauchen, um erst einmal Situationen, Konflikte, Probleme und Symptome akzeptieren zu lernen und dann neue Entwicklungen eigenständig einzuleiten. Die Hilfen, die dieses Buch anbietet, sollen nicht den Deckmantel des Heilens, des Heil-Seins schärpenhaft nach sich ziehen, sondern primär Übersetzungs- und Umsetzungshilfen darstellen. Der Verdienst für das Begreifen und Einsetzen liegt bei der Person, die betroffen war und genügend Energien aufbrachte, selbständig Handlungen zu setzen. Was ich hier mit diesem Buch zur Verfügung stellen kann, sind gedankliche Rahmenbedingungen, die es leichter machen, komplexe, persönliche und organisatorische Geschehen einzuordnen und zu gliedern, um gemeinschaftliche Wirkung zu erzielen. Abgesehen von meiner Hoffnung, anregend unbequem zu sein, scheint mir ein Bildnis für angebrachte Hilfen und Unterstützung der Radschläger zu sein. Ein Kutscher bleibt mit seinem Gefährt in einer Querrinne stecken. Er bittet einen Passanten um Hilfe, um weiterfahren zu können. Der Passant greift an das festsitzende Rad, dreht das Rad mit dem gleichzeitigen Antritt der Pferde (auf Geheiß des Kutschers) aus der Rinne und wird als Dank für das Radschlagen bis zur nächsten Kirche mitgenommen. Er gab dem Kutscher keinen Ratschlag, wie dieser Querrinnen besser umfahren soll oder noch zwei Pferdestärken mehr anschaffen soll: Er griff in die Speichen und speicherte einfachen Dank. Ratschläge um der Ratschläge willen, Vorschläge, um Vorschläge zu machen, haben immer etwas mit schlagen und geschlagen werden zu tun.

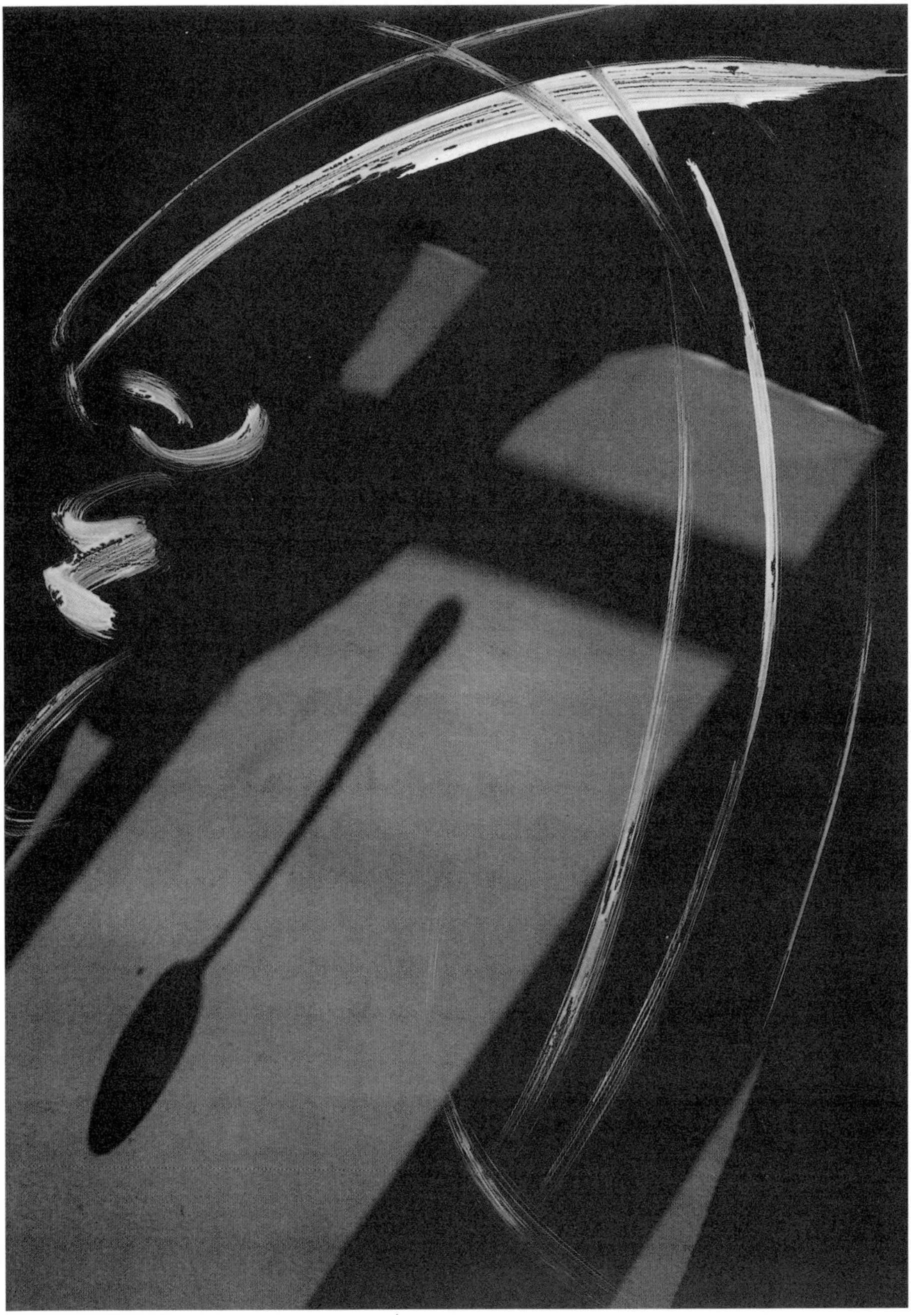

Hilfe, Hilfen.

2. Leben in Gemeinschaft

Vom einzelnen zur Gruppe oder Zwischen Organisation und Organismus

Ich habe durch die Schule, das Studium, die analytisch-therapeutische und gruppendynamische Ausbildung so viel theoretisches Wissen aufgesaugt, daß ich später ein gutes Jahr brauchte, um zumindest die vielen Fremdwörter bewußt wieder aus meiner persönlichen Sprache zu vertreiben. Ich möchte dabei bleiben. Es soll in diesem Buch um Dinge des Lebens gehen, und ich möchte über diese Dinge in einer Sprache schreiben, die dem Leben entspringt.

Ich stellte mir die Frage, welche Literatur zu meinem Thema empfehlenswert ist und sah mich vor eine unüberschaubare Menge von theoretischen und praktischen Abhandlungen gestellt. Ohne Anspruch auf wissenschaftliche Präzision und Vollständigkeit nenne ich daher eine bunte Palette von Autoren und Büchern, die nicht nur fachspezifisch sind, aber in ihrer Tragweite darüber hinausreichen: Märchenbücher, die Bibel, Freud, Jung, Goethe, Dostojewski, Michael Ende, Turrini, Hesse, Frisch, Zweig, Watzlawick, Suzuki, Castaneda, das Tibetanische Totenbuch, Lowen, Berne, Bach, Caruso, Lersch, Richter, Geschichtsbücher, Tagebücher, Landkarten, Popper, Bateson, Erickson und viele noch unveröffentlichte Werke eines Altbauern in Tirol, eines Marktschreiers und des nächsten Nachbarn sind eine Aufzählung von Fundgruben auf diesem Gebiet.

Die Reflexion der Reflexion ist eine Art "perpetuum mobile", solange der Mensch lebt. Wir sind in der Lage, in der Reflexion, Selbstreflexion vermeintliche Grenzen zu überschreiten, Gedankenketten zu sprengen, aber auch Gefangene unserer selbsterwählten Denksysteme zu sein.

Die Theorie schafft eine Distanz vom und zum Handeln.

Der theoretische Weg zu einem Verständnis unserer Wirklichkeit ist gepflastert mit Thesen, Normen, Dogmen, Urteilen und Ideologien, die Gültigkeit besitzen, aber immer wieder neu überdacht gehören, um nicht steril oder nur bestrafend zu sein. Unsere humanistische Psychologie sollte sich nicht in ein mechanistisches Korsett zwängen lassen, sondern sich trauen, eine Wissenschaft der Erfahrungen, der Fähigkeiten, des Wandels und der Entwicklung zu werden. Dies ist keine neue Forderung, sondern nur ein Aufgreifen eines jahrhundertealten roten Fadens, der manches Mal eine andere Farbe annimmt, dann sich wieder verliert und immer wieder Gordische Knoten bildet.

Die Beschäftigung des Menschen mit sich selbst, mit der Wirklichkeit, die er in sich trägt, setzt unmittelbar beim größten Fähigkeits- und Entwicklungsreservoir an, nämlich dem, jedem Menschen innewohnenden Potential, bewußter, autonomer, freier und sinnerfüllter zu leben. Im Kontakt zu seinem sozialen Umfeld werden Vorstellungen, Ideen und Wünsche des Menschen zu Theorien, Thesen und Ideologien umgewandelt, um eine gemeinsame Basis für ein gemeinsames Verstehen zu bilden. Der Wert jeder Theorie ist es also hauptsächlich, Brücken zu schlagen, Verständnis zu erleichtern und Gemeinschaft zu bauen. Werden Theorien, Normen und Gesetze aber nur noch ausschließlich zur Ausgrenzung und Distanzschaffung verwendet, verlieren sie ihren eigentlichen Sinn, und eine Neuordnung gehört angestrebt.

Wünschenwert ist es, Impulse aus der Praxis, dem Alltagsgeschehen zu entleihen und mit einer Frage mehr als gewohnt zu reflektieren. Diese "eine Frage mehr" kann uns den Blick hin zum noch Unbekannten führen und uns aus der Erstarrung festgefahrener Denksysteme herauslocken. Im Kapitel 3.5 komme ich auf die große Bedeutung, die der "Exponent" für den Erkenntnisfortschritt hat, ausführlich zu sprechen. Mein Grundanliegen in diesem Buch ist es, in Bewegung zu setzen, damit die Freiräume größer werden, damit die Grenzen geweitet werden. Zum bisher Ungedachten und Unbekannten vorzustoßen ist spannend und aufregend.

Ein Weg der Vernunft und der theoretischen Erkenntnis braucht als Fundament den Weg des Herzens, ansonsten ist es günstiger, weg vom Weg zu kommen.

2.1. Die Wirklichkeit

Beschäftigt man sich mit der Wirklichkeit und vor allem mit unserer Wahrnehmung der Wirklichkeit, so kommt einem sofort das hervorragende Buch von Paul Watzlawick "Wie wirklich ist die Wirklichkeit" in den Sinn. Weil die Frage der Erkenntnis der Wirklichkeit eine der größten Fußangeln für das Zusammenleben von Menschen ist, will ich — ohne Watzlawick's Erkenntnisse zu wiederholen — etwas Grundlegendes an den Beginn des Buches stellen:

Die Wirklichkeit ist nichts anderes als ein Abziehbild, das wir mit unseren Sinnen und unserer Phantasie nach außen werfen, ein Abbild dessen, was wir in uns der Erkenntnis zuführen können. Diese Wahrnehmung kann niemals "objektiv" sein, sie ist immer subjektiv gefärbt durch unsere Erziehung, Einstellung und Panzerungen, durch unsere Erlebnis- und Gefühlswelt, durch unser Vorverständnis und unsere Deutungsschemata. Daher ist es ganz wichtig zu unterscheiden zwischen

a) der subjektiven Wirklichkeit und
b) der abgesprochenen Wirklichkeit.

Gemeint ist, daß alles, was ein Individuum als Subjekt erlebt und wahrnimmt, fühlt und tut, primär als Wirklichkeit zu bezeichnen ist.
Von der Logik her dürfte diese These leicht anzunehmen sein, beinhaltet sie doch eine rein theoretische Gefälligkeit, die das Sein und So-Sein als gegeben gelten läßt. In der Alltagspraxis wird diese These seltsamerweise oft auf den Kopf gestellt und Kindern, Mitarbeitern und Partner weisgemacht, es gibt ein Irrtum-Wissen von der eigenen Wirklichkeit.

Beispielsweise äußert jemand, er habe Angst, und "tröstend" wird auf ihn eingeredet, es bestehe kein Grund zur Angst. Ein Mitarbeiter traut sich, selbständig eine Entscheidung zu treffen, handelt auf seinem Arbeitssektor nach bestem Wissen und Gewissen, und bei einer späteren Arbeitssitzung wird ihm öffentlich bescheinigt, er hätte die Situation von damals falsch gesehen und eingeschätzt und hätte es anders sehen müssen. Ein Mann kauft jahrelang seiner Frau in gewissen Abständen liebevoll Blumen, bis er eines Tages zu hören bekommt, daß man besser das Geld für eine antike Vase hätte anlegen sollen.
Die "abgesprochene Wirklichkeit" beinhaltet eine Grundakzeptanz verschiedener Sichtweisen, Einsichten, Gefühle und die Möglichkeit, jegliches Tun und Handeln als gegeben zu betrachten. Es werden Begriffe, Objekte und Abstrakte gleich definiert und behandelt und müssen nicht immer wieder neu deklariert werden. Ein Tisch bleibt ein Tisch, Freude bleibt Freude (auch wenn die Freude nicht fortwährend bleibt). Ein Wort wird wortwörtlich genommen, und eine Aufgabe wird als solche aufgegeben, wieweit die Mehrdeutigkeit es zuläßt. Diese Betrachtungsweise der Wirklichkeit wurde von einer Mehrzahl von Individuen abgesprochen und vereinbart und erleichtert dadurch Gemeinsamkeiten im Tun, Denken und Fühlen.
Eine der größten Störungsquellen im menschlichen Zusammensein liegt in der Tatsache verborgen, daß sich Personen in der gleichen Situation befinden und diese unterschiedlich wirklich wahrnehmen, beschreiben und erleben. Hunderte Personen sitzen im Kino und schauen gleichzeitig auf die Leinwand. Hunderte von eigenen Erlebnisfilmen, inneren Dialogen und mannigfaltigen Gefühlen projezieren einen mehrdimensionalen Wirklichkeitsraster folienhaft auf die zweidimensionale Leinwand, und nur einer der Zuschauer hört und sieht nichts, besteht nur aus Abscheu und Ekel wegen eines aufdringlichen Parfüms zwei Plätze weiter.
Ein Übermaß an Sinneseindrücken, die sich bewußt und unbewußt in einer Person sammeln, verzerrt, trübt und beengt unser Ausdrucksvermögen über die erlebte Wirklicheit.
Die Ideale, Vorstellungen beeinflussen massiv unser Denken und Handeln, und wir haben teilweise vergessen, wie wir wirklich unser Leben wohlbefindlich gestalten können. Wenn auch das Gegenteil von dem, was gerade in den letzten Sätzen ausgesagt wurde, wahr und wirklich ist, könnte man die soziale Wirklichkeit als das bezeichnen, was zwischen beiden Polen wirkt, sich auswirkt und sich ausdehnen kann.

Basis für konstruktives Zusammenarbeiten ist daher die abgesprochene Wirklichkeit.

Gewiß bedarf es, um die Wirklichkeit zu begreifen und mit abgesprochenen, gegebenen Tatsachen arbeiten zu können, eines Salto Mortale der Reduktion und ein Übermaß an geduldigem Unverständnis für das Unerfaßbare eines Gesamtkomplexes. Was jedoch auch bei jeder Zerstückelung eines Gesamten bleibt, ist das sinnhafte Gewahrwerden und die Möglichkeit der Erweiterung unseres Erlebnisgrundes. Man muß nicht eine ganze Torte essen, um zu wissen, wie sie schmeckt, oder um satt zu werden. Es genügt manches Mal ein Bissen oder ein Zwölftel des Ganzen. Die Herstellung der gesamten Torte war auch die Fertigstellung eines Bissens. Die sinnenfreudige Schaffung der wohlschmeckenden Torte als bewußte Bewältigung einer Aufgabe und das genußreiche Einverleiben eines Stückes zur Befriedigung könnten als Beispiel für kunstvolle Lebensgestaltung angesehen werden.

Ich nenne im folgenden einige Bereiche der abgesprochenen Wirklichkeit und gebe einige Hinweise, wie wir unsere Wahrnehmung verbessern können und wie wir besser zu abgesprochenen Wirklichkeiten kommen, die ein konstruktives, gemeinsames Handeln und Denken bewirken können.

2.1.1. Wertschätzende Akzeptanz

a) **Die subjektive Wirklichkeit, wie sie jemand erlebt und darstellt, wird erlaubt und primär wertschätzend akzeptiert.**

b) **Das abgesprochene "Wirkliche" ist das Ergebnis aus der Bereitschaft, sich zusammenzusetzen zur Auseinandersetzung und einer beachteten Vereinbarung.**

c) **Ohne wertschätzende Akzeptanz und Beachtung von Absprachen leben Personen in verschiedenen Wirklichkeiten oder illusionär bestimmten Welten.**

Der Schatz von geliebten Bezugspersonen zu sein und das Wissen, lieben zu können, liefern die wichtige Grundvoraussetzung für ein moralisch wertfreies, wertschätzendes Akzeptieren und Annehmenkönnen. Das Vertrautwerden mit der eigenen Lebensgeschichte, das Geltenlassen jeder Lebenssituation, ob krisenhaft oder himmlisch, das Nachempfinden früherer gefühlsmäßiger Erfahrungen sind nicht nur Zierstücke psychologischer und psychoanalytischer Lautmalereien, sondern ein sinnvoll gesetztes Freizeichen der Akzeptanz.

Andere Möglichkeiten, zur wertschätzenden Akzeptanz zu kommen und ein Wanderer zum Selbst zu sein, sind beispielsweise folgende, scheinbar paradoxe Thesen:

a) das Vermögen, den inneren Dialog anzuhalten
b) die persönliche Geschichte und somit die Vergangenheit zu löschen
c) zu handeln, ohne Belohnung zu erwarten
d) zu träumen
e) das Verlieren der Selbstbedeutung
f) das Übernehmen von Verantwortung
g) das Benutzen des Todes und der Einsamkeit als Ratgeber

Ich glaube, es lohnt sich, darüber nachzudenken, da in paradoxen Thesen durchwegs ein Mehr an Erlebnis für eigene Einsichten steckt als im herkömmlichen, kognitiven, konvergenten Denken. Die Divergenz der Paradoxie zwingt uns ohne Zwang in eigene Schemata, Wirklichkeitsraster und erweitert somit unser eingeengtes Vorstellungsvermögen. Als einfaches Beispiel für die Wirksamkeit der Paradoxie empfehle ich Ihnen als Leser, die nächsten zwei Sätze so zu lesen, daß sie nicht den Sinn und Inhalt bewußt erfassen.
Wahrscheinlich folgten Sie der gemachten Empfehlung, ohne es zu wollen, schon des öfteren. Durch die Erlaubnis, es bewußt zu tun, wird meist ein anderer Grad der Aufmerksamkeit erzielt.
Für das Erfassen der subjektiven Wirklichkeit, der Möglichkeit, sich in den unterschiedlichen, komplexen Bezugssystemen wirklich einzufinden und lustvoll, desillusionär zusammenzuleben, hängt stark vom Aufmerksam-Sein-Können ab.

2.1.2. Aufmerksames Finden

a) Das aufmerksame Herausfinden, Finden und Zurechtfinden läßt das Suchen zu, ist aber letztlich ein Bekenntnis zum Erfolg und zum Gelingen.

b) Wir können nicht alles, was wir wollen, wünschen und brauchen, gleichzeitig haben und finden.

c) Eines nach dem anderen in Erfahrung bringen und herbeiführen, ist der Schlüssel des Gelingens.

Das Zurechtfinden in der alltäglichen Wirklichkeit gibt manchen Mitmenschen ein Rätsel auf, schafft alte und neue Reiche, wo die Verzweiflung, die Drogen und die Melancholie regiert, verzaubert Persönlichkeitslandschaften in ausgetrocknete Wüsten, Sumpfgebiete und Friedhöfe mit ausgehobenen Gräbern. Die Suche ist zum Selbstzweck erkoren worden, süchtig und züchtig wird das gleiche wiederholt, was man nicht haben will. Ein Zurechtfinden, wo das Finden ohne Erfolg preisgekrönt wird. Viele Personen finden ihr Leben öd, leer und sinnlos, gehen sich selbst und ihren Mitmenschen aus dem Weg und auf die Nerven. Die meisten von ihnen haben niemals einen Zugang gefunden, eine eindeutige, lebensbejahende, daseinsbezogene Entscheidung getroffen. Sie finden sich nicht zurecht, weil sie nicht finden dürfen.

Die Freiheit, eine neue Möglichkeit zu entdecken, bedingt ein Noch-nicht-Wissen und ein Sich-dennoch-Trauen, etwas zu finden durch ein Sich-Einlassen in einer unsicher scheinenden Wirklichkeit. Wenn wir zu früh verstehen, zu früh eine Erklärung annehmen oder selber finden, nehmen wir uns die Chance, neues Land zu betreten und etwas zu finden, was über dem Gesuchten liegt.

Ich wähle in Seminaren gerne das Beispiel des Diri-Diri-Steins aus, um ein an sich unmögliches Unterfangen zu verdeutlichen: Ich fordere die Teilnehmer auf, den nur mir bekannten Diri-Diri-Stein zu suchen und zu finden. In der sich ergebenden Diskussion kommen dann Ansatzpunkte zur Sprache, welche Grundelemente für das Finden und Gelingen vorliegen müssen:

a) Es kann nur etwas gesucht und gefunden werden, an das eine konkrete Vorstellung gebunden ist.
b) Beim Finden-Wollen geht es nicht nur um die Aktion des Suchens, sondern um die aufmerksame Bereitschaft zum Finden.
c) Informationen können gezielt geholt werden, wenn man beim bewußten Wissen, bei Fakten ansetzt und wenn nicht auf das Unbekannte gewartet wird, bis es von selbst in Erscheinung tritt.
d) Fiktionen, wie mein Diri-Diri-Stein, werden nicht gefunden, sondern immer wieder neu geschaffen, um auf der Suche zu sein, ohne finden zu müssen.

Das Abwarten, Zappeln und Klagen, das Nichtexistent-Erklären führt bei vielen in die Sackgasse der verzweifelten Verwirrung, die nichts anderes bedeutet als das Wegwerfen der Autonomie. Die Suche nach dem Stein der Weisen ist manchmal nur der Stein des Anstoßes, den wir brauchen, um in unserer Wirklichkeit das Gelingen wieder spüren zu lernen. Wach sein, aufmerksam werden, Lust am Herausfinden und Entdecken zu haben und dabei unsere Sinne bewußt einsetzen, ist ein Weg — vielleicht auch eine Rückkehr — zu einem wohlbefindlichen Leben.

2.1.3 Lösungen

a) Das Anstreben von Lösungen in unserer Wirklichkeit bedeutet ein nicht Loslassen-Wollen von Vorstellungen, Idealen und Illusionen.

b) **Das Loslösen, Losmachen von Vorstellungen, Idealen und Illusionen ist ein Distanz-Gewinnen von den wiederholbaren Grundkonflikten, die unser Überleben lotsen, unser Leben beeinflussen.**

c) **Das Lösen und Loslassen-Können, statt definitive Lösungen zu schaffen, erlaubt eine eigenständige Entwicklung.**

Unsere Wirklichkeit ist verfilzt mit dem Ansinnen, Lösungen und Endlösungen zu schaffen, um endlich in Ruhe das tun zu können, was nicht gewollt ist. Sich lösen, loslassen, entdecken, neugierig und staunend die Welt mit anderen Augen zu betrachten, ist ein Ziel, das durch Lösungen verbaut wird.

"Das Problem muß gelöst werden"
"Eine Lösung des Konfliktes würde allen nützlich sein"
"Ein Löskaffee erspart viel Zeit"
"Eine endgültige Lösung ..."
"Bei der Lösung einer Aufgabenstellung hindert die Stellung der Person des Aufgabenstellers die Lösung ..."

Der Lösungstrend ist zum harten Los geworden, da die meisten Lösungsversuche selbst das Problem in sich sind.
Wenn wir das Wort Lösung wortwörtlich nehmen, bedeutet das ein Lösen von einem Objekt, einer Person oder einem Problem. Lösen heißt somit auch ein Sich-fallen-Lassen, Sich-gehen-Lassen, Distanz zu etwas gewinnen, was vertraut ist, und ein Einlassen auf ein Neues. Sich lösen, loslassen, entdecken, neugierig und staunend die Welt mit anderen Augen zu betrachten, ist ein Weg, der uns oft durch "Lösungen" im herkömmlichen Sinn verbaut wird.

2.1.4. Der Sinn, die Sinne und die Wahrnehmung

a) **Es ist sinnlos, nach dem Sinn zu suchen, wenn nicht die Sinne entfaltet sind.**

b) **Die Wahrnehmung geht ohne geübte Sinne auf Krücken, als Prothese wird der aufgeblähte Wille propagiert. Die Wahrheit ist eine Leihgabe der ausgebildeten Sinne und der Intuition.**

c) **Ein eigenes Verständnis braucht als Fundament die sinnliche Wahrnehmung und die Ausschöpfung des Wissens aus dem Körper.**

Als ich eine Analysantin in einer therapeutischen Sitzung bat, mir einen Satz zu verdeutlichen, den sie immer wiederholte — nämlich den Satz "Ich glaube, ich sterbe" —, erzählte sie assoziierend eine Kindheitsszene:

Sinnlicher Sinn.

Die Mutter forderte von ihr, einem Onkel in die Augen zu schauen, ihm einen Kuß zu geben und sich von ihm halten zu lassen. Sie wehrte sich und wollte weglaufen. Die Mutter zwang sie durch die Bedrohung, sie sonst dem Onkel für immer mitzugeben, zu einer Handlung, die sie nicht wollte. Die Mutter verlangte von ihr etwas, was sie selbst niemals zeigte, denn sie vermied immer jeden Blickkontakt und gab nie jemandem einen Kuß oder suchte irgend jemandes körperliche Nähe. Die Analysantin hatte als Kind damals nur die Entscheidungen übrig:

— einer geliebten Bezugsperson die Glaubwürdigkeit abzusprechen und dadurch deren Liebe zu verlieren
— das eigene Gefühl zu verleugnen
— die sinnliche Wahrnehmung einzuengen oder zu beschränken.

Es mußte etwas in ihr sterben, damit sie mit diesen Umständen fertig werden konnte. Sie entschied sich, ihre Wahrnehmung sterben zu lassen.

Viele von uns haben ähnliche negativ prägende Erlebnisse gehabt. Viele von uns haben die Beschränkung der sinnlichen Wahrnehmung als Überlebenshilfe benützt. Viele von uns haben, um mit bedrückenden Umständen fertig zu werden, verlernt, die Sinne wachzuhalten, haben verlernt, offen und neugierig nach sinnlichen Eindrücken zu suchen.

Das empfindungsmäßige Verstehen wird zu einer kränkenden, schmerzhaften Überforderung, und als Ergebnis bleiben die abgestumpften Augen, die uns täglich begegnen, zurück, die von

— Sinnlosigkeit und Unverständnis
— Lieblosigkeit und Ungeliebt-Sein
— Freudlosigkeit und Unlust

eine lange Geschichte erzählen.

Wenn wir die Sinne wieder öffnen, den Empfindungen und dem Schmerz genügend Platz lassen, wenn der Körper kraftvoll und natürlich Spannung und Entspannung zuläßt, kommt wieder ein Funkeln und Blitzen in die Augen, den Fenstern zur Seele, zum Herzen. Bei Sinnen-Sein, Liebe und Freude spüren, sind köstliche Geschenke, die nicht durch Leistung zu erwerben sind. Die "Kunst des Liebens" — und dabei will ich respektvoll auch Erich Fromms Buch empfehlen —, ist die Fähigkeit, seine Sinne zu benutzen. Sehen, schauen, hören und zuhören, riechen und schmecken, genußvoll tasten und spüren, begreifen und erfassen, im Gleichgewicht sein sind Bestandteile eines Daseins, das uns erlaubt, bewegt in Bewegung zu geraten.

Wenn ich als Therapeut mit einem schier unüberwindlichen Berg an seelischen Nöten, negativen Erfahrungen und belasteten Prägungen eines Menschen konfrontiert bin und es schwerfällt, einen Anfang in diesem schier unentwirrbaren Knäuel zu finden, so beginne ich oft mit dem Üben und Trainieren der Sinneswahrnehmung. Das ist ein Einstieg, der für jeden gangbar ist und der schnell in verhärtete Überlebensstrukturen Bewegung hineinbringt.

2.1.5. Bewegung und Bewegtheit

a) **Ohne Bewegung keine Bewegtheit**
Ohne Bewegtheit keine Bewegung
Emotionalität und Motionalität beinhalten wichtige Impulse zur Entwicklung

b) **Erstarrte und festgefahrene Haltungen und Einstellungen sind das Ergebnis von gepanzerten (charakterologichen) Überlebensmustern, wo neue Bewegungen und alte Bewegtheit eingefroren wurden.**
Tauen und trauen, trauen und tauen.
Weinen und Gehen-lassen.

c) **Gefühle können nicht erzeugt und produziert werden.**
Die Chance, Situationen selbstverständlich neu zu erleben, ist das Vermögen, in Bewegung zu bleiben.

Als sich die Jogging-Welle in den Vereinigten Staaten ausbreitete, beschwor man die Automobilisten — was ja soviel wie Selbstbeweger heißt —, um ihr Leben zu laufen. Und viele taten es, Tausende bespritzten den Asphalt mit ihren Schweißtropfen, die Strecken wurden immer länger, die gelaufenen Zeiten kürzer und die selbst auferlegten Qualen, um besser zu sein als andere, lehrten einem normalsterblichen Läufer das Grauen. Wie schön war doch unser deutschsprachiger Begriff des Waldlaufes! Wie schrecklich ist es für manchen Waldläufer geworden, durch das Waldsterben zu laufen, wo keiner der kranken Bäume die Fähigkeit hat, um sein Leben zu laufen. Wir als Gattung Mensch haben das Vermögen, Standorte und Standpunkte, Plätze, Gemeinplätze und Meinungen zu wechseln, und das Unvermögen, die Natur zu achten.
Es gibt genügend Menschen, die sich in Bewegungen und Initiativen zusammenschließen, um gegen Mißstände vorzugehen; wenige, die gefühlsmäßig aus einem dankbaren Wohlbefinden heraus sogenannte ethische Ziele verfolgen. Es ist verständlich, daß an sich für jede Bewegung ein aggressiver Impuls vonnöten ist, der zum optimalen Maß "genug" sich hin- oder wegbewegt. Mit "aggressiv" ist die Grundtendenz des Fortschreitens der Entwicklung gemeint, was sehr wohl

auch die gefühlsmäßigen Reizungen von Ärger, Wut, Zorn beinhalten kann. Durch genügend konstruktive Aggressionen sind wir in der Lage, im zwischenmenschlichen Kontakt (Bereich) die richtigen (= wohlbefindlichen) Distanzen herzustellen und bleiben dadurch auch bewegungs- und ausdrucksfähig.
Es wirkt oftmals unverständlich und hat daher mit dem Verstand zu tun und nicht mit dem Gefühl, wenn im Umgang mit der Aggression ein Mehr an Bewußtheit und Ausdruck empfehlenswerter scheint, als ein heroisches Hinunterschlucken. Um nicht mißverständlich Ärger zu erwecken (oder doch?), fasse ich zusammen, daß es für ein bewegtes Zusammenleben aggressiver Impulse bedarf, was nicht heißt, beabsichtigte Feindseligkeiten, Entwertungen und Aggressionen um der Aggression willen.

George Bach, dem ein großer Teil der Verdienste gebührt, den dynamischen und sozialen Aspekt der Aggression entdeckt zu haben, definiert daher auch

a) die konstruktive Aggression als Bereitschaft, genügend Informationen über sachliche und emotionale Gegebenheiten zur Verfügung zu stellen und
b) die destruktive Aggression als ein Austauschen von zuviel oder zuwenig Informationen, was zur Feindseligkeit beiträgt.

In der Beratung von Organisationen fiel mir auf, daß in manchen Personengruppen und Abteilungen feindselige Stimmungen vorherrschten, Ärger nicht offen ausgesprochen wurde und das Informations- und Beziehungsgefüge zähflüssig und unlustbetont dauerhaften Blockaden ausgesetzt war. Tätigkeiten, wie Informationen holen und bringen, Entscheidungen treffen und durchführen, gelingen dann besonders gut, wenn Mitarbeiter und Vorgesetzte sich trauen, Rahmenbedingungen durch "aggressives" (im Sinne der konstruktiven Aggression) Ansprechen-Können von Verhaltensweisen zu schaffen.

2.1.6. Ausdruck und ausdrücken

a) **Ausdrücken, was einen Eindruck hinterlassen hat, sprengt die Isolation der "Einzelkämpfer" und fördert die menschliche Kommunikation.**

b) **Ausdrücken, was mich beschäftigt, ermöglicht mir eine soziale Wirklichkeitskontrolle und hilft, die Ebene des Gefühls, der Tatsachen und der Phantasie voneinander zu trennen.**

c) **Die Bereitschaft sich auszudrücken erhöht die persönliche Ausdruckskraft.**

Wenn mich ein Schuh drückt, gibt es verschiedene Möglichkeiten, mit dem auftretenden Schmerz beim Auftreten fertigzuwerden.

Wer wird die Verhandlung gewinnen? Ein Konkurrent ist eliminiert worden, der Gegner hatte keine Chance, einer wurde zusammengestaucht, den Dämpfer hatte er schon lange verdient, an das Messer geliefert, zuschlagen und zurückschlagen; unsere Sprache und unsere Haltungen und Einstellungen strotzen unbarmherzig im Ausdruck vor feindbezogenen Elementen. Die Angst, zu schlucken, vorsichtig und sparsam zu werden, ist nicht abwegig.

Tiefsitzende Erlebnisse von früher mit einer Anzahl von aktuellen Bestätigungen führen in eine ausdrucksarme Mitteilungswirklichkeit, wo die Vermeidung, den ersten Stein wieder auf den Boden zu legen, sichtbar gezeigt wird.

Als Kind freute ich mich über ein Weihnachtsgeschenk, war ergriffen und stand mit glänzenden Augen still im Raum. Mit der Frage "Wieso freust du dich nicht?"wurde mein Ausdruck von Freude nicht wahrgenommen, was mich wieder traurig gemacht hat und damit den Angehörigen den besten Beweis für die Richtigkeit ihrer Annahme geliefert hat. Bestandteil vieler Überlebensmuster ist, möglichst wenig Ausdruck zu zeigen, um weniger verletzbar zu werden.

Ausdruck und sich ausdrücken sind nicht nur verbale Fähigkeiten, sondern zugleich auch eine körperliche Erscheinung. Oft klaffen verbale und nonverbale Kommunikation aber stark auseinander und bewirken dadurch einen hohen Mehraufwand an Anstrengung im zwischenmenschlichen Kontakt. Wenn ein Pokerspieler beim Spiel, wo auch bluffen erlaubt ist, ein Pokerface aufsetzt, mag das zu einer brauchbaren Strategie gehören. Ein Pokerface bei einer Liebeserklärung oder beim Aussprechen einer Anerkennung führt zweifellos zu Schwierigkeiten beim Partner, die verbale Äußerung als ernstgemeint anzunehmen.
Andererseits führt auch die Nicht-Akzeptanz des Ausdrucks zu kränkenden Gefühlszuständen, die mit Verwirrung gekoppelt sind.
Wo verbaler und nonverbaler Ausdruck zusammenpassen, sprechen wir oft davon, daß ein Mensch "persönliche Ausstrahlung hat".

In Seminaren üben wir regelmäßig am Vergleich von Eigen- und Fremdbild: Die Teilnehmer können dadurch lernen, wie anders sie oft von den Mitmenschen wahrgenommen werden, als sie das wünschen; wie ihre Wirkung von ihrer Absicht differiert. Dieser Vergleich entwickelt die Fähigkeit, echter in seinem Umgang mit anderen zu werden.

2.1.7. Rahmenbedingungen, Strukturen, Vereinbarungen

a) **Die Freiheit und die freie Entwicklung brauchen Grenzen, die eingehalten oder bewußt überschritten werden dürfen. Die Bedingung ist die Grenze, die Struktur und der Rahmen.**

b) **Unsere Wirklichkeit existiert durch geschaffene Strukturen. Es gibt keine Unordnung und Strukturlosigkeit. Die phantasierten Strukturen bieten mehr Raum zur Entfaltung, sind allerdings härter zu handhaben als bewußt gewählte Strukturen.**

c) **Vereinbarungen gehören der sozialen Wirklichkeit als Grundelement an. Sie können nur im Miteinander neu gestaltet werden.**

Um uns zu orientieren, brauchen wir Strukturen und Rahmenbedingungen. Strukturen sind die Gerüste, die uns helfen, uns in der Wirklichkeit zurechtzufinden, die uns vor unendlichen Interpretationen, Deutungen und Rechtfertigungen bewahren und die eine Basis für ein konstruktives Zusammenleben bilden.

Vereinbarungen sind ein Grundelement der sozialen Wirklichkeit. Ihrem Wesen gemäß können sie nur miteinander neu gestaltet werden. Der Wegfall von Strukturen und klaren Vereinbarungen — wie etwa in der antiautoritären Erziehung — bringt kein Mehr an Freiheit, weil Freiheit immer nur im Kontrast zur Begrenzung erlebbar ist.

2.1.8. Aufgaben

a) **Um sich in der Wirklichkeit zurechtzufinden, braucht der Mensch die Besinnung auf Bedürfnisse, Wünsche, Ziele und Aufgaben.**

b) **Zielformulierungen für das Erfüllen von Aufgaben können sowohl aus der Unzufriedenheit als auch aus der Zufriedenheit aufgestellt werden.**

c) **Es ist günstig, aufgegebene Aufgaben aufzugeben und die Aufgabe eigenständig und bewußt zu bewältigen.**

Ich will aus Carlos CASTANEDAS Buch "Erzählungen der Macht" einige Sätze zitieren, die bündig die Anliegen der Aufgabenstellungen in unserer Wirklichkeit darlegen.

"Sobald der Schüler angenommen worden ist, beginnen die Unterweisungen."

Hier wird präzise formuliert, daß im Beziehungsgeflecht zwischen Lernenden und Lehrenden, Vorgesetzten und Untergebenen sofort Unterweisungen und in diesem Sinne auch Anweisungen zu Aufgaben als Ausgangspunkt angesehen werden. In Organisationen führen mangelndes Funktionsverständnis der Führungskräfte, die exakte Aufträge großzügig, gutmütig vermeiden, immer wieder zu Pseudoauseinandersetzungen auf der Beziehungsebene, weil nicht von Beginn an gradlinig danach verfahren wurde. Die Präzision der Unterweisung umfaßt als Basis eine bewußte Einstellung und als Verhaltensinstrumente Orientierungspunkte im Auftrag (wie Zeit, Ort, Anzahl, Ziel, Personen), die eine Kontrolle möglich machen.

C. CASTANEDA läßt den Zauberer-Lehrer dann fortfahren:

"Die erste Handlung des Lehrers besteht darin, die Vorstellung einzuführen, daß die Welt, die wir zu sehen glauben, nur ein Anblick ist, eine Beschreibung der Welt. Jede Anstrengung eines Lehrers ist darauf gerichtet, seinem Schüler diesen Punkt zu beweisen. Das anzunehmen scheint unglaublich schwierig zu sein. Wir sind selbstzufrieden in unserer besonderen Ansicht der Welt gefangen, die uns zwingt, zu fühlen und zu handeln, als wüßten wir alles über die Welt. Ein Lehrer zielt von der ersten Handlung an, die er vollbringt, darauf ab, diese Ansichten zu unterbrechen ..."

"Um diese Ansicht der Welt anzuhalten, die man seit der Wiege aufrechterhält, genügt es nicht, einfach zu wünschen oder sich zu entscheiden. Man benötigt eine praktische Aufgabe."

Aufgaben, die aufgegeben und gewählt wurden, sind Bausteine einer Wirklichkeitsbewältigung, die das Zusammenleben auf einen gemeinsamen Boden ansiedeln. Unser Zusammenleben ist arg geprägt durch

— übernommene Vorurteile (bis hin zur Verurteilung)
— erstarrte, standardisierte Verhaltensweisen
— Statusstreben
— Überlebenshaltungen
— alte sozial-erlernte Gefühle (statt gespürtes Körpergefühl)
— phantasierte Machtanmaßungen

und wir bedürfen selbstauferlegter Hilfen, um lustvoller und leichter miteinander auszukommen.

Die vorangegangenen acht Gedankenkreise sollen Anstöße und Anregungen sein, festgefahrenen Problemen wie auf einem Rangierbahnhof eine andere Anordnung zu geben. Ich verstehe sie nicht als lehrbuchhafte, lineare Theoriebausteine, sondern mehr als Impulse, die Bewegung bewirken sollen. Denn nur wo Bewegung in Erstarrung kommt, Ungewohntes in Routine und Anstößiges in "Unumstößliches", wird Entwicklung und Veränderung möglich.

2.2. Bedürfnisse

Es gibt genug Gründe, Bedürfnisse haben zu dürfen. Die Annahme von Grundbedürfnissen, deren Befriedigung unter gewissen Umständen lebensnotwendig sein kann, überschreitet den erkenntnistheoretischen Rahmen und reduziert die Wirklichkeit auf die praxisnahe Relation der abhängigen Variablen von Bedürfnis und Befriedigung.
Unsere zwischenmenschliche Lebensgestaltung ist geprägt durch ausgesprochene und unausgesprochene Bedürfnisse. In herkömmlichen Organisationstheorien werden die Grundbedürfnisse eher ökonomisch ausgerichtet gesehen. Begriffe und Themen wie Motivation, Produktion, Wachstum, Entscheidungen, Lösungen werden abgetrennt von der Person betrachtet. Das führt oft zu einer Entfremdung, die auf Dauer nicht aufrecht zu erhalten ist. Das Vergessen und Nichtbeachten von menschlichen Bedürfnissen bewirkt Störungen, die aber oft wieder systemimmanent behandelt werden. Deshalb ist die Beschäftigung mit der Natur des Menschen und seinen natürlichen Bedürfnissen, aber auch Fähigkeiten wichtig, um Entfremdung zu verringern und die konstruktive und harmonische Entwicklung von Organisationen zu ermöglichen.

Menschenbilder sind idealtypisch von Personen entworfen worden, wobei das humanitäre Ziel nur sein kann, dem Individuum Hilfen zu geben, seinen Bedürfnissen angepaßt leben zu können. Die Umkehrung, den Menschen idealtypischen Normen zu unterwerfen, versetzt den einzelnen in das Orwellsche Jahr 1984, wo die Überwachung und bestrafende Angst die Herrschaft übernommen hat. Die Entscheidungsträger von Organisationen haben ihr Ziel doppelt auszurichten, um die Funktionstüchtigkeit aufrecht zu erhalten:

Die Bedürfnisbefriedigung von Personen <u>in und durch</u> die Organisation.

Gruppen, Organisationen und Gesellschaften sind funktional definierte Gemeinschaftsgebilde, die auf die einzigartige Unterschiedlichkeit vieler Individuen zurückgehen. Die ausgerichteten Arten vom Menschenbild erklären einen wichtigen Teilbereich der Organisationstheorie.
Lutz von ROSENSTIEL unterscheidet in seinem Büchlein "Organisationspsychologie" drei Arten von Menschenbildern, die die Organisationstheorie kennzeichnen:

a) Den "economic man", den von wirtschaftlichen Interessen geleiteten Menschen.
b) Den "social man", den vom Kontaktbedürfnis geleiteten Menschen.
c) Den "complex man", den von einer differenzierten Motivvielfalt geleiteten Menschen.

Reisterrassen oder der Sinn des Lebens.

Durch das Menschenbild des "complex man" hat das hierarchische Motivationsmodell von A. Maslow wieder an Bedeutung gewonnen. A. Maslow ist ein Klassiker der Motivationsforschung, und er geht in seinem hierarchischen Motivationsmodell (1943) davon aus, daß nach Befriedigung der primären Bedürfnisse die jeweiligen Motive der nächsthöheren hierarchischen Ebenen verhaltensbestimmend werden. Die fünf Motivationsebenen seines Modelles sind — leicht abgewandelt:

1. Das Bedürfnis nach Leben, Dasein, Existenz (physiologisches Grundbedürfnis)
2. Das Bedürfnis nach Sicherheit
3. Das Bedürfnis nach Zuwendung
4. Das Bedürfnis nach Anerkennung
5. Das Bedürfnis nach Selbstverwirklichung

Ich will nicht über den "Wahrheitsgehalt" dieser fünf Motivationsebenen tiefsinnig werden, sondern sie dafür benützen, um skizzenhaft sie für grundlegende Fakten des Zusammenlebens von Menschen aufzustellen. Oft stolpern wir in Krisen hinein, weil banale Erkenntnisse über Bedürfnisse mißachtet werden. Ich will zu den jeweiligen Bedürfnissen auch die Befriedigungsmöglichkeiten nennen und diese in zwei Gruppen teilen:

Die Befriedigungsmöglichkeiten erster Ordnung sind diejenigen, die eine Befriedigung unmittelbar ohne zusätzliche Metaphern, Konstruktionen und Hilfsmittel gleich ermöglichen.

Die Befriedigungsmöglichkeiten zweiter Ordnung bedürfen zusätzlicher Instrumente, Hilfsmittel und des bewußten Umgangs damit.

Bedürfnisse ohne konkrete Befriedigungsmöglichkeiten und Befriedigungen, wo keine Bedürfnisse vorhanden sind, sind aber auch reale Erscheinungen in menschlichen Beziehungen.

	Motivationsebenen der Bedürfnisse	Befriedigungsmöglichkeiten unmittelbar (I. Ordnung)	mittelbar (II. Ordnung)
I	Existenz-Grundbedürfnisse	Atmung Nahrungsaufnahme Erregung - Spannung Stimulanz	Energiefluß, Kraft, Dynamik wertschätzende Akzeptanz Grounding
II	Sicherheit	Sinne, Ausdruck und Bewegung Wissen Haben	Gleichgewicht herstellen und halten Fähigkeit, die Zeit zu strukturieren Aufgaben und Abgrenzungen
III	Zuwendung	Körperempfingen Streicheln Unterstützung Kontakt, Takt, Rhythmus	Erlaubnisse Nähe - Distanz Kommunikatioon
IV	Anerkennung	Selbst und Fremdakzeptanz aufmerksame Beachtung Finden und Gelingen	abgesprochene soziale Wirklichkeit Streben nach Einfluß, Status und Macht Anmaßung und Abweichung
V	Selbstverwirklichung	Einheit: Denken, Fühlen, Handeln Fähigkeit, sich zu entscheiden Träumen	Anatomie und Fähigkeiten Erkennbares und Unkennbares Glauben

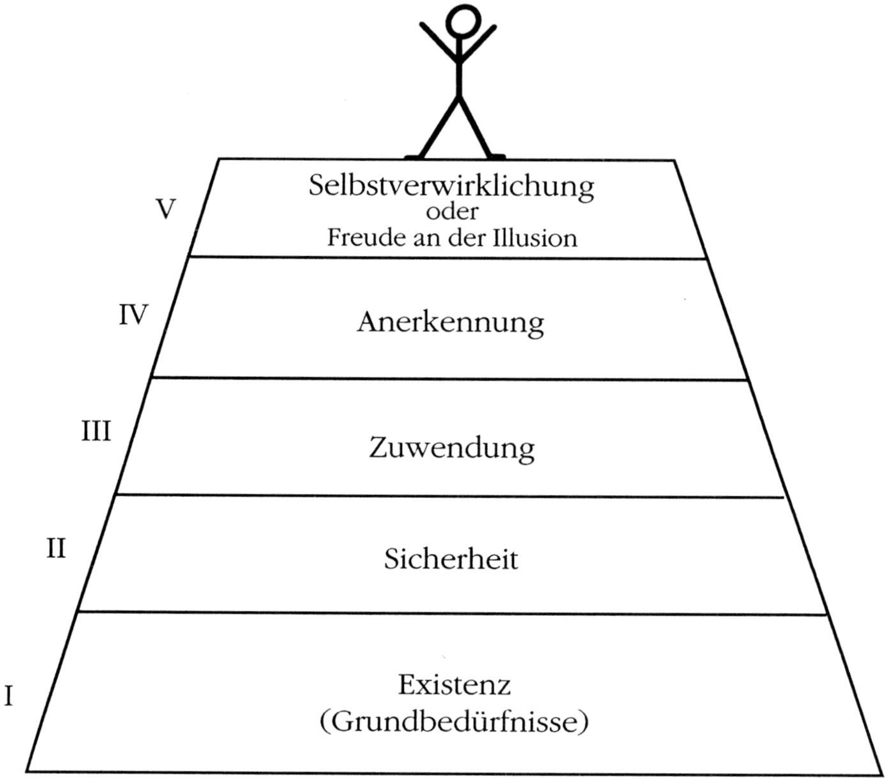

2.2.1 Das Bedürfnis nach Leben, Dasein und Existenz

Um die Grundbedürfnisse systematisch erfassen zu können, scheint es mir notwendig, sie in zwei Kategorien zu gliedern, um die Beschreibung zu erleichtern:

— Existenzielle oder psychologische Grundbedürfnisse, wo die unmittelbare Befriedigungsmöglichkeit mitgenannt ist (= 1. Ordnung).
— Allgemeine und abstrahierte Grundbedürfnisse, wo eine mittelbare Befriedigungsrichtung aufgezeigt wird (= 2. Ordnung).

2.2.1.1. Die Grundbedürfnisse erster Ordnung

Die existenziellen oder physiologischen Grundbedürfnisse sind:

1. **Die Atmung**
2. **Die Nahrungsaufnahme**
3. **Die Erregung — Spannung — Stimulans**

1. Die Atmung

a) **Atemlosigkeit, das Einstellen der Sauerstoffaufnahme und -abgabe, führt zum Tod. Atmen und bewußt atmen ist vergleichbar dem Warten auf den Tod oder Bewußt-Leben.**

b) **Das zugelassene oder beschränkte Atemvolumen dosiert und kontrolliert die Gefühle und somit die Summe unserer gemachten Erfahrungen.**

c) **Unser Energie- und Kraftpotential wird durch die Atmung gesteuert. Ein Verzicht auf die bewußte, optimale Atmungskapazität ist ein Verschleudern von Geschenken der Lebendigkeit.**

Der natürliche, lebensnotwendige Reflex des Ein- und Ausatmens ist so bequem installiert, daß wir erst durch körperliche oder umweltbedingte Störungen erkennen, wie unabkömmlich er für das Leben ist. Der Tod ist atemlos.
Das bewußte Leben und Erleben sind von diesem Grundbedürfnis abhängig. Die Identität des Menschen in seinem Dasein wird durch das Intensitätsmaß seines Atems geformt. Jegliches unaufmerksame Geschehenlassen, Anhalten und Drosseln der Atmung gibt einen Hinweis auf ein gefühlsgebundenes oder schicksalhaftes Warten.

Bewußt leben heißt bewußt atmen.

Jeder Atemzug hält den Körper in einer wellenförmigen Bewegung und gibt Impulse für das Reifen und Wachsen. Bei Personen, die bereit sind, neue Schritte zu unternehmen, Veränderungen bewußt anzustreben oder eine Erweiterung ihres Handlungsspielraumes zu bewältigen, kann man beobachten, daß die Atmungskapazität mehr ausgeschöpft wird. Veränderungen und Erweiterungen als Bereitschaft oder als abgeschlossene Erfahrung sind körperlich vor allem durch die Atemtätigkeit sichtbar.
Die Atemfrequenz und das Benützen der Atemkapazität dosiert und kontrolliert unbewußt unsere Gefühlswelt. Nur dort, wo sich das Atemvolumen frei entfalten kann und die Atemfrequenz situationsangemessen wirkt, steuert primär der Energiefluß unsere Stimmungen und Handlungen. Der Verstand und der Wille können aus einem Eigenverständnis für die aktuelle, vorgegebene Situation verstärkend und zielgerichtet Beistand leisten.
Das Grundbedürfnis des Atmens, um zu überleben, verknüpft sich eng mit der Bedürftigkeit so zu atmen, daß ein befriedigendes, lustvolles Leben und Zusammenleben beginnen kann. Die Sparsamkeit beim Ausatmen ist ein Zeichen des frühzeitigen Absterbens, des Verzichtes auf echte körperliche Präsenz.

2. Die Nahrungsaufnahme

a) **Entzug und Verweigerung von Nahrung und Flüssigkeit führt letztlich zum Tod. Das Satt-sein, genug zum Essen und Trinken zu haben, als Befriedigung eines Grundbedürfnisses zu verstehen, hat in den Hungerzonen und den Überkonsumgesellschaften unterschiedliche existenzielle Bedeutung.**

b) **Hungern und Fasten, Völlerei und Freßorgien sind Maßlosigkeiten, um das Maß "satt" oder "genug" zu erleiden oder zu verjubeln.**

c) **Wie man ißt, so ist man.**
Die Kultur, die wir in uns tragen können, zeigt sich in der Feierlichkeit beim Mahl.

Das Grundbedürfnis, dem Körper Nahrung und Energie zu geben, kann ab einem gewissen Alter allein befriedigt werden. In den ersten Lebensmonaten und -jahren waren wir auf Bezugspersonen angewiesen, die uns fütterten und versorgten. Anders als bei der Atmung sind hier unsere ersten Erfahrungen der Befriedigung dieses Grundbedürfnisses stark objektgerichtet.

Das Maß des Satt-seins war dadurch nicht allein vom Subjekt des Empfängers bestimmt, sondern auch vom Objekt des Gebenden. Eine liebende Bezugsperson, die sich auf ihren Instinkt als Mutter oder Muttterersatz verlassen traut, wird bei diesem symbiotischen Geschehen keine Schwierigkeiten haben, das richtige Maß für die Ernährung zu finden. Ist die Balance des natürlichen, biologischen Gefühls der Bezugsperson beeinträchtigt oder gestört, verlernt bereits der Säugling maßvolle Befriedigung zu erleben. Es versetzt mich immer wieder in Erstaunen, wie viele Personen ihren körperlichen Zustand bezüglich der Nahrung und des Trinkens als "schlecht" bezeichnen: Schlecht vor Hunger oder Durst, schlecht vom zuvielen Essen und Trinken. Einmal werden Pillen genommen, um Blähungen zu beseitigen, dann Medikamente, daß der nervöse Magen zur Ruhe kommt. Schlankheitsmittel und Vitaminstöße, Trennkost und Rohkost, Abführmittel und Fastenkuren bestimmen den Zyklus der Ernährung. Es wird mit dem Kopf der Körper zur Tank- und Futtersäule degradiert und eine Nichtbeachtung des Bedürfnisses praktiziert, den Körper selbst wählen zu lassen, was er, wann er und wie er Nahrung braucht.

Die Kultur der Menschen und des Menschen zeigt sich in der Art, wie er sich bei der Nahrungsaufnahme verhält. Ein herrliches Abendessen mit verschiedenen Gängen und köstlichen Tröpfchen zu zelebrieren, ist eine kulturelle Kunst. Wenn allerdings der Körper vergessen wird, manipulativ ihm Nahrung vorenthalten oder aufgezwungen wird, geht auch der natürliche Bezug zur sinnhaften Bedürfnisbefriedigung verloren.

3. Erregung — Spannung — Stimulans

a) **Ohne Erregung keine Regung.**
Das menschliche Grundbedürfnis der Erregung, Spannung und Stimulans ist ein Bindeglied zu den höheren hierarchischen Motivebenen, deren Befriedigung notwendig ist, um Entwicklungen zuzulassen.

b) **Jede Erregung, Spannung und Stimulans und jede Entspannung als Resultat einer Spannung wird lustvoll erlebt. Verspannungen, das Ausbleiben von Stimulans und Erregung werden als unlustbetont, lähmend und als Abgestumpftheit erlebt.**

c) **Müßiggang ist aller Unlust Anfang (Müßiggang ist aller Laster Anfang). Verkrampftes Belastetsein sind Lasten, die von anderen übernommen wurden. Staunende Erregung, spürbare Spannung und Unterstützung sind die Grundsteine für das natürliche Reifen.**

Belastete und überbelastete Mitmenschen äußern in stillen wie in lauten Momenten ihren Wunsch, sich entspannen zu dürfen. Sie versuchen, den Spannungen auszuweichen, verspannen sich vor lauter Bitternis und genießen unbewußt ihre Fähigkeit, duldsam zu ertragen, was ihnen irgendwann einmal aufgetragen wurde. Sie sind groß im Leiden und kleinherzig, den Schmerz zuzulassen. Die Erregung ist auf ein dauerhaftes Zucken von Verspanntheit eingestellt, und jeder Reiz wird integriert, aber führt zur kraftvollen Spannung. Ohne Erregung sind wir Lastenträger, Sisyphusarbeiter und Maschinen, die das Lustprinzip der Spannung und Entspannung träumen oder ad acta gelegt haben.
Das Erregungspotential holt sich seine Reize von Bezugsobjekten und aus der Umwelt. Durch den Aufbau und Abbau von Spannungen ist der menschliche Mechanismus in der Lage, auf seine Umwelt zu reagieren oder auch Aktionen zu setzen.

Reize, Stimulans und Erregung haben eine gefühlsmäßige Verwandtschaft zu Empfindungen und Schmerz.

Es ist ähnlich wie beim Eintritt durch eine Drehtür. Der Reiz und die Erregung eines neuen Umfeldes, mit anderen Personen, Impulsen und Tätigkeiten wird gewünscht und man begibt sich in die Trommel des Drehtürkastens. Der neue Raum, andere Personen und Gegebenheiten wecken Empfindungen und die Möglichkeit, kränkende, schmerzende Erfahrungen zu machen. Und schon steht man wieder vor dem Eingang, um sehnsüchtig den verlorengegangenen Reizen nachzuhängen und mit lähmender Angst vor dem Risiko, ungewohnt gewohnt gekränkt und enttäuscht zu werden. Das paradoxe Gegenüber von Erregung brauchen und Schmerz vermeiden, ist annähernd so zu beschreiben, wenn ein frischgetrautes Paar mit dem besiegelten Jawort "Bis der Tod Euch scheidet" sich gleich danach in zwei getrennte Klosterzellen zurückzieht und dort für sich keusch und einsam bleiben will. Die Ambivalenz des Erregungsbedarfes und der Schmerzvermeidung kennzeichnen alle Phänomene des Widerstandes und der dazugehörenden Abwehr- und Schutzmechanismen. Das psychisch und physisch Schmerzende führt dazu, daß eine Einschränkung des Ausdrucks, der Bewegung und der Wahrnehmung die Folge ist. Die Abwehr des Schmerzes wird mit Einschränkungen der Erregung und des Spannungspotentials bezahlt, um dadurch überleben zu können und Gewohnheiten, Sicherheiten und ein Mindestmaß an Zuwendung und Anerkennung zu erhalten.

Beim erlebten, riskierten Schmerz liegt eine Einstellung, wo die sinnliche Wahrnehmung, Beweglichkeit und Emotionalität noch zur Verfügung stehen und die Abgegrenztheit des Schmerzes kalkulierbar wird. Wird der Schmerz als dauerhaft und kalkulierbar erlebt, verflacht die Erregungskurve zusehends, und die leidvollen Möglichkeiten der Abwehrmechanismen gewinnen die Oberhand: Betäubung, Verdrängung, Tod, Wahn, Krankheit, Abspaltung, Verleugnung, Isolation und Seen voller Traurigkeit, Depressionen und Psychosen können das Ergebnis sein. Die konsequente Folgerung daraus ist, daß hinter jedem konfliktreaktiven, neurotischen und psychotischen Zustandsbild sich ein "Nicht-abstellbarer Schmerz" verbirgt, der mitgetragen wird oder daß nicht genügend Personen bereitstehen, die für Spannung und natürliche Erregung sorgen.

Arbeit, Kontakt und Handlungen sind ohne Spannungen nicht denkbar.

Die Befriedigung der physiologischen Grundbedürfnisse wird oft vernachlässigt, um Befriedigung auf einer höher gelegenen Motivebene kleinweise zu erlangen. Jemand, dem es um Sicherheit und Geborgenheit in seinem Arbeitsteam geht, wird seine Spannungen und Erregungen, die für die Auseinandersetzungen notwendig sind, manchmal permanent schlucken, brav sein bis zum Magengeschwür. Jemand, der lebenslang Zuwendung nachläuft, wird in seiner Stammtischrunde Runde für Runde Schnäpse konsumieren, ausharren, bis der letzte geht, auch wenn es ihm auf die Leber geht und die Müdigkeit ihn tagsüber als Stigmatisierten zeigt.

2.2.1.2 Die Grundbedürfnisse zweiter Ordnung

1. **Energiefluß, Kraft, Dynamik**
2. **Wertschätzende Akzeptanz, Liebe, Harmonie, Herzlichkeit**
3. **Grounding (= geerdet, verwurzelt sein, bodenständig)**

Die allgemeinen Grundbedürfnisse sind eher abstakte, philosophische Konstruktionen, da das Bedürfnis und dessen Befriedigungsmöglichkeit nicht unmittelbar konkret bezeichnet wird, sondern noch beschreibbarer Medien, Instrumente und Übersetzungshilfen bedarf.

1. Energiefluß, Kraft, Dynamik

a) **Das optimale Maß an Atmung, Nahrung und Erregung bedingt den körperlich spürbaren Energiefluß. Das Grundbedürfnis eines gesunden Menschen ist, kraftvoll und dynamisch zu sein, Energien fließend umsetzen zu können.**

b) **Der naturgegebene Energiefluß reguliert dynamisch das Gleichgewicht der Kräfte. Jegliche Unterbrechung des Energieflusses stellt ein neues Gleichgewicht her mit Hilfe von Symptomen, Panzerungen, Reduktionen, Illusionen und Krankheiten.**

c) **Gestaute und blockierte Energien zentrieren die Kräfte auf die Störungen und wirken deshalb entwicklungshemmend.**

Wenn Sie mit offenen Sinnen durch eine Gebirgslandschaft wandern, in der Nähe eines Wasserfalls stehen oder am Meeresufer der Brandung lauschen, werden Sie nach einiger Zeit ein fast fiebriges Vibrieren verspüren. Wenn Sie sich in der Zone eines begehrten Menschen aufhalten, durchzieht den Körper ein wonniges, warmkaltes Frösteln. Auch das "lästige" Lampenfieber vor einer Rede, einer Prüfung oder einem Auftritt gibt den Hinweis, daß im Körper Energien und Kräfte zusätzlicher Art in Aktion und in Fluß gesetzt werden. Das bemerkbare Fließen der Energien reguliert das Gleichgewicht der Kräfte und befähigt uns, Ausstrahlung zu haben. Strahlende, fröhliche Menschen besitzen Kräfte ohne Kraftakte, um Hochleistungen vollbringen zu können.

2. Wertschätzende Akzeptanz, Liebe, Harmonie, Herzlichkeit

a) **Der Mensch als naturverbundenes und spirituelles Wesen ist gewalttätig, überlebenshungrig, gierig und aggressiv. Er wird einzigartig durch seine Fähigkeit zu lieben.**

b) **Das Grundbedürfnis, sich selbst und andere zu lieben, hat die Gattung Mensch (bis jetzt noch) am Leben erhalten.**

c) **Eine glückliche und zufriedene Lebensgestaltung heißt, in jedem Augenblick auf den Tod vorbereitet zu sein und den Weg des Herzens, der Liebe, der wertschätzenden Akzeptanz zu gehen.**

Als ich vor kurzem einmal das Paradies besuchen wollte, genügte es nicht, eine reine Weste zu haben, unschuldig und sündenlos zu sein, sondern als Ausweis wurde die Herzlichkeit liebenswürdigerweise verlangt. Meine Vermutung, daß ich nun einen Stempel der Liebe zwischen den beiden Herzkammern aufgedrückt bekäme, bestätigte sich gottseidank nicht. Alle lieben zu dürfen oder zu müssen, war mir schon auf Erden wie die Hölle vorgekommen. Der paradiesischen Wirklichkeit habe ich sogar dieses unmögliche Unterfangen zugetraut. Meine rein theoretische Frage nach Grundbedürfnissen im Paradies warf mich rasch zurück ins Erdendasein, da ich diese Frage dort noch nicht beantwortet hatte.

Vor Jahren hat mich mein verehrter Freund und Lehrer George Bach bei einer Abschlußrunde eines Professional Workshop in Los Angeles tief betroffen gemacht. Jeder von uns sollte einige Highlights über das vergangene Seminar den anderen mitteilen. Als ich an die Reihe kam und ich mit wohlgesetzten Worten, in Englisch formulierend, mir selbst gefiel in meinen Ausführungen und viel Beifall von anderen Kollegen fand, hörte ich George plötzlich in Deutsch sagen: "Waldefried, Du verweigerst mir die Liebe!" Ich wollte den Satz wegwischen, gekonnt kontern, ärgerlich sein und vieles mehr. Aber ich war wie gelähmt, weil ich betroffen war. George hatte recht. Ich war selbstgefällig gewesen und hatte die Runde nur für einen gescheiten Auftritt genutzt. Ich hatte nicht Liebe und Beachtung hingegeben. Ich höre diesen Satz in bestimmten Situationen oftmals und weiß, daß mir dieser Mensch George sein Mögen nicht verweigert hat. Es geht nicht um den Satz "Ich liebe Dich", sondern es geht um die im Herzen beheimatete Grundeinstellung, dieses Bedürfnis des Liebens und Geliebtwerdens zu spüren. Wo dieses Bedürfnis verglüht und erlischt, steht der Tod bereit, oder die Erstarrung ist zu Lebzeiten bereits sichtbar.

In einer herbstlichen Seminarpause am späten Nachmittag genoß ich die letzten Strahlen des Sonnenuntergangs. Eine ältere Seminarteilnehmerin kam zögernd zu mir und sagte, sie wolle nur eben neben mir stehen, aber sie wisse nicht, worüber sie mit mir sprechen sollte. Ich meinte, daß ihr Danebenstehen Grund genug zum Bleiben sei. Nach kurzer Zeit bemerkte ich, wie die ältere Dame still vor sich hin weinte. Als ich sie ansprach, was sie bewegte, erzählte sie mir, daß sie in ihrem Leben das erste Mal bewußt begriff, was es heißt "einfach da-zu-sein", ohne etwas tun zu müssen, um bleiben zu dürfen. In dieser Begebenheit kommt für mich so deutlich zum Ausdruck, wie wir dem Glück, dem Besitz und der Liebe oft hinterher laufen, statt für einen Augenblick still dazusein, um das gelten zu lassen, was ist.

3. Grounding (= Boden-verbunden-sein)

Der Begriff des Groundings stammt aus der bioenergetischen Analyse und heißt soviel wie verwurzelt sein, sich auf dem Boden der Wirklichkeit bewegen, Boden

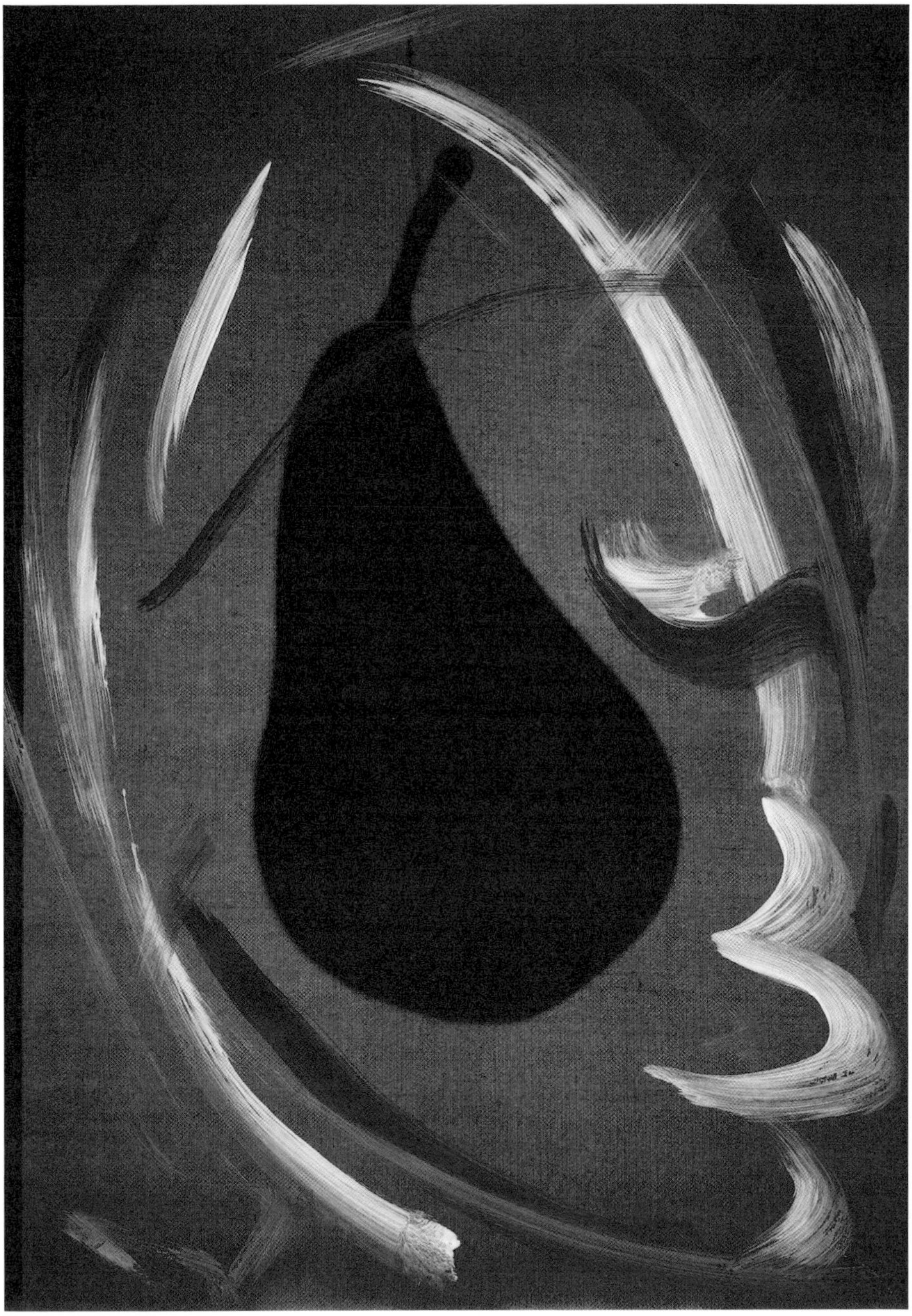

Dasein braucht keine zusätzliche Erklärung.

unter den Füßen haben. Alexander Lowen, der Begründer der bioenergetischen Analyse und einer meiner väterlichen Freunde und Lehrer, gab mir mit seinem vielfältigen analytisch therapeutischen Wissen viele Hinweise, was es bedeutet, gut "gegroundet" zu sein bzw. einen festen Standpunkt zu haben.

Das Konzept des Groundings bezieht sich, trotz des scheinbar statischen Momentes, auf das Entwicklen-lassen der Person gründlich vom Boden her und vergißt nicht,

a) die Wahrnehmung aus verschiedenen Positionen und Standorten
b) die Wahrnehmungsfunktion
c) die Bewegung und die Bewegtheit und
d) das Ausdrucksvermögen

miteinzubeziehen.

Ohne festgesetzte Standpunkte sind keine Auseinandersetzungen, Verhandlungen und Bedüfnisbefriedigungen möglich. Der Standpunkt ist die Stelle, wo der Körper den Boden berührt.

Echter Kontakt zum Mitmenschen wird erleichtert durch spürbaren Kontakt zum Boden. Wahrnehmungen ohne Bodenbezogenheit sind häufig entankert vom Eigenverständnis und beruhen auf Fremdeinsichten, die ungeprüft übernommen wurden.

Grundlos fallen, um gehalten zu werden. Die Sehnsucht nach dem Symbiotischen, Versorgt und Getragen-Werden im Mutterleib, ist die Wurzel des nicht Verwurzelt-sein-Wollens.

Alexander Lowen betonte immer wieder, daß der Mensch nur dann wahrnimmt, wenn er gleichzeitig den Boden unter dem Körper spürt. Ich habe gegen diese simplifizierte Aussage bei meiner Begegnung mit ihm heftig protestiert und mich eher darüber lustig gemacht. Heute bin ich überzeugt, daß ein Schlüssel zum eigenen Sehen, zum bewußten Wahrnehmen und unvoreingenommenen Verstehen tatsächlich der Kontakt zum Boden ist. Durch die bodenspürende Aufmerksamkeit entkommen wir der Gefahr, unsere sinnliche Wahrnehmung durch das krampfhafte Suchen nach Bedürfnisbefriedigung auf einer höheren Ebene zu betrügen. Ich schlage Teilnehmern und Analysanten vor, sich jeden Tag diszipliniert 20 Minuten aktiv niederzusetzen oder zu stehen, um "nur" den Kontakt zum Boden und die Pausen nach dem Ausatmen zu beachten. Viele sind nicht einmal in der Lage, dies einmal, geschweige jeden Tag zu tun, weil sie durch ihre Unruhe überschwemmt werden und ihr "Selbstbild" — das sie als selbstverständlich ansehen — eine krisenhafte Erfahrung durchmacht. Das aktive und bewußte Gegroundet-Sein aus der Stille heraus desillusioniert und reduziert die Fremdbestimmungen.

Ich stelle gerne die Behauptung auf, daß Personen, die sich nicht tagtäglich 30 Minuten Zeit nehmen, über ihren momentanen Zustand nachzudenken, Ziele, Wünsche und Gefühle aufsteigen zu lassen, nicht selbstbestimmt sind, sondern organisiert werden und ihre Lebensgestaltung nicht in der eigenen Hand haben. Den eigene Körper spüren, Kontakt mit dem Boden haben, sind Anstöße zu einer Reflexion des eigenen Lebens und zur Erlangung der Autonomie.

Das Leben geschieht, und der Tod wird übersehen, wie die kleine Pause zwischen Ein- und Ausatmen übergangen wird.

Die Beschreibung der Grundbedürfnisse erster und zweiter Ordnung stellt den Boden für die Beschreibung der weiteren Bedürfnisebenen dar. Im Alltag werden die höheren Stufen in der Regel allerdings viel mehr propagiert und betont. Das Nichtbeachten der Grundbedürfnisse führt meiner Meinung nach zu Problemen im Haushalt des Organismus.

Das Erkennen und Begreifen von verschiedenen Ebenen bei den Bedürfnissen gibt einem Leiter, Berater oder Verhandler Instrumente in die Hand, um zu einem "Miteinander-Arbeiten" statt zu einer permanenten Konfusion zu kommen.

2.2.2 Das Bedürfnis nach Sicherheit und Geborgenheit

Geht es bei den unmittelbaren existenziellen Grundbedürfnissen um das "nackte Überleben", um Sein oder Nichtsein, so strebt der menschliche Organismus mit dem Bedürfnis nach Sicherheit eine Absicherung seiner Existenz an. Durch das Eingebettet-sein in einem komplexen, fast unübersichtlichen, natürlichen Werdens-Zyklus kann es eine absolute Sicherheit nicht geben. Kurz umrissen würden die Erkenntnisse

"ich lebe, also bin ich" und
"ich bin sicher, weil ich mir Unsicherheiten erlaube"

genügen, um das Thema des Sicherheitsbedürfnisses abzuschließen. Nehmen wir jedoch den Absolutheitsanspruch der Sicherheit weg und beziehen uns mehr auf die gewünschten Befriedigungsanläufe, scheint es sinnvoll zu sein, genauer zu untergliedern.

2.2.2.1 Unmittelbare Befriedigungsmöglichkeiten

Ich habe lange darüber nachgedacht und mit Kollegen diskutiert, ob es angebracht ist, die aktiven, unmittelbaren Quellen für das Sicherheitsbedürfnis auf drei Schwerpunkte reduzieren zu dürfen. Ich tat es und war mir sicher, daß es genügt, und dennoch ist mir jeder Einwand willkommen.

Es sind dies:

1. **Sinne, Ausdruck und Bewegung**
2. **Wissen**
3. **Haben**

1. Sinne, Ausdruck, Bewegung

a) Die Sinnesorgane schaffen uns den Zugang zu Sicherheitsräumen und zum Ruheplatz der Geborgenheit. Ohne Sinne und Sinnesreize versinken wir in ein diffuses Plasma, dem das Grauen innewohnt. Je weniger die eigenen Sinne ausgebildet sind, um Orientierungsmarken zu erkennen, umso bedürftiger und sinnloser werden Sicherheit und Geborgenheit erlebt werden.

b) Der Eindruck, Sicherheit zu haben, ist der Schlußpunkt des Satzes: Die Person drückt Sicherheit aus. Sicherheit und Geborgenheit hängen vom gezeigten, eindeutigen Ausdrucksvermögen ab. Der Ausdruck, das Zeigen von Lebendigkeit, ist Sicherheit genug.

c) Standhalten und Bewegen erhöhen die Möglichkeiten, Sicherheit zu erlangen. Beweglichkeit und emotionale Bewegtheit erhöhen die Chancen der Bedürfnisbefriedigung via Sicherheit. Der Stillstand beim Tod gilt als sicher.

Unsere Sinnesorgane sind für das Registrieren der Gefahren und der vertrauten Situationen Hilfen. Ohne diese Werkzeuge wären wir rettungslos verloren in einer ewigen Unsicherheit. Wenn Sinne zuwenig entwickelt werden oder gestört sind, entsteht eine Atmosphäre der Bedürftigkeit nach anderen Personen, die uns Sicherheit geben. Die Sinnesorgane sind auch Sicherungsorgane für primäre Grundbedürfnisse.

Ich muß nicht ganz bei Sinnen gewesen sein, das Bedürfnis nach Sicherheit so ernst zu nehmen, wo es meiner Ansicht und meinem Sinn nach genügt, genügend zum Ausdruck zu bringen, die Sinne zu schärfen, um ein Klima oder Pseudoklima der Sicherheit und Geborgenheit zu finden.

Je mehr an sinnenhaftem Ausdrucksvermögen vorhanden ist, umso leichter wird es für die beteiligten Personen, ein Klima der Geborgenheit zu schaffen.
Der Fluß der Veränderungen mit seinen Stromschnellen der Verunsicherung kann manchesmal ein wenig gestaut werden, später umso mehr mit Gewalt weiterfließen. Ausdrücken können, was mich bewegt, was ich will und wünsche, ist ein Grundelement, einen Status zu erhalten, wo Bitten, Forderungen und Abgrenzungen den Spielraum für Sicherheit bieten.
Bewegtheit und Bewegungen erlauben Orientierungen, die Sicherheit verheißen. Entscheidend dabei ist das Hinbewegen, nicht das Wegbewegen, weil dadurch die Hingabe an einen Ort oder zu einer Person ein Garant für das Gefühl der Geborgenheit darstellt.

2. Wissen — oder ein Wissender sein

a) **Das Wissen ist die Heimat des Sicherheitsbedürfnisses.**

b) **Die Bedürfnisbefriedigung ist ohne Erfahrungswissen nicht möglich. In unseren Gefühlen und Ideen finden wir dieses Wissen kompakt gespeichert.**

c) **Ein Wissender unterscheidet sich vom Unwissenden dadurch, daß er bewußt von seinem Wissen ausgeht. Ein Wissender lebt in einer lebenslangen Auseinandersetzung mit sicherheitsgefährdenden Feinden.**

Das Bedürfnis nach Sicherheit steht in unmittelbarem Zusammenhang zum Wissen der Person, die diese gefühlsmäßige Befriedigung anpeilt. Ohne das Wissen, ohne Gewissen und ohne Gefühle wird kaum von Bedürfnis nach Sicherheit und Geborgenheit die Rede sein. Wissende Personen haben sich bereits einmal mit der Welt zerstritten, haben gehaßt und geliebt, Krisen und Enttäuschungen erlebt, haben überlebt und gelernt. Wissende Personen haben Feinde und Freunde gehabt, sind gestolpert und haben Erfolge genossen. Wissende sind desillusioniert worden, haben Schmerzen und Empfingungen gespürt, sind demütig und bescheiden geworden und haben die Suche nach Sicherheit im herkömmlichen Sinne aufgegeben. Sie haben in ihrem Herzen so etwas wie pulsierende Stille erahnt und Geborgenheit als Glücksgefühl überraschend vorbeihuschen sehen. Sie haben eine disziplinierte Bereitschaft des Lernens investiert, ohne an irgendwelche Rückforderungen zu denken, haben geträumt und sind gestoßen worden, ohne wach zu werden oder anzustoßen. Das Wissen ist der Schlüssel zur gelebten Bewußtheit, die Sicherheit gibt und sie zugleich welken läßt, um Neues zu erfahren. Wir sind auf unser Wissen angewiesen, wenn wir uns sicherheitshalber verkriechen, wenn wir angegriffen werden oder wenn wir Schutz bieten.
Beim Aufziehen eines Unwetters bedarf es Wissen und Erfahrung, was Blitz und Donner, Hagel und Sturm bedeuten können, um den richtigen Ort zu wählen, wo

wir uns in Sicherheit wähnen. Wir brauchen bewußt und wissend Kenntnis von Bedingtheiten und Gefühlen, um uns frühzeitig einzustellen auf neue Situationen.

Unwissende sind daran zu erkennen, daß sie immer wieder das wissen wollen, was sie nicht wissen.

Unser Handeln in Richtung Befriedigung von Sicherheiten und Unterstützung kann nur erfolgreich sein, wenn wir von bewußten Fakten, d.h. von unserem tatsächlichen Wissen, ausgehen.

Unwissende kalkulieren nicht mit ihrem vorhandenen Wissen, sondern warten auf ein besseres Wissen.

3. Haben

Neben sinnlicher Wahrnehmung und Wissen möchte ich auch noch das Haben als eine Möglichkeit der unmittelbaren Befriedigung des Sicherheitsbedürfnisses nennen. Wir haben Mutter, Vater, ein Heim, Geschwister, Spielsachen, ein Auto, einen Arbeitsplatz, eine Frau, Kinder und Fernseher, Kühlschrank, Geld, Diplome, Staatsbürgerschaften, Straßen und Ideen. Der Wunsch, etwas zu haben und zu besitzen, um gesichert zu sein, bedingt gleichzeitig die Angst vor dem Verlust. Manchmal kommt es mir vor, als sei unser Bedürfnis nach Unsicherheit und Verlust größer und auch realistischer als das (propagierte) Gefühl der Sicherheit, das uns "Haben" vermittelt.

In Anlehnung an Erich Fromms Buch "Haben oder Sein" möchte ich postulieren: "Haben", um vorsorgliche Absicherung von Bedürfnissen zu gewährleisten und um die Entwicklung zu fördern, ist wohltuend. Aber "Haben" um des Habens willen ist wie kämpfen um des Kampfes willen und ist als Selbstzweck deshalb zerstörerisch für Gemeinschaften. Haben suggeriert Macht und Sicherheit, das Sein hingegen braucht keinen Besitz — Sein bedeutet ungeteilte, geteilte Freude. Wenn das Haben Selbstzweck wird, sind Menschen verunsichert durch den möglichen Verlust des Habens und schaffen ein Klima von Angst, Verzweiflung und Panik. Manche leben als ewig Unzufriedene, denn verlieren sie, so haben sich ihre Dauergefühlsmaschen als berechtigt erwiesen, gewinnen sie dazu, wird ihre Angst vor dem Verlust noch größer. So stehen sie in einem Teufelskreis, aus dem sie alleine nicht aussteigen können.

Wie vielfältig das Sicherheitsbedürfnis gelagert ist, möchte ich mit einer kleinen Geschichte aus meiner therapeutischen Praxis zeigen: Im Laufe einer jahrelangen Behandlung einer hochgebildeten Frau, die an Depressionen litt, kam zum -zigsten Male ihr Wunsch zum Ausdruck, daß sie die bedrückenden angstbesetzten

Zustände eigentlich loshaben möchte. Sie wolle etwas loshaben, was sie niemals angenommen hatte. Ich deutete ihr an, daß sie etwas verkaufen wolle, was sie für wertlos hielt. Sie bestätigte mir, daß ihre depressiven Gefühle nicht einmal einen Groschen wert seien. In einer ihr schon bekannten Form der paradoxen Intervention schlug ich ihr vor, mir für zehn Schilling ihre momentane Depression zu verkaufen. Nach einigem hin und her ging sie auf den Handel ein. Ich hatte die Frau in der gleichen Woche zu einer weiteren Sitzung eingeladen und war gleich zu Beginn überrascht, mit welcher agressiven, noch nicht dagewesenen Kraft eine Beschimpfung erfolgte, die kurz gefaßt zum Inhalt hatte, ich hätte ihr ihr wichtigstes Überlebensgut geraubt, auch wenn es abgekauft worden sei. Ihr war klar geworden, wie machtvoll sie bisher ihr depressives Dasein benutzt hatte, um bestimmte Dinge zu erreichen oder abzuwürgen. Die symbolische Handlung des Verkaufens der depressiven Gefühle machte sie vertraut mit Ihrem System der Sicherheit im Leid und der Anwendbarkeit in sozialen Kontakten.
Beide Sitzungen sahen wir später als Schlüsselstellen an, die es ihr ermöglichten, eigenständige Entscheidungen zu treffen und lang hinausgeschobene Vorhaben abzuschließen.

a) **Haben, um vorsorgliche Absicherung von Bedürfnissen zu gewährleisten, um die Entwicklung zu fördern, ist wohltuend.**
   Haben um des Habens willen ist wie kämpfen um des Kampfes willen und entbehrt dadurch der Bezugsrichtung des Gebens und Nehmens.
   Haben um des Haben willen als Selbstzweck ist zerstörerisch in Gemeinschaften.

b) **Was man hat, das hat man.**
   Was man verliert, hat man verloren und bestimmte Gefühle dazugewonnen.
   Viele sind lieber frustriert und enttäuscht, als Selbst-Täuschungen zuzugeben.

c) **Haben suggeriert Macht und Sicherheit.**
   Das Sein braucht keinen Besitz, um diesen zu genießen.
   Sein bedeutet ungeteilte, geteilte Freude.

Die Sinne verheißen die Richtung,
das Wissen umschließt den Erfahrungsschatz,
das Haben ist das Zuhause der Möglichkeiten, das
Sicherheitsbedürfnis zu befriedigen.

2.2.2.2 Mittelbare Befriedigungsmöglichkeiten

Für die mittelbaren Befriedigungsmöglichkeiten des Bedürfnisses nach Sicherheit (Möglichkeiten zweiter Ordnung) möchte ich folgende Punkte nennen:

A) Das Herstellen und Halten eines Gleichgewichtes (Balance, Homoestase)
B) Die Fähigkeit, zeitliche Abläufe zu strukturieren
C) Das Absprechen und Aufgeben von Aufgaben und Abgrenzungen (das Schaffen von Rahmenbedingungen)

A) Das Herstellen und Halten eines Gleichgewichts

Selbstverständlich kann ein Gleichgewicht, eine Balance niemals dauerhaft und festgefügt sein. Daher müßte hier günstiger von einem instabilen Gleichgewicht die Rede sein, das entwicklungsmäßig sich verändern darf und muß, um gewisse Sicherheiten zu beiten.

Etwas ins rechte Lot bringen, die Kräfte funktional zu verteilen, daß sich Druck und Gegendruck, Zug und Gegenzug aufheben, balancieren und ausgleichen, sind Möglichkeiten, eine zeitlang das Gefühl von "sicher fühlen" herzustellen.

a) **Der Kosmos, die Natur und somit auch der Organismus beruhen auf Gesetzen einer ausgewogenen, instabilen Balance. Der Körper und die Körperschaften, wie Gruppen, Organisationen und Institutionen, sichern sich aufgrund einer homoestatischen Verteilung ab.**

b) **Störungen sind Ausdruck und Ergebnis einer Gleichgewichtsverlagerung. Störungsorientierte Vorgangsweisen sind status-quo-verhaftet und verleugnen den entwicklungsbedingten Aspekt des instabilen, organistischen Gleichgewichts.**

c) **Das Gleichgewicht der Kräfte und der Mächte dient dem Sicherheitsbedürfnis.**

Als ich neulich durch das Weltall flog und sämtliche Schafe auf unserer Erde zählte, verzählte ich mich beim vorletzten Schaf und mußte wieder von vorne beginnen. Ich ging in der Raumkapsel schwerelos nach vorne und begann beim letzten Schaf, das ich noch nicht gezählt hatte. Mühelos erkannte ich beim Anfangen des Zählens, daß schon dieses Schaf vollzählig war, wie die Summe aller Schafe.

Ich machte einen großen Sprung, der mich nicht aus dem Gleichgewicht bringen konnte, da die Schwerkraft aufgehoben war, und umkreiste mich mit Gedanken der Vollständigkeit. Was ist das Gegenteil von Vollzähligkeit, Vollständigkeit und Vollkommenheit? Ich mußte in meinem gedanklichen Schachspiel eine Figur gezogen haben, die es bisher nicht gab. Die Beschränkung des inneren Spiels auf Schach, Patt oder Matt, war aus den Angeln gehoben.

Das System, das ich im Kosmos erleben durfte, war vollkommen, weil es ein altes, neues Spiel war, das mit Schach bis auf eine Figur alles gemeinsam hatte, aber diese vollkommene Figur alles und nichts tun konnte, um zu gewinnen oder zu verlieren. Das Gegenteil von vollkommen ergab sich als die vollkommene Unvollkommenheit, und der gedankliche, gewichtige Flug endete in der Leichtigkeit der Balance gleicher Gewichte, Kräfte und Federn.

Es gibt nichts, was nicht erfüllt ist vom Gesetz der Ausgewogenheit, wenn eine Gesamtheit mit in Betracht gezogen wird. Und der kleinste Teil repräsentiert das Ganze. Es mag Glaube sein oder Ideologie oder auch ideologischer Glaube, wenn ich an ein schöpferisches Gesamtes denke, das das Wechselspiel der Kräfte und des Schicksals bewirkt. Der Mensch ist befähigt, Dimensionen spielend zu überschreiten, und vergißt oft die Naivität des einfachen, allumfassenden Seins und Werdens.
Das Wachsen, das Reifen, die Entwicklung und die Bildung sind Produkte eines instabilen Gleichgewichtes, wo Kräften die Erlaubnis gegeben wird, in der Gesamtheit Verlagerungen, Neuordnungen vorzunehmen, die das gesamte sichern und schützen.

Wie leicht übertreibt ein Erzähler, wie leichtfertig wird eine Lüge zur Wahrheit erkoren, weil es bequem ist und es der Allgemeinheit paßt. Mein schafezählender Weltraumflug war eine Lüge, was ist die Wahrheit? Ich habe immer wieder Schafe gezählt, besonders wenn sie auf der linken Seite standen, weil dies Glück verhieß. Die paar Hunderte von Kilometern Distanz kann wohl jeder Leser in Kauf nehmen, um zu erkennen, daß die distanzlose Distanziertheit genügend Raum für die Ansicht einer homoestatischen Verteilung gibt.

Hoffentlich bewirken meine kosmischen Lügengeschichten, meine zusätzliche Figur am Schachbrett und meine Links-Rechtsordnung von Schafzählungen ausreichend Störungen, um zu zeigen, wie Störungen faszinierend sind. Hunderte von richtig angelegten Buchstaben und Satzordnungen, die schönsten musikalischen Themen und ein wunderschön gelegtes Mosaik erregen nicht so viel Aufmerksamkeit, wie ein Fehler, der darin zu finden ist. Wir wollen die Gesamtheit als Perfektion und suchen die Abweichung, um dem Fehler und der Störung Ovationen entgegen zu bringen. Die perfekten Anordnungen erzeugen ein beifälliges Nicken, während ein fehlgesetztes Komma, ein Mißton oder ein kleines, weißes Loch Stürme der Redseligkeit entfachen.

Eine Folge unseres Bedürfnisses nach Gleichgewicht ist, daß Störungen uns mehr bewegen als jede noch so faszinierende Ordnung. Die perfekten Anordnungen erzeugen ein beifälliges Nicken, während ein fehlgesetztes Komma, ein Mißton oder ein kleines, weißes Loch Stürme der Redseligkeit entfachen. Alles muß so bleiben, wie es ist, und jegliche Art der Abweichung stört uns in unserem Sicherheitsdenken. Unser Sicherheitsbedürfnis bekämpft jede Abweichung als Abartigkeit der Schöpfung, auch wenn die Abartigkeit ein schöpferischer Akt sein könnte.

Ein Beispiel: Bauchweh ist tatsächlich für den Betroffenen unangenehm, aber als Ausdruck und Signal des gesamten körperlichen Mechanismus ist es ein Hinweis, der uns zur Wiederherstellung des Gleichgewichts bewegen kann, indem wir z.B. am nächsten Tag weniger Kirschen essen.

Eine konfliktreiche Abteilung in einer Organisation ist ausgesprochen bequem für die umgebenden Abteilungen, weil die Frage, "wer ist schuld", warum so manches nicht funktioniert, bequem abgeschoben werden kann. Ein einzelner Querulant ist oftmals nur der offensichtliche Repräsentant für so vieles, das sich andere Mitglieder einer Organisation nur im geheimen zu denken wagen.

Mit dem Wunsch, in Balance zu sein, gleichgewichtige Ordnungen aufzustellen und instandzuhalten, setzt man status-quo-erhaltende Stützpfeiler für bestehende Schutz- und Sicherheitsbestrebungen. Das störungsorientierte und machtgelüstige Verhalten saugt Energien für Vorherrschendes ab und zentriert die Kräfte auf statische Gegenheiten, um die Dynamik der möglichen Weiterentwicklung zu bremsen.
Der günstigste Zeitpunkt für Entwicklung und Veränderung ergibt sich dann, wenn die Bremsen versagen oder blockiert sind.

B) Die Fähigkeit, zeitliche Abläufe zu strukturieren

Eine wesentliche Möglichkeit, das Sicherheitsbedürfnis zu befriedigen, ist die Fähigkeit, zeitliche Abläufe bewußt oder unbewußt zu strukturieren. Jede Person braucht zu ihrer Sicherheit (oder Pseudosicherheit) Anhaltspunkte, was sie in einem bestimmten Zeitabschnitt tun kann. Ich will hier kurz die von Eric Berne, dem Begründer der Transaktionsanalyse, genannten sechs Möglichkeiten der Zeitstrukturierung nennen, die mir als ein brauchbares Instrument erscheinen, um persönliche Vorgänge bewußt zu machen.

I) Isolation, Rückzug

Wir können sowohl körperlich im Alleinsein die Einsamkeit suchen als auch seelisch uns in eine eigene Welt der Phantasie zurückziehen. Wir können dabei weglaufen oder bewußt Zeit für uns selbst haben, Abstand gewinnen von gesellschaftlichen oder familiären Zwängen oder auch nur ein Buch lesen. Dadurch können wir Konflikte, Sorgen und Schmerzen vermeiden oder auch isoliert von Personen und Informationen ein Narrenschiff bewohnen.

II) Ritual

Rituale sind die üblichen sozialen Umgangsformen, die dem Menschen in seinem Verhalten Sicherheit geben. Rituale sind in den meisten Kulturen überlebenswichtig, da sie Schutzfunktionen beinhalten — sie vermitteln Sicherheit, festigen Rahmenbedingungen für Verhaltens- und Vorgangsweisen und bieten eine überschaubare Struktur, in der sich jeder zurechtfinden kann. Individuen, Organisationen und Institutionen haben meistens ihre eigenen Rituale entwickelt, die besonderen Stellenwert bezüglich des Statusgefüges haben. Gruß-, Verabschiedungs- oder Essensrituale sind typische Erscheinungsformen dessen. Ich kenne Leute, die mit strahlendem Lächeln ins Büro kommen und die Sekretärin fragen ''Wie geht's Ihnen denn heute, Fräulein Weber?'' und die ganz schön verblüfft wären, wenn sie darauf eine andere Antwort als ''Sehr gut, vielen Dank'' erhalten würden.

III) Zeitvertreib

Als Zeitvertreib bezeichnet Berne Gespräche, die eher oberflächlich sind, sprunghaft jeden Brillianten bewundern und beneiden, eine ''nice-to- meet-you''-Stimmung vermitteln, wie auf Kränzchen und Cocktail-Parties, Theken und Skipisten so üblich ist. Beliebte Themen sind Wetter, Autos, Sport, Mode und belanglose Gescheitheiten.
Allerdings gilt der Zeitvertreib auch für Personen, die sich immer eine Möglichkeit mehr offenhalten, mindestens zwischen zwei Entscheidungen nicht auswählen und präsent in einem eigentlich austauschbaren Nichtvorhanden-Sein sind.

IV) Spiele spielen

Besser als Spiele spielen könnte man Spiel ''verüben und antun'' sagen, da diese Form der Zeitgestaltung immer von einem bewußten und unbewußten Schwindel überschattet ist. Die Beteiligten sind in einem festgefahrenen Rollenklischee gefangen, wo es Opfer, Retter und Verfolgte gibt, die dramatisch emotional angeheizt sind, aber aus dem Spiel nicht aussteigen können. Sie sind Spiele-Spieler, ohne es sein zu wollen. Beliebte Spiele sind ''Meins ist besser als Deins'', ''Wenn Ihr nur auf mich gehört hättet'', ''Wenn Du nicht wärest'', ''Da habe ich Dich erwischt, Du Schweinehund'', ''Ich wollte Dir doch nur helfen'', ''Warum muß das ausgerechnet immer mir passieren'', ''Das kann ich doch nicht'', ''Ja, aber'', ''Völlig überlastet'', ''Auch nicht besser''. Spielchen dieser Art werden hauptsächlich betrieben, um negative Zuwendungen zu erwerben, Herzlichkeit und Intimität zu vermeiden und um frühere, nicht bewältigte Konfliktsituationen ausweglos zu wiederholen.

V) Aktivitäten, Arbeit

Aktivitäten sind ziel- und leistungsgebunden und ergebnisorientiert. Die meisten Formen von Arbeit geschehen in Gemeinschaft und geben daher viele Gelegenheiten zum Zusammenarbeiten, zu Kontakt und dadurch zu gemeinsamen Erlebnissen. Wenig Dinge verbinden Menschen mehr, als gemeinsam etwas zu schaffen, gemeinsam etwas zu bewältigen oder gemeinsam Erfolg zu haben. Arbeit, die gelingt und deren Sinn sichtbar und erlebbar wird, gibt tiefe Befriedigung.

Arbeitssüchtige hingegen machen die Arbeit zum Selbstzweck, sich zum Opfer und Opfernden zugleich und vermeiden Intimität.

VI) Intimität

Damit ist eine zwischenmenschliche Beziehung gemeint, die ein Geben und Nehmen ohne Ausbeutung und Gefühlsduselei ermöglicht. Intimität oder auch wertschätzende Akzeptanz läßt Zuneigung, Zärtlichkeit und Liebe zu und meint somit die Sehnsucht nach dem Gehalten-Werden in Harmonie. Intimität hat nicht unmittelbar mit erotischen Beziehungen zu tun — es gibt genug erotische Beziehungen, die voll von Psychospielen sind und in denen keine echte Intimität Platz hat. Intimität kann zwischen Mutter und Kind, Freund und Freund, Vorgesetzem und Untergebenen genauso auftreten wie bei einem Liebespaar.

Wir jonglieren allzugerne bei der Gliederung unserer Zeitabläufe mit der schicksalhaften Ergebenheit, um magisch, manipulativ und ohne Bitte Wünsche erfüllt zu bekommen.

a) **Die Fähigkeit, die Zeit zu strukturieren, haben nur sterbliche Personen. Unsterbliche können es sich erlauben, zu warten. Die Zusammenarbeit mit Unsterblichen ist auf dieser Welt nicht empfehlenswert.**

b) **Die Zeit ist ein Ersatzbegriff für vieles, was nicht genannt werden will. Die Zeit ist eine Konstante.**

c) **Die Zeitstruktur ist eine Möglichkeit, Sicherheit in einem prozeßhaften Ablauf zu geben. Zeitvereinbarungen sind leichter zu treffen als einzuhalten. Zeiteinteilung ist wie ein vorweggenommenes Fegefeuer.**

Zusammenfassend heißt dies, daß sowohl in der abgesprochenen Zeitstruktur als Hilfsparameter für zielorientiertes Vorgehen, wie auch in der emotionalen Zeitstrukturierung Angebote vorhanden sind, auftretende Sicherheitsbedürfnisse

zu befriedigen. Die Schwierigkeit liegt nicht bei einer Strukturlosigkeit, die logisch unmöglich ist, sondern bei einer verbindlichen Kontraktbildung in der Benennung, Information und Zielsetzung.
Bei diesem Thema Zeit ist die Geschichte "MOMO" von Michael Ende eine Köstlichkeit, die vor allem unsterbliche Erwachsene lesen sollten.

C) Das Absprechen und Aufgeben von Aufgaben und Abgrenzungen (Rahmenbedingungen)

Darf ich Ihnen eine Aufgabe aufgeben? Bei einem klaren NEIN sind Sie gezwungen, sich selbst weiterhin eine Aufgabe zu stellen, z.B. weiterzulesen oder etwas anderes zu tun. Sie ignorieren dann einfach die Aufgabe, die ich Ihnen in der Folge stelle. Wenn Sie mir mit einem JA die Erlaubnis geben, Ihnen eine Aufgabe aufzugeben, dann wählen Sie eine der drei nächsten Möglichkeiten aus, erfüllen die Aufgabe und nehmen sich 5 Minuten Zeit, darüber zu reflektieren, bevor Sie weiterlesen.

a) Notieren Sie schriftlich, wer derzeit befugt ist, Ihnen Anweisungen zu geben:

b) Stehen Sie auf, beugen Sie sich vorne über, bis Ihre Fingerspitzen den Boden berühren, bleiben Sie in dieser Stellung und atmen Sie exakt 50 mal ein und aus.

c) Geben Sie diese aufgegebenen Aufgaben jemand anderem auf.

Notizen:

Der Mensch braucht, um sein Leben autonom und bewußt zu gestalten, Aufgaben, die er befolgt oder sich selbst aufgibt. Die Bereitschaft, Aufgaben anzunehmen und optimal einem Ergebnis zuzuführen, gibt jedem Menschen im Alltagsleben Sicherheit.

Freiheit ist nur dort möglich, wo Abgrenzungen beachtet werden.
Ein Nutzen seiner kreativen Möglichkeiten ist innerhalb einer abgegrenzten Rahmenbedingung gegeben oder bei der Überschreitung der Grenzen.

Ein Mensch in seiner grenzenlosen Selbstgefälligkeit lebt vom Nichts-Tun.
Was tut jemand, wenn er nichts tut?

Personen, die an eigenen Minderwertigkeitsgefühlen leiden, schlage ich häufig in der Beratung vor, sich

a) einen Terminplan zuzulegen
b) die gewünschten und geforderten Aufgaben exakt einzutragen
c) bei Forderung von anderen Personen in jedem Fall den Hinweis zu geben, daß man erst in seinem Terminplan überprüfen muß, ob nicht andere, wichtigere Vorhaben eingetragen sind
d) dann erst die Entscheidung zu treffen, ob man eine Forderung eines anderen akzeptiert oder ablehnt
e) dieses Experiment zwei Monate laufen zu lassen.

Das erstaunliche Ergebnis für diejenigen, die bereit sind, sich daran zu halten, ist meist ein sichtbares Ansteigen des Selbstwertgefühles und der eigenen Sicherheit im Umgang mit anderen. Man registriert, daß man von Mitmenschen ernster genommen wird.

Wir brauchen als Menschen einen überschaubaren Rahmen und Zielsetzungen im Sinne von Aufgabenstellungen und eine Art Netz wie Trapezkünstler, um uns aufzufangen, ansonsten fühlen wir uns fallen gelassen, ohne festen Boden, umhergestoßen und der Willkür anderer ausgeliefert.

Die Bereitschaft, Aufgaben anzunehmen, zu befolgen und zu entwerfen, enthebt uns der Gefahr, nicht autonom zu handeln und nur zu reagieren, egal ob angepaßt oder rebellisch.
Autonomie ohne ein Gegenüber, Freiheit, ohne die Freiheit der anderen auch gelten zu lassen, verpufft in einem illusionären Vakuum. Freiheit, die ich meine, braucht Abgrenzungen, um die intuitiven, zielorientierten Fähigkeiten zur Entfaltung kommen zu lassen.

Autonomie ist ein bewußtes Handeln im Bleiben wie im Gehen.

Ein Nichts-tun, keine Aufgaben haben, ist im menschlichen, tätigen Zusammensein unmöglich. Sagt zu mir jemand, er hätte nichts getan oder nichts zu tun, so folgt routinemäßig die Frage: Was haben Sie getan, als Sie nichts getan haben?

Ein Nichts-tun, keine Aufgabe sehen, ist ein Hilferuf nach Personen, denen man folgen will, aber nicht folgt. Es wird eine doppelbödige Wirklichkeit eingeführt, die es dem Nichts-Tuer erlaubt, zu verleugnen und für sein Tun nicht die Verantwortung zu übernehmen.
Es ist ein Verzicht auf bewußtes, eigenständiges Handeln, ein Aufgeben von selbstgeschaffenen Sicherheitsmöglichkeiten, um andere zu verpflichten.

2.2.3. Das Bedürfnis nach Zuwendung

Ein Hungernder ißt vorher selbst, bevor er andere sättigt.

Früher genügte die Familie, die Sippe oder der Clan, um das soziale Bedürfnis, also das Bedürfnis, daß sich mir jemand zuwendet, mich wahrnimmt und mit mir in Interaktion tritt, zu befriedigen. Heute, wo die Großfamilien mehr und mehr verschwinden und kleine, isolierte Familien in verbetonierten Großstadtzellen leben,werden besonders gerne Substitute aufgebaut: Klubs, Vereine, Freundes- und Kollegenkreise etc. Das Individuum braucht Zuwendung von anderen, um psychisch gesund zu bleiben. Auf welche Art dieses Bedürfnis gestillt werden kann, ist individuell sehr verschieden: Ein Opernstar braucht den tosenden Applaus von Hunderten von Zuhörern und ist gekränkt, wenn die ersten Klatscher schon nach dem elften Vorhang gehen, um als erste bei der Garderobe zu sein. Einem stillen Wissenschafter gibt vielleicht das Lob eines geschätzten Freundes oder Kollegen mehr als eine groß aufgemachte Meldung in einer Zeitung.

Die unmittelbaren Befriedigungsmöglichkeiten des Bedürfnisses nach Zuwendung sind:

Körperempfinden, Gefühle, Streicheln.
Unterstützung geben, bekommen
Kontakt, Takt, Rhythmus

Die mittelbaren Befriedigungsmöglichkeiten des Bedürfnisses nach Zuwendung sind:

Erlaubnis
Nähe — Distanz herstellen
Kommunikation

2.2.3.1 Die unmittelbaren Befriedigungsmöglichkeiten des Bedürfnisses nach Zuwendung

Wohin soll ich mich wenden, wenn ich Zuwendung brauche? Manche wenden sich aus ihrer gelebten Unzufriedenheit heraus dauernd ab mit Abscheu und Ekel, mit einer selbstvertretenen Arroganz anderen Personen gegenüber und jammern Gott und die Welt an, daß sie vergessen wurden. Eine Zuwendung kann nur erlebt werden, wo Personen fähig sind, aus ihrer wertschätzenden Akzeptanz sich hinzuwenden, sich hinzugeben.

1) Körperempfinden, Gefühle, Streicheln

a) **Der Körper lügt nicht.**
Körperempfindungen geben uns untrügliche Impulse, wann, wo, wie und wem wir uns zuwenden wollen. Körperempfindungen reichen als Ahnen und Wissen aus, Zuwendungen zu spüren. Das Maß an genug und genügend kann nur körperlich erfahren werden.

b) **Gefühle beinhalten die Summe aller gemachten Erfahrungen. Es gibt daher keine negativen und positiven Gefühle. Die normativen, moralischen Gefühlsaussagen werden für manipulative Erziehungsmaßnahmen und Ideologien mißbraucht.**

c) **Wir wollen gestreichelt werden und streicheln. Wer führt den ersten Streich? Streicheleinheiten als bare Münze nehmen ist, wie den Schwalben den Sommer verbieten.**

Der Mensch schätzt nicht, was er unmittelbar hat, sondern erst bei Mangelerscheinungen, Schmerz und Verlust wird ihm bewußt, was er verlor.

Wir haben das respektvolle Leibsein, Körpersein allen möglichen anderen Fetischen, wie Geist, Geld und Geltung, geopfert und beklagen uns über die wüstenhafte Trockenheit der Zuwendungen, obwohl wird das Körperempfinden vergruben. Nur Körperempfindungen, somit auch Schmerz, geben uns Hinweise, wann, wo und wem wir natürliche Hingabe und Zuwendung anbieten können, ohne in gewohnten Überlebensmustern zu landen. Das körperliche Spüren signalisiert das "Genug" im Sinne von genügend, während der Geist, der Wille uns noch in Fallen lockt, wo die Frustration brusthoch Schlamm hinterlassen hat.

Wie oft wird heutzutage die Zuwendung mit Geschenken erkauft oder durch Geschenke verkauft!

Die gewärmten Hände.

Viele Patienten lassen in der Therapie, in Krankenhäusern und sogenannten sozialen Einrichtungen Eltern, Verwandte, Partner oder die Urmutter Staat dafür bezahlen, daß ihnen gefühlsmäßige Zuwendungen vorenthalten wurden. Kein Fahrrad, Segelboot, Tennisschläger oder noch so schönes Kleid gekauft und geschenkt, um von den Kindern Ruhe zu haben, sie wegschicken zu können, ersetzt die Erfahrung der Präsenz, Zuwendung und Hingabe.

Eines meiner schönsten Kindheitserlebnisse war, als uns mein Vater beim Spazierengehen und dann zu Hause erklärte, wie eine Lokomotive funktioniert. Keine geschenkte Lokomotive oder Modelleisenbahn für sich alleine könnte sich mit der geduldigen, spannenden Erklärung des von der Gefangenschaft zurückgekehrten Vaters annähernd messen.

Gefühle beinhalten die Summe aller gemachten Erfahrungen und sind als Schatzkiste für Zuwendungen, die Bedürfnisse befriedigen können, zu verwenden. Wir haben ein hohes gefühlsmäßiges Wissen, was gut tut und Wohlbefinden auslösen kann, wenn wir nicht warten, bis der andere als erster beginnt. Es wurden uns zum Teil Gefühle ein- und ausgeredet, um uns zu erziehen oder abzurichten. Häufig wird mit gefühlsmäßigen Aussagen operiert, die jegliches Gefühl vermissen lassen.
"Ich habe das Gefühl, daß Sie sich jetzt langweilen"
"Ich habe das Gefühl, daß Sie etwas anderes lesen wollen"
"Ich fühle mich nicht in der Lage ....."
Man versteckt allzu gerne Spekulationen hinter einer scheinbaren Gefühlswelt, ohne zu spüren, was das momentane eigene Gefühl sagt.

Der Hunger nach Zuwendung in sozialen Gemeinschaften bestimmt unsere Verhaltensweise und das Klima des Zusammenlebens. Wen wundert es, daß man nach Meßbarem Ausschau gehalten hat und unmeßbare "Streicheleinheiten" erfunden hat. So groß meine Abneigung dem Wort "Streicheleinheiten" gegenüber auch ist, so brauchbar ist für den täglichen Gebrauch eine "Streichelhierarchie". Diese Einteilung der Streicheleinheiten nach dem Grad der Bedeutung für den Menschen stammt aus der Transaktionsanalyse.

— Mögen, Lieben

Diese erste Art, wo es relativ einfach gelingt, Zuwendung zu geben und zu bekommen, ist, wenn man jemanden gerne hat. Hier ist ein optimaler Austausch von Zuwendung möglich und eine vorteilhafte Kommunikation gewährleistet.

— Hassen

Die zweite Möglichkeit ist die Umkehrung des Mögens, allerdings nicht der Entzug der Zuwendung. Beim Hassen, beim Ablehnen ist häufig eine intensive Dauerbe-

schäftigung mit der betreffenden Person verbunden und dadurch eine Möglichkeit der Auseinandersetzung gegeben.
Im Buddhistischen heißt es, daß Buddha hassen eine Abkürzung in den siebten Himmel ist, da der, der haßt, sich mehr einläßt, als der, der liebt. Hassen ist eine andere Form von lieben.

— Konditionales Streicheln

Mehr Störungen bewirkt bereits das konditionelle Streicheln, wenn also die Zuwendung an eine Leistung gebunden ist.
"Wenn Du die Schulaufgaben machst, dann darfst Du mit mir fernsehen"
"Wenn Sie in zwei Überstunden den Bericht fertigmachen, dann sind Sie für uns ein guter Mitarbeiter"
"Wenn Sie dieses Buch genüßlich fertiglesen, dann mag ich Sie"
Das konditionale Verknüpfen der Zuwendung an eine Bedingung oder Leistung wird meist als eine persönliche Nichtbeachtung erlebt und führt mit der Zeit zu einer Kommunikationsstörung.

— Ambivalentes oder doppelt-gebundenes Streicheln

Diese Art des Streichelns (Strokes = streicheln, Schläge) ist verbunden mit einer doppelt gerichteten (double-bind) Aussage an eine Person, die als Ergebnis eine in jedem Falle falsch ausgelegte Reaktion zur Folge hat.
Typische Beispiele sind:

"Sei spontan"
"Werde erwachsen"
"Werden Sie doch selbständig"

Bei einer zuwendungsbezogenen Grundeinstellung sind die liebevollen Erlaubnisse oder Aufmunterungen die Regel. Bei den Aussagen, die doppelt verknotet sind, kann sich der Betroffenen verhalten, wie er will, es wird ihm vom Aussagenden unterschoben, es wieder auf Anweisung hin gemacht zu haben oder es nicht gemacht zu haben.

Es gibt Anzeichen und Merkmale, wo relativ leicht erkennbar ist, daß Zuwendungen verweigert werden

— wo Entwertungen stattfinden
— wo Nichtbeachtung praktiziert wird
— bei Verwirrung
— bei einem nicht einsehbaren, körperlichen Unbehagen

Was lassen wir uns alles gefallen und entgehen, um zu zeigen, daß wir allein damit fertig werden.

Hungrig und unglücklich bestätigt unser Weltbild, daß wir uns selbst geschaffen haben, aber nicht haben wollen. Schicksalshafte Abwendung von der Zuwendung.

2) Unterstützung

a) Meist stützen wir uns wie mit einer Krücke ab, um der Unterstützung zu entkommen.

b) Hilfe als Selbsthilfe unterstützt eine denkbare Befriedigung des Zuwendungsbedürfnisses.

c) Es ist schwer zu glauben, daß man erst zusammenbrechen muß, um wieder das Gefühl der Unterstützung und der Zuwendung neu zu erleben und ins genußreiche Dasein zu integrieren.

Unterstützung als Form der Zuwendung ist nur dann echt, wenn sie als Hilfe zur Selbsthilfe gegeben wird und nicht mit einer Verpflichtung verbunden ist. Man könnte Bücher schreiben über die Psychopathologien von Unterstützern oder auch Unterstützungsorganisationen, die ohne Objekt ihrer Fürsorge zugrunde gehen würden.

Schauen Sie sich um, wieviele Menschen Hilfe aus einer leidvollen Haltung heraus verabreichen, kränker im Ausdruck ausschauen als diejenigen, die Hilfe, Unterstützung und Zuwendung brauchen. Zerknirscht, aufopfernd, ohne Fröhlichkeit und lebendige Ausstrahlung wird geholfen, um Abzeichen für besondere Hilfsleistungen von anderen zu erhalten, nicht um wirklich zu unterstützen.

In Organisationen werden häufig die einfachsten Hilfsmittel der Unterstützung nicht eingesetzt. Die Einsicht, daß klare Forderungen, Aufträge und Anweisungen unterstützende Maßnahmen sind und nicht unterwerfende Machenschaften, bleibt gerne im Fangnetz des Oben- und Unten-Denkens hängen und zieht fürsorgliche, erzieherische Wiederbelebungsversuche nach sich.

Die wertschätzende, akzeptierende Haltung des Unterstützers und des Geförderten vermittelt elementar das Gefühl der stimmigen Zuwendung, ohne daß sich eine Staubschicht von unseren reifen, ideologischen Vorstellungen darüberlegt.

3) Kontakt, Takt, Rhythmus

a) **Zuwendungen ohne Kontakt sind wie Brennmaterial, das nicht angezündet wird.**

b) **Kontaktstörungen entstehen dort, wo Zuwendungen ausbleiben. Kontakt haben heißt, in den zwischenmenschlichen Beziehungen den Takt zu treffen, wo Geben und Nehmen möglich ist.**

c) **Es gibt keine guten und schlechten Beziehungen. Kontakt finden und halten hängt von der Einstellung, Haltung und von den Zuwendungen ab.**

Über Beziehungen wird meist in jeglicher Bedeutung im Übermaß geredet. Kontakt wird zwar fein auf die Zunge genommen, aber der Kontakt als tiefe Austauschform von echten Zuwendungen zu begreifen, ist wenigen autonomen Personen vorbehalten.
Kontakt ist, wo die Herztöne laut und vernehmlich werden, wo das Atmen synchron in seiner Frequenz verläuft, wo funkelnde Augen leuchten, wie der Schweif eines Kometen und drei erfüllbare Wünsche frei sind. Kontakt haben heißt, den Rhythmus, den Takt mit Fremden, Partnern und Mitarbeitern zu finden, taktvoll zu sein und zur "richtigen" Zeit das "richtige" zu tun. Kurz formuliert bedeutet dies, Taktgefühl zu haben, nicht Eintakter zu sein, sondern zumindest die Fähigkeit, lustvoll und konfliktbereit zweitaktige Beziehungen zu pflegen.

In Seminaren gebe ich gerne zur Demonstration einem Teilnehmer einen Gegenstand in beide Hände. Ich selber halte einen anderen Gegenstand in beiden Händen und stelle zur Aufgabe, mit beiden Händen sein Objekt dem anderen zu geben. Solange wir beide unseren Gegenstand festhalten, ist direktes Nehmen und Geben unmöglich, und falls wir beide gleichzeitig auf die Idee kommen, unseren Gegenstand abzustellen, stehen wir mit leeren Händen da. Der Takt hat nicht gestimmt, und der gutgemeinte Wunsch, die Aufgabe zu bewältigen, scheiterte am nicht abgestimmten Geben und Nehmen. Dieses Beispiel macht deutlich, daß wir uns oft in eine Kontaktfreudigkeit stürzen, bereit sind, dem anderen Zuwendung zu geben, und dabei außer acht lassen, daß dieser im guten Glauben das Gleiche tut. Den richtigen Rhythmus, den richtigen Takt zu finden, ohne Hektik Nehmen und Geben aufeinander abstimmen, ist für eine störungsfreie Beziehung von großer Bedeutung.

2.2.3.2. Die mittelbaren Befriedigungsmöglichkeiten für das Bedürfnis nach Zuwendung

Wir kommunizieren, wir verbieten und erlauben, lassen Nähe zu und distanzieren uns, um Zuwendungsbedürfnisse zu befriedigen.

1) Kommunikation

a) **Kommunikation heißt, etwas wollen und brauchen und darüber eine Verhandlung führen. Eine Zu- und Abwendung.**

b) **Ein Nichtkommunizieren in sozialen Gemeinschaften ist nicht möglich. Wenn Zuwendungen verdeckt angestrebt werden, weichen wir in die Verwirrung aus, und die Kommunikationsbank bleibt leer.**

c) **Kommunikation ist wie ein wohltuendes Aufstoßen nach einer einverleibten, sättigenden Nahrung, die Zuwendung heißt.**

Kommunikation ist ein Prozeß des Gebens und Erhaltens von Informationen und des Aushandelns, was mit diesen Informationen geschieht.
Die Kommunikation führt in die Verwirrung, wenn nicht beide Teile, Empfänger und Sender, verantwortlich daran arbeiten. Sie werden es nicht glauben, aber es gibt keine ideale Kommunikation, weil es auch nicht eine ideale Verwirrung gibt. Dabei muß man beachten, daß wir auf eine Vielzahl von Arten kommunizieren: verbal, nonverbal oder körperlich. Wir teilen manchmal in diesen verschiedenen Kommunikationsarten zur gleichen Zeit unterschiedliche Botschaften mit und wundern uns, daß der Partner dann statt freundlich ärgerlich auf unsere Äußerungen oder unseren Ausdruck reagiert.

2) Erlaubnis für das eigene Tun

a) **Erlaubnisse sind längst von Geboten und Verboten überholt worden. Erlaubnisse sind Schmankerln der Zuwendung.**

b) **Ich erlaube Ihnen, meine Abteilung stellvertretend zu leiten, nein, ich befehle es Ihnen, weil ich mir nicht erlauben kann, für das, was Sie tun, die Verantwortung zu übernehmen.**

c) **Erlaubnisse geben Mut zum kalkulierten Risiko, zu neuen Wegen und Kontinenten der Ideen, Planungen, Durchführungen und des Gelingens. Ohne Erlaubnis zählt nur der Schmutz (Schutz) von gestern.**

Wir brauchen Erlaubnisse, uns in die Welt hinauszuwagen und Entdeckungen zu machen. Erlaubnisse sind wie die Würze in den Zuwendungen, ein Geltenlassen, wo oft kein Verständnis ist, ein Aufhorchen lassen, wo noch kein Ton entstand. Erlaubnisse lassen uns Zutrauen für eigene Standpunkte und Schritte gewinnen, und sie setzen Kräfte und Energien frei, die sonst statisch-träge gebunden wären.

Eine negative Form von Zuwendung ist es allerdings, etwas zu erlauben, um damit Verantwortung loszuwerden und später Schuldige zu haben für den Mißerfolg. "Machen Sie nur", ist die offizielle Version eines erlaubnishaften Antreibens, während inoffiziell unausgesprochen ein "dann werden Sie schon sehen" schadenfroh hinterherhinkt. Ein guter Berater, Leiter oder Lehrer ist nicht derjenige, der besser Bescheid weiß, sondern derjenige, der Erlaubnisse gibt, um damit Kräfte, Ideen und Fähigkeiten zu verstärken.

Erlauben heißt hier, wertschätzend gelten zu lassen, was war, was ist und was sein wird, und mit seiner Person begleitend präsent zu bleiben.

3) Nähe — Distanz

a) **Das Bedürfnis nach Zuwendung kann dann befriedigt werden, wenn Personen ihre Sinne, das Gefühl und das mitteilende Wissen einsetzen, um die adäquate Nähe und Distanz zu schaffen.**

b) **Es ist unmöglich, ohne konstruktiv-aggressive Impulse das richtige Verhältnis der Nähe und Distanz zu bestimmen.**

c) **Die Nähe-Distanzthematik wird häufig durch die Machtproblematik ausradiert.**

Die günstigste Nähe und Distanz im zwischenmenschlichen Kontakt zu wählen, erfordert eine Feinsinnigkeit des gefühlsmäßigen, körperlichen Empfindens. Wir stecken — bildlich gesprochen — Reviere und Grenzen ab, verschaffen uns auf diese Weise Sicherheit, um uns jemandem zuzuwenden und mit jemandem auseinanderzusetzen. Wir tun dies meist intuitiv und unbewußt. Solange eine Stimmigkeit vorliegt, bedarf es keiner großen Analyse oder Veränderung. Wenn wir allerdings ein eigenes Unbehagen verspüren oder an den unpassenden Reaktionen des Partners bemerken, daß etwas faul ist, brauchen wir konstruktiv — aggressive Impulse, um eine Situationsveränderung herbeizuführen.

Angst, Ärger, Wut und Schmerz sind im sozialen Zusammensein rasch auftretende Gefühle, die uns Aufschluß geben, daß an der bestehenden Situation, d.h. auch im Nähe-Distanzverhältnis, Ungereimtheiten sich eingeschliffen haben. Die Tendenz des Menschen, gewohntes Bestehendes als vertraut zu erleben, läßt ihn in der Trägheit etwas aushalten, was meist durch das frühzeitige Spüren kommunikativ leicht behoben werden kann.
Ich habe mir angewöhnt, als Gast in Familien und Organisationen genau zu schauen, zu spüren oder auch zu fragen, wie die übliche Sitzordnung ist. Dieses leichte, informative Thema mit einem Schuß an Beachtung eines mir fremden

Lebensraumes läßt mich in ein System der Nähe und Distanz nicht hineinplatzen, sondern langsam annähern und einfinden. Die Beobachtungen, die damit verbunden sind, geben viele Aufschlüsse für die Handhabung der Gesprächsführung.
In einer wissenschaftlichen Kollegen- und Freundesrunde fiel mir nach Jahren der Zusammenarbeit auf, daß in Zeiten, wo wir uns gefühlsmäßig näherkamen, das Thema bald auf unsere Machtstrukturen kam. Die gleiche Beobachtung machte ich in Gruppen- und Partnerschaftsberatungen. Zuwendungsbereite Aussagen und Stellungnahmen bezüglich
— des Nahe-Seins oder
— des Weiter-weghaben-Wollens
münden fast immer in autoritätsbehaftete und machtbezogene Problematiken. Diese Probleme legen sich wie eine Art Schutzmantel oder Mutterschutz um das Thema "Nähe".

— Wen will ich bei mir haben?
— Wen schaue ich gerne an?
— Neben wem sitze ich gerne?
— Wer ist mir in seiner Anwesenheit bereits unangenehm?
— Wer rivalisiert mit wem?
— Wer gibt mir einen Blick mehr, als ein anderer mit tausend schönen Worten?
— Welche Stimme höre ich gerne?
— Wann höre ich weg?

Sich jemandem zuzuwenden, nahe sein zu wollen, heißt auch, das Risiko der Ablehnung, des Wehtuns und der Verletzung auf sich zu nehmen.

2.2.4. Das Bedürfnis nach Anerkennung

Bis zur dritten Stufe der Motivationsebene hat es ein jedes Volk gebracht, das mindestens das Niveau einer Steinzeitkultur erreicht hat.
Bis zur dritten Stufe hat man lediglich abgeklärt, daß man überlebt und dabei ein wenig Freude finden kann.
So meint es die Fachliteratur.
Bis zu dieser Stufe kann sich keine "Kultur" oder "Zivilisation" im herkömmlichen Sinn entwickelt haben.
Der Mensch hat sich weiterentwickelt, ich sage als Kommentar dazu auch unterentwickelt, ist zum homo sapiens geworden und bemüht sich um Fortschritt. Er will mehr, als im Kreise seiner Lieben zu sitzen. Dieses "Mehr" ist in der vierten Stufe zu finden.

So sagen Fachleute, die wahrscheinlich sich selbst in der vierten Motivationsstufe eingenistet haben, die sie als Bedürfnis nach Anerkennung, Status, Macht und Geltung beschreiben.

Schreibt man unbefangen eine Liste der zehn beliebtesten Ziele, die man in den letzten Jahren verfolgt hat, dann stellt man meistens fest, daß sie überwiegend mit Anerkennung, Macht und Status zu tun haben. Das Bemühen um Befriedigung der Bedürfnisse dieser vierten Stufe überdeckt meistens die Befriedigung der Bedürfnisse der ersten drei Stufen.

Gerade bei dieser so farbenprächtigen Stufe scheint es mir von großer Wichtigkeit, einfache Möglichkeiten der Befriedigung aufzuzeigen, um in unserem Kulturbereich bewußt den Hunger nach Anerkennung in ein Sattsein überzuführen.

2.2.4.1 Unmittelbare Befriedigungsmöglichkeiten beim Bedürfnis nach Anerkennung

Seit meiner Jugend bin ich ein passionierter Wald- und Bergläufer. Ich mache es, weil ich gerne in der Natur bin, tief zum Atmen komme und mich an den reizvollen Eindrücken erfreuen kann.
Ich verspüre ein körperliches Wohlbefinden. Oft höre ich beim Vorbeilaufen an Fremden ein "hopp-hopp", "schneller" und merke, wie ich unangenehm berührt in den meisten Fällen zusammenzucke. Bei einer solchen Art von Anfeuerungsrufen kann ich nichts an aufmunternder Anerkennung verspüren oder werde auch an frühere Zeiten erinnert, wo mein Leidensdruck der Leistungsdruck war. An eine Situation beim Berglaufen mag ich mich gerne erinnern. Ich lief mit einem Freund um 7 Uhr früh einen Berg hinauf. Wir kamen an einer steilen Almwiese vorbei, wo ein Bauer oder Knecht mähte. Er sah uns, hielt in seiner Arbeit inne, strahlte uns an und sagte nur: "Das ist schon was." Diese Anerkennung von einem hart arbeitenden Mann mit der positiven Ausstrahlung seiner Beachtung bedeutete mir mehr als ein tausenfaches Hopp in einer Zielgeraden.

1. Die Selbst- und Fremdakzeptanz

a) Um Anerkennung geben zu können, bedarf es primär einer Selbstakzeptanz, eines entwickelten Selbstwertgefühles.

b) Selbst- und Fremdakzeptanz sind ein sich gegenseitig bedingtes System der Anerkennungsbefriedigung.

c) Die wertschätzende Akzeptanz ist eine erlernte, trainierte und dazugewonnene Grundhaltung, die es ermöglicht, Bestätigungen wertfrei auszusprechen.

Die Anerkennung setzt ein Kennen und ein Mitteilenkönnen voraus. Maßgeblich für die Wirkung und Annahme der Anerkennung ist die Grundhaltung der Beteiligten, die vom Bestehenden, Vorhandenen ausgeht.

Wo das Selbstwertgefühl fehlt oder übersteigert bewiesen wird, fällt die Anerkennung oder Bestätigung wie durch ein Sieb, wo Wassertropfen hängen bleiben, aber die Goldkörner wieder verschwinden. Dies ist ein paradoxer Sachverhalt, da es zur Ausbildung des Selbstwertgefühls selbst wieder der Anerkennung bedarf. Die Paradoxie ist auflösbar durch neue Bezugspersonen, die geübt und in der Lage sind, auch Störungen und Symptome gutzuheißen und dadurch die Basis für eine gemeinsame Akzeptanz herzustellen. Es ist oft notwendig, hart an sich zu arbeiten, um die Haltung der Selbst- und Fremdakzeptanz als Grundhaltung zu erwerben, da unsere sozialen Überlebensmechanismen eher auf dem Prinzip der Entwertung, Nichtbeachtung und Konkurrenz beruhen. Echte Anerkennung wird körperlich gespürt, während gespielte Anerkennung wie Schmeicheleien, plumpe Komplimente, opportunistische Bewunderung und Ähnliches wie auf einer Schmierseife abrutschen und einen schalen Geschmack hinterlassen.

2. Die aufmerksame Beachtung und Beobachtung

a) **Durch die Reizüberflutung und Abstumpfung unserer Sinne wird die Aufmerksamkeit divergent und ausschließend eingesetzt.**

b) **Man interpretiert anstatt zu beachten.**

c) **Anerkennungen sind das Mitteilen von aufmerksamen Beobachtungen ohne Verzerrung und Verfälschung.**

Neben der Selbst- und Fremdakzeptanz möchte ich das aufmerksame Beachten und Beobachten als unmittelbare Möglichkeit der Befriedigung des Bedürfnisses nach Anerkennung nennen. Das Mitteilen von aufmerksamen Beobachtungen ohne Verzerrung und Verfälschung ist eine ganz besondere Form der Anerkennung. Denn statt zu beachten und richtig zu beobachten, interpretieren wir oft. Nicht was wirkllich ist, wird gesehen, sondern was wir sehen wollen, was für uns bequem ist oder was wir zu sehen gelernt haben.

Machen Sie einmal ein Experiment und gehen in der Phantasie mit geschlossenen Augen durch Ihre Wohnung oder durch Ihren Arbeitsbereich. Schauen Sie sich jeden Raum mit den Gegenständen und Personen an und überprüfen Sie in Ihrem Geist, was Ihnen gefällt und mißfällt. Prägen Sie sich jede Einzelheit ein, notieren Sie diese, und wiederholen Sie die Phantasiereise konkret mit dem Notizblock in der Hand. Stellen Sie dann Abweichungen und Übereinstimmungen zwischen Ihrer

Erinnerung und der Wirklichkeit fest. Diese Übung zeigt meistens, daß wir unser Aufmerksamkeitspotential nur in geringem Maße ausnützen, da wir gelernt haben, selektiv wahrzunehmen und durch Ausschluß und Auslassen Bilder zu formen.

Die meisten Menschen haben nie gelernt, bewußt und exakt zu beobachten. Wieviele Entscheidungen treffen Sie tagtäglich aufgrund von Beobachten und Fakten? Mir fällt bei Seminaren immer wieder auf, daß auch "sachliche" Manager nicht Beobachtungen verarbeiten, sondern zum Interpretieren neigen. Anerkennungen, die nicht auf aufmerksamen Beobachtungen, sondern auf interpretierten Eindrücken beruhen, ziehen meist einen Schwarm von geschwülstigen Rechtfertigungen, Erklärungen und eitler Unsicherheit nach sich, weil die gemeinsame Basis fehlt. Außerdem besteht die Gefahr von Verzerrungen, Trübungen und Mißverständnissen, die dann die köstliche Speise der Anerkennung verschimmeln lassen.

3. Das Finden und Gelingen

a) **Anerkennung finden heißt, Anerkennung spenden. Anerkennung suchen ist die Wartehalle einer Bahnstation, wo keine Züge abfahren.**

b) **Finden ist immer das Ende einer kleinen Reise. Anerkennung und Lob sind ein Berührt-werden, ein Schenken und Empfangen, die keine Gegenleistungen brauchen.**

c) **Gelingen, im Sinne, mit Freude etwas tun, bringt Anerkennung.**
Gelingen, im Sinne, es anderen Zeigen-wollen, bringt Neid und Mißgunst.

Anerkennung bekommen heißt, Anerkennung wertschätzend spenden.

Was wir bereit sind, selbst hinzugeben, werden wir auch wieder geschenkt erhalten.

In diesem Satz steckt eine erfahrungsmäßige Gesetzmäßigkeit, die leider oft mißachtet wird. Man will Bestätigungen haben, Lob einstecken, eingeladen werden und vieles mehr, und so mancher vergißt, daß im sozialen Beziehungsfeld die Bereitschaft, aktiv mitzugestalten, ein Grundelement für das Geben und Nehmen ist. Warten, "erst die anderen, dann ich"-Haltung fördert Pattstellungen, wo kein beziehungshafter Zug mehr gemacht wird, aber unmutig die lieblose, anerkennungsarme, unlustvolle Welt in den Untergang geschickt wird.
Als Kind, so wird von mir erzählt, war ein Standardsatz: "Ich werde es schon finden!". Ich bin diesem Satz treu geblieben, weil jedes Finden das Ende einer kleinen Reise ist. Eine Frau, einen Mann finden, mit der/dem man gerne zusammenlebt, eine Blume, ein Gemälde, einen Freund finden, ein Muttermal an einer

Stelle, wo es hingehört, entdecken und finden, einen Platz, wo man plötzlich ganz ruhig wird, finden, Findelkinder finden, einen Ton finden oder die letzte Ruhe finden — Personen, die finden, sind auch Personen, die sich freuen können. Menschen, die sich freuen können, geben Lob und Anerkennung, ohne zusätzliches Verlangen. Einfach, weil es so ist.
Finden und Gelingen verstärkt die Selbstakzeptanz, hebt das Selbstwertgefühl und ist wie ein ausgebreitetes Sprungtuch, wo auch andere Personen Platz finden in der bestätigenden Aufgefangenheit. Gelingen ist natürlich auf Erfolg ausgerichtet. Die einen freuen sich beim erfolgreichen Gelingen. Die anderen sind erfolgreich um des Erfolges willen und zwingen ihre Mitmenschen, zumindest den Erfolg zu bestätigen und anzuerkennen. Gelingen und Erfolg, um es anderen zu zeigen oder etwas zu beweisen, hat den Neid und die Mißgunst im Schlepptau.

Wer noch etwas zeigen und beweisen muß, ist noch nicht im Stadium des An-sich-selbst-Glaubens.

Die Selbstakzeptanz hat dabei ein Leck, aus dem zwar der Erfolg rinnen mag, aber eine Unerfülltheit permanentes Nachgießen verursacht.

2.2.4.2 Die mittelbaren Befriedigungsmöglichkeiten des Bedürfnisses nach Anerkennung

Die Literatur hat Bibliotheken zu diesem Thema gefüllt. Die Geschichte der Menschheit mit den Persönlichkeiten aus Politik, Wirtschaft und den verschiedenen Wissenschaften liefern Beispiel en gros, was das Bedürfnis nach Anerkennung in unseren Kulturen und unserer Zivilisation ausgelöst und bewirkt hat.
Unsere medienverzerrte Wirklichkeit bombadiert uns jeden Tag mit Meldungen, wo es eine Person, Gruppen, Organisationen oder Staaten schaffen, die Aufmerksamkeit auf sich zu ziehen, um in irgendeiner Form Anerkennung, Beachtung oder Bestätigung zu erlangen. Es wird gemordet, gestohlen, gespendet, geholfen, geschrieben und verbrannt, um in den Schlagzeilen sich wiederzufinden. Anerkennung wird mit den diffizilsten und gröbsten Mitteln der Macht und des Kampfes, der Flucht und der märtyrerhaften Opferung erpreßt, erfochten und erduldet. Ob als Diktator oder Extremist im Untergrund, als Mitglied einer randalierenden Horde oder messianischen Sekte, als Nation oder in Resignation, erschleicht man sich Anerkennung, Beweise für die soziale Existenz.

Für die Erlangung von Bedürfnisbefriedigung auf dieser Stufe sei als Vorraussetzung die abgesprochene soziale Wirklichkeit genannt. Wie in der Einleitung schon erwähnt, hat jeder Mensch seine subjektive Auffassung von Wirklichkeit. Um zu einem Miteinander kommen zu können, müssen wir zumindest in Teilbereichen der Wirklichkeit Absprachen und Vereinbarungen treffen. Anerkennung kann nur auf dem Boden dieser gemeinsamen Wirklichkeitsabsprache für beide Partner echt sein.

1. Die abgesprochene soziale Wirklichkeit

a) Eine abgesprochene soziale Wirklichkeit, wo ein konstruktives, friedliches Zusammenleben und ein faires konfliktbewußtes Auseinandersetzen angestrebt wird, bietet genügend Raum für die Sättigung des kulturbedingten Bedürfnisses nach Anerkennung.

b) Die Schwierigkeit, die Wirklichkeit als unabgesprochen subjektiv und abgesprochen objektiv zu begreifen, führt uns zu Defiziten der Aussprache von Anerkennung und Bestätigung. Ein aufgeblasenes Ego ist gefüllt mit einem gefühlskalten Stoff der Nichtbeachtung.

c) Ich bin mir selbst der Nächste, ist eine wirklichkeitsfremde Distanz- und Rücksichtslosigkeit.
Nicht ich selbst bin ein Teil der Gemeinschaft und Gesellschaft, sondern mein selbstgeschaffenes Spiegelbild regiert das Weltgeschehen. Es wirft alles zurück, was von außen kommt.

Nachdem ich die Länge der drei Thesen bemerke, möchte ich Sie am liebsten auffordern, diese zu vergessen und sie statt dessen auf einen Satz verdichten:

Es gibt keine Wirklichkeit, an die Wirklichkeit glauben wir nur, weil wir das Nichts des Seins noch nicht gefunden haben.

Vielleicht träumen wir die Wirklichkeit und erleben die wahre Wirklichkeit im Traum. Vielleicht sind wir nur Erscheinungsbilder, die kurz auftauchen und nicht mehr sind, weil wir niemals existierten.
Wir sind Phantome auf einer endlichen Reise, die in Wirklichkeit endlos ist, auch wenn es keine Wirklichkeit in der Unendlichkeit gibt.
Endlich, werden Sie ausrufen, werden klare Stellungnahmen zur Wirklichkeit abgegeben, ohne daß Sie jemals einen solchen Ausruf taten.

Wenn es schon keine Wirklichkeit gibt, können wir uns doch einigen, daß wir einfach so tun, als gäbe es eine verbindende Wirklichkeit. Diese kleine Vereinbarung, vernünftigerweise nur zum Schein zugestimmt, erlaubt mir dann, von einer abgesprochenen Wirklichkeit zu schreiben.

Mir scheint, es gelingt mir in verwirrender Weise, Anerkennung einzuheimsen, obwohl die Thesen genügend Raum böten, Antithesenkinder in die Welt zu setzen. Wir können in diesem maßlosen Durcheinander der Wirklichkeit nicht anders, als uns auf kleine, minimale Absprachen und Vereinbarungen zu berufen. In den riskanten Stellungnahmen, konfliktreichen Auseinandersetzungen formen wir kleine Mosaiksteinchen unserer Wirklichkeit. Diese Art des kreativen, spannenden Zusammenlebens bietet einen Nährboden für hunderttausend verschiedene Wirklichkeiten, aber auch Befriedigung für Anerkennungen und Bestätigungen von Ansichten, Meinungen und Gefühlen. Der Hunger danach begleitet uns im friedlichen wie auch im kriegerischen sozialen Sein. Hungrig-sein steuert sich selbst vierdimensional aus.

Hungrig-sein und hungrig-bleiben-wollen
verhungern
satt und
Völle, was einer Übersteuerung gleichkommt.

Hungrige übertreiben immer.

Jedes Bedürfnis beinhaltet eine instabile, defizitäre oder übersteuerte Unausgewogenheit, damit es auch weiterhin als Motiv erhalten bleibt.
Die Wirklichkeit der Befriedigung von Bedürfnissen der Anerkennung ist ein kommunikativer Akt, der niemals abgeschlossen sein wird, genauso wenig, wie es eine vollkommene Kommunikation nicht geben kann. Für die Entwicklung, neue Herausforderung und die Dynamik des Lebens braucht es die Unvollkommenheit und somit die komplexe Wirklichkeit.

2. Das Streben nach Einfluß, Status und Macht.

Es lebt der Mensch, solange er strebt, und keine Leiter ist ihm zu morsch, um auf ein Podest zu steigen, das ihn sichtbar macht, um Anerkennung einzustreichen. Die einen erklimmen Achttausender, die anderen klettern die Karrieresprossen nach oben, und wieder andere verschwinden als Säulenheilige in der nebeligen Welt der Meditation.
Sogar die Abstürze sind geplante Großartigkeiten, die der Masse Stoff genug liefert, schaudernde Geschichten dazu zu erfinden. Wir gratulieren und kalkulieren das Auf und Ab bewußt und unbewußt in unserem Streben nach Mehr oder Weniger mit ein.
Es irrt der Mensch, solange er strebt auf seinen Wegen, die ihm vorgezeichnet scheinen.
Es strebt der Mensch, solange er fortschrittliche und soziale Bedürfnisse verspürt. Wir wollen nicht ohnmächtig träge den natürlichen und technischen Einflüssen ausgeliefert sein, sondern selbst beeinflussen. Wir wollen einen Status, ein Prestige

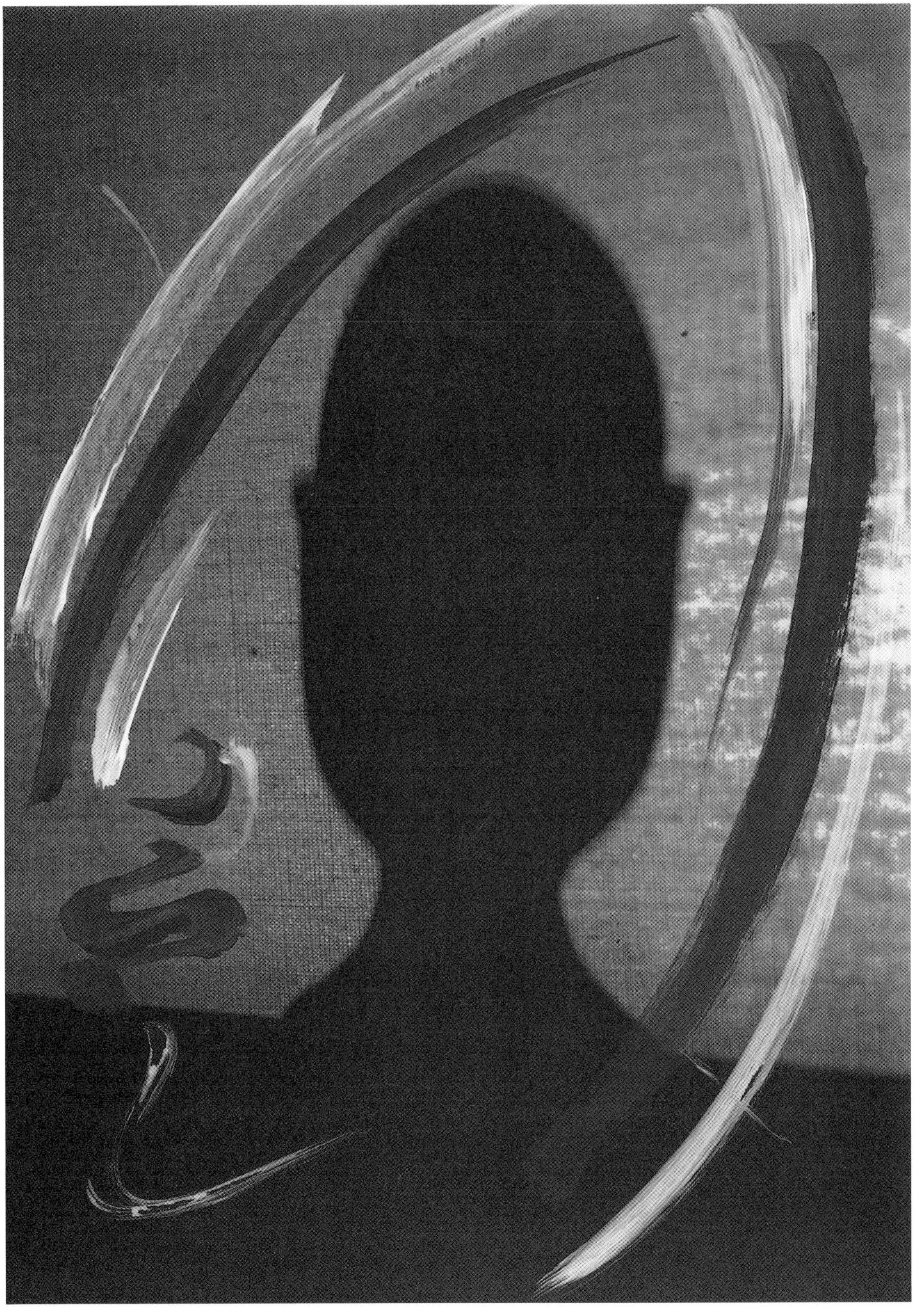

Kraft und haltende Macht.

und Image eines Machers haben, ein Mensch sein, der sich nicht gerade die ersten Sporen verdient. Wir wollen Macht, erworben oder verliehen, um zu herrschen, manche unbeherrscht, andere wertschätzend beherrscht.

Nur kraftvolle Menschen können auf Macht verzichten.

**a) Wir wollen auf andere Einfluß ausüben.
Ereignisse, die dies zeigen, sind glaubwürdiger als Aussagen, die es verleugnen. Einfluß ausüben heißt, nicht verändern.**

**b) Die soziale Stellung beinhaltet ein gewisses Maß an Statusbewußtheit, Prestigedenken und Imagebildung.
Zwischenmenschliche Verhaltensweisen und Einstellungen sind davon geprägt. Oftmals wird das bekämpft, was vorher ideologisch phantasiemäßig verliehen wurde.**

c) Das Machtstreben ist in unserem sozialen Gesellschaftssystem dominant und mehrschichtig verankert. Sowohl Führer wie Untergebene, Meister wie Sklaven, Lehrer wie Schüler halten dieses System aufrecht.

Es ist eine Lebenskunst, gerade im Bereich von Einfluß, Status und Macht realitätsbezogen und kommunikativ von Nutzen zu sein, ohne auszunützen.
Das herkömmliche soziale Ordnungsschema fördert hauptsächlich durch phantasierte Vorstellungsbilder ein Maß oder eine Maßlosigkeit an Statusbewußtsein, Prestigedenken und Imageklischees. Die Tendenz zu Klassifizierung ist eine charakterologische Entwicklung im Gemeinschaftswesen, wo Mensch-Sein als Sein nicht genügt, sondern die Person noch einen Panzer, eine Rüstung oder ein Kleid anzieht, um sich zu unterscheiden. Die "Würde" als ursprüngliche Bedeutung des Wortstammes "perso" wurde später "durchtönend", "durchscheinend" bis zur "Maske" und "Fassade" degradiert. Das wahre Gesicht sind die vielen Gesichter, die wir haben, würdevoll und schön. Den Status schaffen wir, Prestige erwerben wir, und das Image pflegen wir, um uns einzigartiger zu fühlen als die anderen.

Jeder Mensch ist einzigartig.

Vom Sein her betrachtet wird der Mensch Mensch bleiben, was er auch tut und macht. Vom Haben-Wollen schafft der Mensch Schranken, Tabus, Schlagbäume und Stände, um sich abzusichern gegen Haben-Räuber, die sie selber sind.

Das Streben nach Macht schließt nicht kausal das wertschätzende Miteinandersein aus. Es gibt heute und gab früher Patriarchen, Königinnen und Autoritätspersonen, die Kraft ihrer Persönlichkeit und ihrer beherrschten Ausstrahlung von Macht die Geschicke von Völkern, Belegschaften und Körperschaften konstruktiv lenkten.

3. Angepaßtheit an soziale Normen und Werte, Widerstand und gesunde Abweichung

a) **Anpassung und Einhalten von sozialen, gesellschaftlichen Normen und Werten sind Investitionen, um gewohnte Anerkennung im Rollenverhalten zu bekommen. Die Rollen sind verteilt, die Karten sind gezinkt, das Ergebnis ist die Bestätigung einer sozialen Kontrolle des Status quo.**

b) **Widerstand ist alles, was Schmerz vermeidet, Anerkennung und Selbstakzeptanz verhindert und gewohnt wiederholungshaft Haltungs- und Verhaltensmuster wählt, die Wünsche, Bedürfnisse und Interessen der Beibehaltung des Grundkonfliktes opfert.**

c) **Gesunde Abweichungen sind das Nadelöhr, durch das wunschlos glückliche Kamele vollbepackt situatives Rollenverhalten schleusen, um kichernd die gelungene Rollenrochade zu feiern und den Anerkennungsprofit zu verjubeln.**

Unsere liebgewonnen Normen und Werte trachten nach Sicherheit, Zuwendungen und Anerkennungen durch ein träges Angepaßt-Sein.
Die Rollen sind verteilt, die Gewißheit der sozialen Kontrolle hält jedermann in Bann, und die Anerkennungsfloskeln hängen als Fossilien in den Wandelhallen der satten Bürger.
Die Überlieferung beherrscht den Unsinn, die Normen geistern durch das Alltagsgeschehen und versprühen big-brother-Parolen auf eigens dafür aufgestellten Reflexionsflächen. Die Werte sind noch was wert, unsinnig sind Wertlosigkeit und Spielereien, respektvoll werden Hofräte hofartig, Beamten wird jeder kreativ dienender Impuls verboten. Eine Welt, die paßt — angepaßt.

Natürlich brauchen wir sie, die Gesetze, die Erlässe, die Dienstvorschriften, die Paragraphen, die Noten, die Manifeste und die Testamente. Ordnung muß sein, auch wenn die Unordnung nur eine unerwünschte, widerstandsreife und abweichende Ordnung ist.

Wirkliche Gewinner sehen ihre Aufgabe in der Aufgabe.

2.2.5 Das Bedürfnis nach Selbstverwirklichung

Beim Nachdenken und Materialsammeln zu dieser Motivationsstufe der Bedürfnisbefriedigung habe ich mir oft die Frage gestellt, ob mein Tun, das Schreiben dieser Zeilen, Seiten und Absätze den Kriterien der Selbstverwirklichung entsprechen. Das Denken ließ mich eher zweifeln, das Entdecken von mich ansprechenden Passagen gescheiter Aussagen aus der Literatur zu diesem Thema hob mein Wohlbefinden

und steigerte eine staunende Freude. Den Weg des zweifelnden Denkens sind schon viele vor mir gegangen, ihre Aussagen machen mich gefühlsmäßig betroffen, und die Lust, weiterzumachen, war größer als das Spüren der Anstrengung, die damit verbunden ist.
Ich begriff, daß die Befriedigung des Strebens nach Selbstverwirklichung ein Einlassen, kein Festklammern und ein Loslassen bedeutet. Die Gier und die Begierde, Personen, Gegenstände, Taten, Wissen und Gedanken nur allein für sich besitzen zu wollen, führt in eine Sackgasse der Verwirklichung. Das Ich nimmt pompastische Formen an, während das Selbst in sich verkümmert.
Das heißt nicht, Besitz, Leistung und Wissen auszubooten und zu verabscheuen, sondern seinem Sein einen zusätzlichen Sinn zu schenken. Man erbringt Leistungen, hat Besitz und Wissen, weil sie Freude machen und im Herzen die Liebe zuhause ist. Beim Bedürfnis nach Selbstverwirklichung geht der Mensch den Weg des Herzens.

Mir scheint, daß die Aufzählung der unmittelbaren und mittelbaren Befriedigungsmöglichkeiten für diese Bedürfnisstufe nur Orientierungscharakter haben kann, da jede Beweisführung für das Einfinden und Sein auf dieser Ebene anderen Motivationsstufen zuzordnen ist.

Selbstverwirklichung zeigt sich, wie jemand lebt, nicht wie jemand ist oder zu sein glaubt.

Selbstverwirklichung ist gekoppelt an die Bewältigung von unlösbaren Aufgaben.

2.2.5.1 Die unmittelbaren Möglichkeiten der Befriedigung des Bedürfnisses nach Selbstverwirklichung

Meister ECKEHART sagt, ''daß ein aktiver, lebendiger Mensch'' — fügen wir hinzu, der nach Selbstverwirklichung strebt — ''einem Gefäß gleiche, das wächst, wenn es gefüllt und doch nicht voll werde''. Selbstverwirklichung ist nichts Begrenztes, sie existiert als Einheit, als Verbundenheit zur Natur und zur gelebten, eigenen Geschichte. Die mittelbaren und unmittelbaren Befriedigungsmöglichkeiten werden ausgewogen genutzt und kultiviert im Zusammenleben organistisch eingesetzt.

1. Die Einheit des Denkens, Fühlens, der Wahrnehmung und des Handelns.

a) **Durch die Einheit des ICH-funktionierenden Denkens, Fühlens, Wahrnehmens und Handelns realisiert der Mensch sein personales Selbst und ist fähig, seiner Selbstverwirklichung zuzustreben.**

b) **Die Realisierung geschieht nicht, sondern ist dem Menschen selbst aufgegeben.**

c) **Die Freude ist der Begleiter auf dem Weg der Selbstverwirklichung.**

Denken können, fühlen, wahrnehmen und handeln sind menschliche ichfunktionale Eigenschaften, die jeder als sein Gut bezeichnen kann. Die umweltbedingten Überlebens- oder Charakterstrukturen der Person prägt die unterschiedliche Akzentuierung dieser Eigenschaften aus, reißt Lücken oder überzüchtet. Für manche zählt nur der Verstand, andere werden von der geringsten Gefühlswelle weggeschwemmt, manche wiederum verzichten auf eigene Wahrnehmungen und verlassen sich auf Gerüchte, und einige handeln, um der Aktion willen, ohne ein Ziel vor Augen zu haben.
Mit der Einheit meine ich ein Ausgerichtet-Sein vom personalen Selbst her, unter Mitwirkung seiner Umwelt und dem Wissen des Unerkennbaren.
Ich will es mit einer kleinen, überlieferten Geschichte an den zwei Personen klären: Ein Universitätsprofessor sucht einen Zen-Meister auf, um Zen zu lernen. Der Meister bietet seinem Gast Tee an, und nach dem Zeremoniell der Zubereitung gießt der Meister die Schale des Professors voll, sodaß diese überläuft. Der Gast macht den Eingießer aufmerksam, daß die Tasse "übervoll sei" und nichts mehr hineingehe. "So wie diese Tasse", sagte der Meister, "sind auch Sie voll mit Ihrem eigenen Denken und Ihren Vorstellungen. Wie kann ich Ihnen Zen zeigen, bevor Sie Ihre Tasse geleert haben?"
Selbstverwirklichung, Erleuchtung und Einfach-Leben geschehen nicht, sondern sind als Aufgabe aufgegeben. Das Streben nach Selbstverwirklichung ist gekennzeichnet durch eigenständiges Handeln, das getragen wird durch die Liebe zur Natur und zum Mitmenschen. Es ist kein Zweckstreben, um geliebt zu werden, kein Anerkennungswunsch darin verflochten, sondern ein Zustand des befreienden Handelns und des Gefühls, an der richtigen Stelle, zu richtigen Zeit zu leben.

Es gibt eine chinesische Kurzgeschichte von einem Mann, der auszog, das Drachentöten zu lernen. Er verkaufte Hab und Gut, verließ Familie und Freunde und ging für drei Jahre bei einem Meister in die Lehre, der ihm das Drachentöten lehrte. Nach Abschluß seiner Lehre stellte er fest, daß es keine Drachen gab.
Er handelte, diente, lernte und erkannte zum Abschluß ...

Selbstverwirklichung ist ein Sich-gehen-Lassen auf einem bewußt gewählten Weg mit dem Ziel, sein Tun verantwortlich zu gestalten. Gefühle sind weise Begleiter, aber nicht Beherrscher auf diesem Pfad.

2. Die Fähigkeit, sich bewußt zu entscheiden.

a) **Es ist unmöglich, keine Entscheidungen zu treffen. Es ist möglich, sich für das Warten zu entscheiden. Das Streben nach Selbstverwirklichung verlangt die Fähigkeit, mögliche und unmögliche Entscheidungen zu leben.**

b) **Entscheidungen sind bewußte Wahlmöglichkeiten, schenken uns zusätzliche Freiheitsgrade, an der Entwicklung und Lebensgestaltung aktiv mitzumachen. Die Freiheit ist eine der Möglichkeiten.**

c) **Jede getroffene und verwirklichte Entscheidung ist eine richtige Entscheidung.**

Ich habe mich entschieden, daß es unmöglich ist, keine Entscheidungen zu treffen. Ich gehe normativ davon aus, daß jedes Geschehnis und jedes menschliche Tun auf Entscheidungen zurückzuführen ist. Neben den einfachen Willensentscheidungen, die eindeutig mit einem Ziel und Wollen ausgesprochen werden, gibt es noch die komplizierte Art der Wahlentscheidungen. Zu solchen kommt es dort, wo Ziele, Wünsche und Interessen in Konkurrenz miteinander treten und erst nach einer Wahl als Entscheidung feststehen. Dies ist dann der Fall, wenn uns eine Situation vor die Möglichkeit verschiedener Handlungen stellt und eine Mannigfaltigkeit mögliche Motive auf den Plan ruft.

Viele, die glauben, sich nicht entschieden zu haben, sich nicht entscheiden wollen oder nicht entscheiden können, entscheiden sich für das Warten.
Das Warten verbirgt ein Versteckspiel der Motive und der Zielsetzungen. Wo bewußt entschieden gewartet wird, aktiv an der Gegenüberstellung der Motive und Ziele gebastelt wird, kann man nicht vom schicksalhaften Abwarten sprechen. Ein Hinausschieben von Entscheidungen, um den Konflikten auszuweichen, die unvermeidbar sind, sich der Auseinandersetzung nicht stellen und ein Flüchten in ein determiniertes schicksalhaftes Geschehen, verflacht das Selbstverwirklichungsstreben zu einer dünnen depressiven Lebenslinie.

Wichtig ist es, zu erkennen, daß jede getroffene und verwirklichte Entscheidung, ausgehandelt und getan, eine "richtige" Entscheidung ist. Wir können vergangene Entscheidungen nicht ungeschehen machen, so verfahren, als könnten wir die Vergangenheit ändern. Wir können allerdings durch neue Einsichten, andere Motive und andere Bewußtheiten wieder Entscheidungen als kreative Antriebsimpulse und lebendige Aktivitäten vorwärtsgerichtet in unser Tun einbauen und einem Ergebnis zuführen.

3. Das Träumen und die Vision

Das Träumen hat eine besondere Bedeutung als Weg der Selbstoffenbarung, Selbstfindung und Selbstrealisierung, als Chance im Dasein, sich als Teil des Ganzen, das die Person nun einmal ist, zur Entfaltung zu bringen. Der Traum ist ein Lebenstheater, wo wir gleichzeitig Akteur und Zuschauer sind, Regie führen und Bilanz halten. Wir träumen, was wir vergessen haben, zu vergessen, wir träumen, Wunsch und Antiwunsch gefühlsdurchtränkt, triebhaft und visionär auf neue Erlebnisse

hingerichtet. Im Traum betreten wir Welten, ohne Eintritt gezahlt zu haben, erschaffen Bilder und Szenen, deren Dimensionen unser Vorstellungsvermögen übersteigen und sind verückt, ohne wahnsinnig zu sein.
Ich will hier ein wenig einhalten und klarstellen, daß ich in diesem Abschnitt nicht auf den Traum an sich und auf die Traumarbeit eingehen will, sondern das Träumen als eine unmittelbare Befriedigungsmöglichkeit für das Streben nach Selbstverwirklichung behandle.
Träumen ist eine selbstlose Form des personalen Selbst, losgelöst von logischen Zusammenhängen, unabhängig vom Wollen und dem Willen in seiner Ganzheit, ein vollkommenes Kunstwerk von jedermann.
Wir träumen zu wenig. Wir nutzen kaum, was wir durch unsere Träume, Träumereien und Visionen erfahren, weil es Undenkbares enthält. Wir sind so stark auf das Erkennbare eingeschworen, daß wir fruchtbare Flächen und Räume der anderen Wirklichkeit gesehen/unangeschaut vorüberziehen lassen, ohne reizvoll und erregt die Prächtigkeit dieser Land- und Unlandschaft anzunehmen. Träumen lernen ist die Fähigkeit, die Bewußtheitsstufen zu wechseln und dadurch die Türen und Fenster zu neuen, alten Erkenntnissen aufzustoßen. Mit Träumen meine ich sowohl das Nachsinnen und Beschäftigen mit den Träumen des Schlafes als auch Tagträumen nachzugehen und mit wachen, offenen Augen Phantasiebilder in die Wirklichkeit zu schmuggeln.
Das Träumen flickt die Nahtstelle zwischen dem ICH und dem SELBST, ist eine hilfreiche Fähigkeit im Streben nach Selbstverwirklichung. Menschen, die nicht träumen, werden psychotisch oder erstarren.
Die Psychose schafft gezwungenermaßen den Akt des Träumens im Wahn, in der Erstarrung löscht sich das Träumen selber aus.

a) **Träumen Sie von gestern — heute — morgen gleichzeitig.**

b) **Träumen ist wie den Wind, den Sturm sehen, ohne zu hören, und die bewegten Zweige und Gräser als Wind zu bezeichnen.**

c) **Träumen erlaubt das Abrücken, das Verrücken, das Verrückt-Sein. Wir dürfen sehen, wo es nichts zu sehen gibt, wir dürfen hören, wie die Stille laut wird, wir dürfen Dinge tun, wo nicht einmal der Teufel den Mut hat, daran zu denken. Im Träumen sprengen wir den für uns unfaßbaren Rahmen der Begrenztheit, erweitern ihn grenzenlos bis zum Zerfall, bis zum Wechsel in andere Sphären der Bewußtheit.**

Die Innerlichkeit wird nach außen gestülpt, die Äußerlichkeiten durch die innere Glut verzerrt. Wir erahnen die ruhelose Ruhe, die zeitlose Zeit und das untätige Tun und kehren zurück in eine Stadt, die sich selbst verheißt.
Hoffnungen und Illusionen haben beim Träumen ihren festen Platz, und keiner untergräbt und höhlt den Boden der "Wirklichkeit" aus.

2.2.5.2 Die mittelbaren Befriedigungsmöglichkeiten beim Streben nach Selbstverwirklichung

Die mittelbaren Befriedigungsmöglichkeiten dieser fünften Stufe beinhalten alle Begriffe, Wörter und Hinweise, die aufgeführt und ausgelassen wurden mit dem Ansinnen, sie selbst zu nutzen. Ich will aus meiner Sicht der unvollständigen Vollständigkeit halber noch Bereiche und Möglichkeiten nennen, die das "höhere" Bewußtsein für sich entlehnt haben und die Selbstverwirklichung als Mittelpunkt des Diesseits und Jenseits zum Thema haben.

1. **Autonomie und Streben nach der Entwicklung seiner Fähigkeiten.**
2. **Die Gültigkeit von Erkennbarem und Unerkennbarem.**
3. **Glaube, Religiosität, Spiritualität und Tanszendenz.**

Als autonome Persönlichkeiten bezeichne ich Menschen, die in der Lage sind, bewußt, lebendig und wertschätzend zu handeln. Kein Weglaufen, kein Bleibenmüssen ist bemerkbar, sondern ein In-Bewegung-Sein mit einem fein dosierten Verweilen. Kein Abwerten und Ausreden-Finden, kein Flüchten. Das ist ein abgestimmtes Ausdrücken seines Wollens, seiner Wünsche und Empfindungen. Autonomie ist eine bewußte, unabhängige Entscheidung, sich auf Abhängigkeiten selbständig einzulassen. Handlungen werden lebendig und lustvoll ausgeführt, und die innere Einstellung zeigt sich im Ausdruck einer wertschätzenden Haltung.

Die Autonomie einer Person erfordert allerdings auch eine spielerische Verrücktheit, weil ich sonst Kreativität und Entwicklung für undenkbar halte. Das autonome Entscheiden und Handeln gelingt nur, wenn Menschen eine Bereitschaft zum Risiko haben und auf ihre Fähigkeiten bauen. Das Fähigkeitspotential des Menschen wird in sozialen Gemeinschaften oft zu wenig ausgenützt, weil das Ausschöpfen aller Fähigkeiten zu Konkurrenzsituationen führen kann, die Konflikte in sich tragen.

Ein Gedanke scheint mir im Zusammenhang mit Selbstverwirklichung, Autonomie und Fähigkeiten besonders reizvoll zu sein: Wenn jeder Mensch ein Optimum an Autonomie und Fähigkeiten zur Verfügung hat, die er nützt und bereit ist, weiterzugeben, dann erhält das sozial funktionierende Machtsystem "mehr oder weniger" eine Konkurrenz, die nicht von Siegern und Verlierern lebt, sondern von Gewinnern ohne Verlierer. Ich glaube, daß das Festhalten an Freund — Feindbildern, Sieger- und Verliererklischees durch unsere Vorstellungen programmiert wird und dann erst zu Ergebnissen führt, die wir bezüglich der Machtdynamik nicht haben wollen. Wenn wir umdenken lernen und nicht vom Axiom ausgehen, einer hat/ist mehr, ein anderer hat/ist weniger, sondern davon ausgehen, daß jeder eine ganz bestimmte Kapazität an Fähigkeiten und dadurch an Möglichkeiten hat, sie

Organismus im Aufbruch.

für sich und andere zu nutzen, dann ergibt das Ergebnis: Die Akzeptanz der absprechbaren Wirklichkeit mit dem dynamischen Impuls der aktiven Mitgestaltungsmöglichkeiten und Verantwortung.
Autonomie ohne experimentierendes Umdenken ist undenkbar. Der Weg der Selbstverwirklichung braucht den Dschungel der Gedanken und Wünsche, um sich mit Handlungen selbst einen Weg heraus zu bahnen.

Das Streben nach Selbstverwirklichung operiert auf drei Ebenen:

— dem Erkennbaren

— dem Unbekannten

— dem Unerkennbaren

Wir liebäugeln gerne mit dem Unbekannten, um uns vor Konsequenzen, die das Erkennbare beinhaltet, zu drücken. Das Unbekannte sind die noch nicht erhobenen Informationen, von deren Existenz wir allerdings ein Wissen ahnen.
Das Bekannte und Unbekannte ist der menschlichen Wahrnehmung zugänglich. Das Unerkennbare liegt außerhalb der menschlichen Wahrnehmung. Manchmal glaube ich, daß wir das Erkennbare und Unbekannte sehr schlampig behandeln, während das Unerkennbare fast respektlos verleugnet wird, um sich göttlich zu gebaren.

Im Unerkennbaren können wir auf dem Weg der Selbstverwirklichung bescheiden, geduldig und demütig werden.

Ich bin überzeugt, daß das Bedürfnis nach Selbstverwirklichung mit seinen mittelbaren Befriedigungsmöglichkeiten ohne Nachdenken und Nachspüren zum Glauben hin, zur Religion und Spiritualität, wichtigste Bereiche unerschlossen lassen würde.

Einen Glauben haben und verkünden, befriedigt das Bedürfnis nach Sicherheit, um mit dem Faustpfand der Gewißheit zusammenzurücken und entrückt nach oben zu schauen.
Gläubig sein in der Existenzweise des Seins ist in erster Linie nicht ein Glaube an bestimmte Ideen, sondern vor allen Dingen eine nach innen und außen gerichtete Orientierung, eine Haltung und Einstellung. Man kann an sich selbst und an andere glauben, der religiöse Mensch glaubt an Gott. Der Glaube verbürgt durch die innere Erfahrung und Läuterung anstrebsame Eigenschaften des eigenen Selbst und ist somit ein aktiver, kreativer Prozeß der Selbsterschaffung im Wandel der Zeit. Glauben, gläubig sein, schließt Beweise aus. Es genügt, einfach zu glauben.
Für die Selbstverwirklichung werden dadurch zusätzliche Kraft und Energiefelder erschlossen, die scheinbar unerkennbar sind und dennoch Wirkung zeigen.

2.3 Zwischen Organismus und Organisation

In meiner Tätigkeit als klinischer Psychologe und Berater für Organisationsentwicklung habe ich im Laufe der Jahre die Zusammenhänge zwischen Organismus und Organisation immer deutlicher gesehen. Die Diskussion von Organisationsfragen mit Managern war ohne Eingehen auf die Persönlichkeiten der Beteiligten undenkbar. Auf der anderen Seite wäre auch die therapeutische Arbeit mit Analysanten bruchstückhaft, wenn nicht ihre Einbindung in Gruppen, Organisationen und gesellschaftliche Gegebenheiten mit berücksichtigt würde. Pathologische Organisationsstrukturen und Beziehungsregeln machen den Menschen krank, genauso wie psychisch belastete Menschen wie ein Krankheitsherd in einer Organisation wirken.

Anfangs hatte ich eine Scheu, Analogien zwischen dem Organismus "Mensch" und der Organisation herzustellen. Je mehr ich mich doch in der therapeutischen Arbeit mit der bioenergetischen Analyse (Körperarbeit) und den Lebensparadoxien beschäftigte, umso deutlicher wurden mir die Zusammenhänge zwischen Organismus und Organisation.
Keine Organisation ist aus sich selbst entstanden, sondern war immer abhängig von den entscheidungsmäßigen, steuernden Eingriffen von Personen.
Der Organismus ist ein Gefüge, ein einheitlich gegliedertes Ganzes. Jedes selbständige Lebewesen, jeder lebende Körper im Zusammenspiel seiner Organe, wird als Organismus betrachtet.
Als Organisation wird eine planmäßige Ordnung (Anordnung, Anlage, Bau, Aufbau, Einrichtung, Gliederung und Verfassung), ein zweckbestimmter Zusammenschluß (Partei, Betrieb, Verein, Verband) bezeichnet, die eine aus verschiedenen Gliederungen zusammengesetzte Einheit ergeben. Die Organisation stellt die im Organismus wirksame, wechselseitige und arbeitsteilige Verbindung zu einem Ganzen dar bzw. ist die ordnende Verteilung und Regelung von Personen und Sachen im menschlichen Zusammenleben.

2.3.1 Der personale und der strukturelle Ansatz in der Organisationsentwicklung

In der Organisationspsychologie wie auch in der Gruppendynamik werden in der theoretischen Diskussion der personale und der strukturelle Ansatz streng getrennt. Von meinen Überlegungen her hat sich hier ein Gedankenfehler eingeschlichen, da ich überzeugt bin, daß sich diese beiden Ansätze wechselweise bedingen.

Im herkömmlichen personalen Ansatz wird vorrangig auf das Denken, die Einstellungen und die Verhaltensweisen der Individuen eingegangen. Es wird auf die Beziehungen, Kontakte und Konflikte zwischen Einzelpersonen und Gruppen

Einfluß genommen. Erst in der Folge werden von den Menschen selbst Strukturen, Prozesse und Funktionen verändert.

Im Gegensatz dazu beschäftigt sich der strukturelle Ansatz zunächst mit den Strukturen, den Organisationen und Institutionen und erwartet sich durch eine Veränderung von Strukturen eine indirekte Beeinflussung der darin befindlichen Menschen und ihrer Haltungen.

Beides aber ist richtig: Organisationsstrukturen, Gesellschaftsformen und funktionale Rahmenbedingungen sind die Folge von persönlichen Einstellungen und Verhaltensweisen. Strukturen und Systeme können wir nicht ohne die Bezugsgröße Mensch beobachten, weil zumindest der Beobachter sich als Person zu erkennnen gibt.

Um mich zwischen Organismus und Organisation leichter bewegen zu können, fasse ich wieder einige Überlegungen in Thesen zusammen.

1. **Selbständige Lebewesen (= Organismen) schufen und schaffen Organisationen (= planvolle Ordnung).**

2. **Menschen (= wesenhafte Organismen) in Organisationen bestimmen, lenken und wirken auf Organismen ein.**

3. **Organismus und Organisation existieren nur in einem instabilen Gleichgewicht, um die Entwicklungsmöglichkeiten zu wahren.**

4. **Es ist günstig, in der Organisationspsychologie von einem strukturellen Ansatz auszugehen und situative, ziel- und bedürfnisorientierte, ergebnisbezogene Unterscheidungen zu machen.**

Es fällt auf, daß in der Alltagssprache Organisationen und Institutionen oft personifiziert werden. Das Finanzamt prüft, die Kirche ist selber schuld, das Ministerium hat angeordnet etc. Doch alles, was in Organisationen geschieht, unterliegt einer Ordnung, die Menschen geschaffen haben. Nicht das Bundesheer schickt einen Einberufungsbefehl, sondern es ist ein bestimmter Mitarbeiter, der aufgrund bestimmter Anweisungen, Gesetze und Erlässe, gemacht von bestimmten Personen, zu einem bestimmten Zeitpunkt diesen Zettel in Bewegung gesetzt hat. Nicht die Post befördert einen Brief, sondern es sind Menschen, die das zuwege bringen. Wir neigen dazu, diesen von Menschenhand geschaffenen, planvollen Gebilden durch unsere Vorstellungen und Ungenauigkeit ein Eigenleben einzugestehen. Die Organisation wird oft nicht als ein Ganzes gesehen, gesteuert von Menschen, sondern wie ein Totem, das etwas macht, das es nicht kann.

Wir sollten uns nicht blind und angstbesetzt selbstgeschaffenen Strukturen unterwerfen, sondern diese kritisch betrachten, situativ nutzen und immer wieder neu bedenken. Dann können Geschichten wie die folgende nicht passieren:

Ein Bademeister verlangt von einem total Glatzköpfigen das Aufsetzen einer Badehaube in einem Hallenbad. Sein Argument für die Aufforderung ist, daß an der Tür ein Schild hängt, worauf das Gebot zu lesen steht: "Jeder im Hallenbad hat eine Badehaube zu tragen!" Gezeichnet: die Gesundheitspolizei.

Es kann nicht natürlich und gesund sein, Tabus und Totem, Schriftstücken und Schildern Entscheidungsgewalt zu geben, sondern es bedarf einer menschlichen Repräsentanz, die ein Mitwirken zuläßt. In einer natürlichen Entwicklung existieren sowohl Organisationen als auch der Organismus in einem instabilen Gleichgewicht.

Auch wenn wir in Organisationssystemen austauschbar sind, ist der Mensch niemals ein passives Produkt seiner Umwelt. Wo er auftritt, wirkt und geht, weggeht, hinterläßt er als Organismus Spuren, die die gesamte Struktur beeinflussen. Manchmal sind es nur Millimeter auf einer Graphik, ist es ein kurzes Aufflackern in einer Konferenz, und doch ergibt die Summe aller Bewegungen und Kräfte, die eingesetzt werden, die Organisationsentwicklung.

Je natürlicher der Mensch in seiner Umwelt (= Organisation, Gesellschaft) integriert ist, umso mehr ist er in der Lage, Bedürfnisse zu befriedigen, die Situation zu nutzen und Ziele zu verwirklichen. Er lebt als Teil des Ganzen, als wichtige Organismuszelle der Gemeinschaft.

Um sich zwischen dem Komplex eines Organismus und dem oft unüberschaubaren Gebilde der Organisation zurechtzufinden, braucht der Mensch Hilfen, die es ihm erlauben, Bestehendes zu nutzen, zur rechten Zeit umdenken zu können, um förderliche Entwicklung zu gewährleisten. Er braucht Hilfsmittel, um nicht illusionär sich nur als gelenktes, unterworfenes, ohnmächtiges und nichtsnutziges Lebewesen zu fühlen, sondern die Zusammenhänge des Ganzen im Organismus mitzuvollziehen und strukturell Handlungen zu setzen, Entscheidungen zu treffen und lustvoll zu leben.

2.3.2 Die Gruppe als Bindeglied zwischen Organismus und Organisation

Die Begriffe Gruppe, Organisation und Institution bezeichnen drei Ebenen unseres sozialen Systems. Die Gruppe ist eine Basiseinheit in unserem alltäglichen Leben. Familien, Werkstätten, Büros, Schulklassen und Arbeitsgruppen sind der Zusammenschluß von Individuen zu dieser Basiseinheit. Auf dieser Stufe des Sozialgefüges gibt es bereits institutionelle Absprachen, die der Aufrechterhaltung der gewählten strukturellen Ordnung gelten: Arbeitszeiten, Normen und Regeln, Kontrollmechanismen, Funktionen und beschriebene Rollen. Die Organisation ist eine Gruppe von Gruppen, die ihrerseits durch Normen, Ablaufprozesse und Mittel geregelt wird, die von Entscheidungsträgern installiert wurden.

Die Organisation vermittelt zwischen der Basis, den Primärgruppen, wie Familie und Arbeitsgruppe, somit auch zwischen dem einzelnen Individuum und dem Staat.

Die Institution ist alles Bestehende oder anders ausgedrückt, das Ganze des Institutionierten. Bildhaft sind es die Gesetze, die nur wieder mit Gesetzen abgeschafft werden können, ob es hilfreich ist, bestimmt nur noch der Kommentar zum Gesetzestext. Der Mensch sitzt in einer tiefen Falle, in jedem Fall.

Organisationen in Leistungsgesellschaften dienen häufig dem Ziel, Leistungen in möglichst effizienter Form zu erstellen und zu verwerten. Meist liegt eine Überbetonung der Leistung aufgrund von ungeprüften Normen und Fakten vor, die Zielsetzungen an den vorgegebenen Situationen und Bedürfnissen vorbeischießen lassen und als Ergebnis nur Unzufriedenheit zurücklassen. Personen sind in einem leistungsbezogenen, institutionalisierten Normen-Wert-System austauschbar, ohne daß dies gravierende Einflüsse auf die Organisationsstruktur hat.

Die Arbeitsteilung spaltet Organisationen in Gruppen auf. Solange in Organisationen nur personelle Planungs- und Durchführungseinheiten gebildet werden, kann noch nicht von Gruppen gesprochen werden. Erst wenn Personen dem Ziel und Plan entsprechend eingesetzt werden und miteinander in Beziehung treten, kann man sie in der Organisation als Gruppe bezeichnen.

Unter einer Gruppe versteht man eine Reihe von Personen, die in einer bestimmten Zeitspanne häufig miteinander Umgang haben und deren Zahl so gering ist, daß jede Person mit allen anderen Personen in Verbindung treten, kann und zwar nicht nur über andere Menschen, sondern von Angesicht zu Angesicht.

Diese gängige Definition spiegelt exakt wider, wie im Alltagsgeschehen Gruppen sich zusammenfinden oder zusammengestellt werden, ohne genauere Bezeichnung der Zielrichtung, Interessen und Motive.

Für den Einsatz, Schaffung oder Arbeit mit Gruppen, scheint es mir notwendig, zumindest einen minimalen, zusätzlichen Rahmen für das gemeinsame Zusammensein zu installieren. Diese Bezugsrahmen sind in folgende Bereiche gegliedert, ohne daß die vorangegangene Definition aufgehoben wird.

Gruppenbezeichnung	Rahmenbedingungen
a) Primärgruppe — Familie — Freundeskreis	Bedürfnisbefriedigung — Grundbedürfnisse — Sicherheit — Zuwendung — Anerkennung bekannte Rollenverteilung
b) Arbeitsgruppe	zielorientiert auftragsgebunden planungsgerichtet durchführungsbereit ergebnisorientiert leistungsorientiert Zeitstruktur gegeben oder vereinbart klare Funktionsverteilung bekannte Rollenverteilung Rollenflexibilität
c) Lern-/Trainingsgruppen	themen- und problemorientiert ziel- und bedürfnisorientiert sach- und beziehungsorientiert Zeitstruktur gegeben oder vereinbart klare Funktionsverteilung methodische Vorgangsweise Transfer und Umsetzung für Erkennen Anwenden Vermitteln

ad a) Primärgruppen

Primärgruppen sind die Keimzelle der menschlichen Gesellschaft.
Primärgruppen dienen der unmittelbaren und mittelbaren Bedürfnisbefriedigung der einzelnen Individuen.
Primärgruppen sind biologisch funktional ausgerichtet und stabilisieren sich durch eine bekannte Rollenverteilung.

Wir sind alle in Primärgruppen aufgewachsen, wo bestimmte Bezugspersonen bereit waren, uns am Leben zu erhalten. Es wurden nicht nur die physiologischen Grundbedürfnisse befriedigt, sondern wir erfuhren und erlernten auch, Bedürfnisse auf den anderen Motivationsebenen zu sättigen.
In den Primärgruppen wird man in ein Wir-Gefühl hineingeboren. Sie wirken wie nie versiegende Tankstellen für Befriedigungen und Kräftesammeln.
Die Familie als Keimzelle jeder sozialen Gemeinschaft dient der Arterhaltung und gibt durch eine bekannte, veränderbare Rollenverteilung genügend Sicherheit und Spielraum für die Entwicklung des einzelnen.

ad b) Arbeitsgruppen

Eine Arbeitsgruppe ist in erster Linie leistungsorientiert, auf Ziele, Aufträge, Planung, Durchführung und überprüfbare Ergebnisse ausgerichtet.
Sie verlangt eine festgelegte Zeitstruktur und eine klare Funktionsverteilung.

Die Rollenverteilung ist bekannt und flexibel zu halten, um potentielle Fähigkeiten zu nützen.

Fragen Sie Ihre Mitarbeiter und Kollegen, wie diese Arbeit definieren, und Sie werden sich wundern, daß fast jeder eigene Vorstellungen entwickelt, die häufig mit Arbeit und Arbeitsleistung nichts zu tun haben. Es ist erschreckend, wie viele von Arbeit sprechen, aber Bedürfnisbefriedigung meinen.

Machen Sie mit und formulieren Sie Ihre „Definition" von Arbeit.
Das anschließende Kästchen ist für Ihre Arbeitsdefinition gedacht:

Arbeit ist meinem Verständnis nach:

— ein bewußtes Tun und Handeln
— ziel- oder auftragsorientiert
— in einer bestimmten Zeit
— mit oder für bestimmte Personen
— gegliedert in Situations- und Auftragsanalyse
Planung und
Durchführung
— mit einem überprüfbaren Ergebnis.

Es ist für mich immer wieder erstaunlich, daß Personen mit unterschiedlichen Definitionen des Begriffes "Arbeit" überhaupt zusammenarbeiten können.
Personen, die sich nicht abgesprochen haben, was sie unter Arbeit verstehen, haben unabgesprochen eine Abmachung, daß ihre Bedürfnisse Vorrang haben. Ich meine nicht, daß man bei der Arbeit die Bedürfnisse, Wünsche, Interessen und Motive unberücksichtigt läßt, sondern daß die Arbeit mit den Befürnissen auf bestimmte Ziele und Leistungen gerichtet zu sein hat.
Arbeitsgruppen sind in erster Linie leistungsorientiert anzusetzen und verlangen eine festgelegte Zeitstruktur und eine klare Funktionsverteilung.
Sind Arbeitsgruppen zu rasch und primär auf Bedürfnisse, Wünsche und eigene Motive ausgerichtet — wie es so oft heißt, um ein gutes Arbeitsklima zu schaffen —, dann verlieren sie sich in Beziehungserklärungen ohne Ansinnen, Ziele und Aufträge anzugehen. Die beste Möglichkeit, in einer Arbeitsgruppe ein gutes Arbeitsklima zu geben, ist diese, einfach arbeiten zu lassen, und das Gelingen, der Erfolg des Erreichten, schafft genug Intimität für ein wertschätzendes Klima.

Wichtig erscheint mir das Festlegen, Verhandeln und Korrigieren der Rollenverteilungen. Je rollenbewußter und rollenflexibler Mitglieder von Arbeitsgruppen sind, umso einfallsreicher und geschickter wird jedes Potential an persönlichen Fähigkeiten genutzt.

ad c) Lern- und Trainingsgruppen

Lern- und Trainingsgruppen müssen themen- oder problemorientiert, ziel- oder bedürfnisorientiert, sach- und beziehungsbezogen sein, um persönliche Entwicklungen zu ermöglichen.
Eine klare Funktionsverteilung und eine festgelegte Zeitstruktur sind dabei notwendige Rahmenbedingungen auf dem Wege einer einsichtigen, methodischen Vorgangsweise, Erkenntnisse, Lern- und Erfahrungshilfen für den Transfer zu ermöglichen.

Lern- und Trainingsgruppen sind methodisch-konzeptionalisierte Abbilder des Alltags, die der Erfahrungsvermittlung dienen oder als Selbsterfahrungsmodelle Entwicklungen im Bildungs-, Ausbildungs- und Fortbildungsbereich anbieten.

Auf einen einfachen Nenner gebracht, ist der Inhalt der Lern- und Trainingsgruppen die Behandlung, Reflexion und Unterscheidung von folgenden

Schwerpunkten:

— Thema	— Status	— Kontakt
— Problem	— Rolle	— Verhaltensweisen
— Ziel, Aufgabe	— Macht	— Einstellung
— Bedürfnis	— Dynamik	— Kommunikation
— Situation	— Prozeß	— Entscheidung
— Struktur	— Funktion	— Konflikt

die Gegenüberstellung der Ebenen

— Ziel- und Bedürfnisebene
— Sach- und Beziehungsebene
— Real- und Phantasieebene
— funktionale Entscheidungsebenen in den Organisationen
— Geist, Psyche und Körper
— verbale und nonverbale Verhaltensweisen

das Erarbeiten von methodischen Hilfsmitteln zum Transfer in den Alltag

— Modelle
— Techniken
— Konzepte
— Theorien

Die exakte Funktionsverteilung, wo jedem deutlich ist, wer welche Funktion für das Miteinanderlernen hat, ist bei Lern- und Trainingsgruppen besonders wichtig. Die Gefahr des Abhängigmachens wird durch eine Begrenzung der Zeit eingeengt. Personen, die diese Lern- und Trainingsgruppen anbieten, sollten

— einen hohen Bewußtseinsgrad bezüglich Selbsterfahrung haben,
— Phänomene und Gesetzmäßigkeiten von Gruppen selbst erlebt haben,
— methodisches Wissen langjährig (mind. 4 Jahre) in einer gegliederten Ausbildungssituation erfahren haben,
— eine wertschätzende Haltung vorleben.

Sie müssen funktional tätig sein, ohne zu funktionieren, benutzbar sein, vermitteln können, ohne andere auszunützen.

Gruppen, im besonderen Selbsterfahrungsgruppen auf dem Manager- und Psychomarkt, sind in den letzten Jahren oft ein Ersatz für die fehlenden, ausgleichenden primären Großfamilien geworden. Die stressreiche berufliche Tätigkeit, die Zerrissenheit mancher Familien und die Überflutung mit Reizen und gesellschaftlichen Zwängen treibt Menschen auf Gruppeninseln der Pseudoglückseligkeit, gelockt durch Versprechungen und Verführungen, zurückgelassen in der Einsamkeit, der man entfliehen wollte. Ich schreibe das bewußt so kritisch, da ich es für notwendig halte, daß wir uns unsere Gruppen sehr gezielt auswählen. Wenn man in Arbeitsgruppen geht, um Bedürfnisse befriedigt zu bekommen, so stört man und wird in jedem Fall Frustrationen in Kauf nehmen müssen. Für diese Anliegen sind die eigene Familie, Freunde oder Freizeitgruppen geeigneter. Wenn man in Lerngruppen geht, um Patentrezepte für liegengelassene Arbeiten zu erhalten, wird man genügend Schuldige finden, die einen von diesem Vorhaben abgelenkt haben.

Die Gruppe als Bindeglied zwischen dem Organismus "Mensch" und der Organisation erscheint mir als wunderbare Einrichtung der Entwicklung, Förderung und lustvollen Ausbreitung in unserem Dasein.
Die Gruppe als Symbol für eine große, fast übermächtige Mutter, fürsorglich und bestrafend zugleich, schenkt uns schon Vergessenes, reinigt, gibt uns Kraft und Ausdauer, läßt uns den Erfolg spüren und wärmt unsere Herzen, wenn es gar zu kalt und einsam wird.

2.3.3. Vom Muß der Organisation über den Organismus zur Muse

In diesem Abschnitt fasse ich Thesen zusammen, die für die spätere Behandlung der Modelle, methodischen Hilfsmittel und persönlichen Konzepte wichtig sind. Mir geht es hier nicht um hohe wissenschaftliche Relevanz, sondern um Denkimpulse, die zum Weiterdenken anregen sollen. Einige Thesen sind eng an meine Erfahrung in der therapeutischen Arbeit mit dem Organismus und der Psyche geknüpft.

Der Geist steckt in den Thesen selbst. Wie einzusehen ist, gehe ich dabei vom schwerfälligen "Muß" in der Organisation, das heißt von dem scheinbar unbeweglichen Normen- und Wertgefüge zum "Mus" der Organkonzerte und besteige beflügelt den Gaul der Muse, die mit Spucke den harten Brei der Entwicklung verdünnt.

a) Freie Kräfte erzeugen von sich aus spontan Ordnungen und Strukturen.

Was aber sind freie Kräfte?

Unser Körper zeigt, wo freie Kräfte vorhanden sind, wenn ein pulsierendes, natürliches In-Spannung-Gehen und Entspannen sichtbar und spürbar werden. Der Körper zeigt aber auch, wo blockierte Kräfte Verspannungen hinterlassen und unlustvoll das Energiepotential drosseln.

Der Körper lügt nicht.

Personen, die von Veränderungen sprechen, die sie beabsichtigen oder ihrer Darstellung nach bereits ausgeführt haben, zeigen diese neue Dimension des Wandels auch körperlich. Das geistige-willentliche Fähigkeitspotential korreliert mit der psychischen Gestimmtheit und dem körperlichen Ausdruck.
Jede psychische Fixierung hat als Zwillingsbruder eine körperliche Verspanntheit, hat als Ankläger oder Kläger eine rationale, geistige Ziehtante. Die blockierten Kräfte haben eine Ahnengalerie von Zeugen, Täufern und verwunschenen Geistern, die den Museen dieser Welt den Rang ablaufen würden.

Freie Kräfte sind nur durch gezielte, disziplinierte und diadenhafte Körperarbeit zu mobilisieren.

Wenn jemand regelmäßig seine Sinne schult, um seine Wahrnehmung zu verbessern, seine Ausdrucksfähigkeit steigert, seine Bewegungsmöglichkeiten ausdehnt, die Beatmung bewußter erlebt oder den Kontakt zum Boden anders verspürt, so sind das Ansätze, freie Kräfte wachzurufen, um dadurch spontan neue Strukturen und Ordnungsprinzipien herzustellen.
Freie Kräfte sind durch gezielte, disziplinierte Körperarbeit mobilisierbar.Wird die Körperarbeit durch andere Personen begleitet, so wird es leichter, Blockierungen und festgefahrene Grundkonflikte aufzuzeigen. Wo Erlaubnisse ausgesprochen werden, machen wir auch eine intensive körperliche Daseinserfahrung. Defizite werden nachgeholt, Fähigkeiten werden bestätigt, und freie Kräfte werden konstruktiv wirksam.

b) Veränderbar und entwicklungsfähig sind nur Situationen, Fakten und Gegebenheiten, die erkannt und akzeptiert werden.

Es muß etwas geschehen.
Es soll etwas geschehen.
Es wird etwas geschehen.

Das ES steht für vieles, was unbekannt ist, was ist und nicht gesehen werden will und für ein Potpourri an Wünschen, Ängsten und verschleierten Tatsachen, die nicht das Licht der abgesprochenen Wirklichkeit erblicken sollen. Das ES ist der triebhafte und moralische Tarnmantel, der Informationen, Fakten und reale Bezugsgrößen gut verhüllt und gespenstisch dahinschreitet, ohne den Boden des Seienden zu berühren.

Es ist schön.
Es nützt nichts.
Es ist zwecklos, über ES nachzudenken.
Es langweilt mich.
Es geht mich nichts an.
Es gibt nichts, was es nicht gibt.

''ES'' ist die menschliche Fähigkeit, die schamhaft am Rock und in der Hose gehortet wird, kastrierte Potenz der Stellungnahme zum Bestehenden. Menschen verschweigen gerne ihre Stärken und verleugnen, was IST, um dem SOLL zu entkommen. Sie wollen lieber wunschlos unglücklich bleiben, quälend, fluchend unter dem Zielband durchkriechen, als mit einem Schrei das Zielband zu zerreissen. Das nächste Ziel ist so mühsam weit entfernt, auch wenn es das Gleiche ist.

''ES'' sind die Fakten und Gegebenheiten, die man am liebsten vergräbt, statt einfach zu akzeptieren. Ohne bestimmte Fakten und Gegebenheiten gelten zu lassen, ist es unmöglich, Veränderungen, Beibehaltungen und Entwicklungen einzuleiten. Wie bei einem Taschenspielertrick wird die Realität mit einer immensen Geschwindigkeit verzerrt und geklaut, und dem SOLL, der Veränderung und der Entwicklung entweicht die Luft wie bei einem geplatzten Luftballon.

Ich möchte Ihnen dazu eine persönliche Geschichte erzählen:

Bei einem Aufstiegsspiel in die nächsthöhere Klasse spielte ich als Jugendlicher mit einem ausgeliehenen Schläger, dessen Bespannung mir zu weich war. Ich verlor Spiel um Spiel, beschimpfte mich, den Schläger und das Schicksal und bot sicherlich für die Zuschauer eine Tragödie von einem jugendlichen Helden, der mit einer weichen Bespannung dahinsiechte. Ein älterer Arzt, den ich gut leiden mochte, holte mich bei einem Seitenwechsel zur Seite und meinte nur, ein guter Spieler könne mit jedem Schläger gewinnen. Ich war für einen Moment wie betäubt, ärgerlich und aufgebracht. Das Bonbon des guten Spielers gab jedoch den Ausschlag, mich mit ''meinem'' Schläger abzufinden. Ich veränderte die Spielweise und gewann.

Achtzig Prozent der Probleme der Organisationsberatung und Therapie entstehen durch die Vermischung von IST und SOLL, durch das Verwechseln von Fakten mit Zielen, durch ungenaues Beobachten oder mangelnde Akzeptanz der Gegebenheiten.

Das IST wird dem SOLLTE-SEIN gleichgesetzt, aber eine Situation, die sein sollte, ist weder die Situation, die ist noch sein wird. Sie ist die Müllhalde frustrierter Ideale und Illusionen, zugedeckt vom glitzernden Reif der Wünsche, der bei Bestrahlung der Sonne im Boden versickert.

Die Akzeptanz des Seienden, wie es sich zeigt, ist oft verdorben worden durch die vielen Ausreden und die vielen Eintrichterungen, was sein sollte. Aber auch diese kleine Erklärung ist kein Grund, das IST zu beugen.
Wo ES ist, soll ICH werden, sagte Papa Freud, wo SOLL ist, will ich erst IST erkennen und gelten lassen, bevor geplant WIRD. Das TUN wird folgsam folgen und jeder Prüfung standhalten, sagte OMA O.E.

c) **Im Mittelpunkt für Veränderung, Beibehaltung und Entwicklung in sozialen Gemeinschaften, Gruppen und Organisationen stehen die Natur, die Organismen und somit das einzigartige Individuum MENSCH.**

Einfachheiten, Selbstverständlichkeiten und Vertrautes offen auszusprechen, ist in unserer Kultur und Gesellschaft fast verpönt, und die wenigen Personen, die diese Fähigkeit noch haben, werden wie Einhörner bewundert und gemieden. Obwohl jeder Mensch, wie auch jedes Geschöpf und Wesen, einzigartig ist, will sich der Mensch noch einzigartiger machen. Wir wollen besonders sein, um aufzufallen, jemanden einzufallen oder uns selbst und dem ICH verfallen zu sein.
Wenn ich mich auf die These beziehe, geht es mir nicht darum, den Menschen als einzigartiges Wesen in den Mittelpunkt zu stellen, das tut er von sich aus, sondern den Menschen als eine organische Steuerungseinheit in sozialen Strukturen anzusehen.

Die Natur, die wirksamen, natürlichen Kräfte haben im Mittelpunkt zu stehen, nicht die destruktiven, machtbesessenen Hirngespinste von Menschen, die sich über die Natur als Herrscher aufspielen wollen.

Der Mensch ist als einzigartiges Wesen in der Natur und in selbstgeschaffenen Strukturen nicht für Schöpfungsakte zuständig, sondern verantwortlich, die Möglichkeiten, die sich ihm bieten, und Fähigkeiten, die er hat, auszuschöpfen, ohne sich Gott gleichzusetzen.

d) **Beim Organismus und in Organisationen gibt es für Menschen logische und alogische Zusammenhänge zu erkennen.**

Der Organismus und die Organisation sind nicht einseitig kausalen, determinierten logischen Gesetzen unterworfen, sondern ein Spektrum an alogischen Kräften, Energien und mehrdimensionalen Impulsen steuert das Geschehen mit und schafft dadurch zusätzlichen Raum für eine gesamtheitliche Entwicklung.
Unser strukturelles Denken zwingt uns, auf Logik aufzubauen, obwohl diese aus dem Denken heraus entstanden ist. Vergleichbar dem Recycling, wird das Denken in eine Wiederverwertungsanlage geworfen, und das Denken erscheint als logisches Denken. Die Grundsubstanz bleibt gleich. Ein a-logisches Denken gibt es nicht, aber a-logische Elemente sind im Erleben vorhanden, das unformuliert, unbenannt und nicht zugeordnet, körperlich geahnt und gespürt wird.

Es ist ein Wissen, das als Wissen nicht vermittelbar ist.

Körperempfindungen und Gefühle folgen alogischen Systemen und unterliegen nicht einem kausalen Leistungsprinzip. Habe ich Angst, so habe ich Angst, und die netteste, freundlichste und vernünftigste Aussage, Erklärung, Begründung oder Information hebt ein Gefühl nicht auf. Bin ich verzweifelt, traurig oder niedergeschlagen, dann hilft mir die Aufforderung nicht: "Freu' dich doch!"

Gefühle können nicht unmittelbar verändert werden, aber wir können Situationen verändern bzw. anders gestalten und dadurch unsere alogische Gefühlswelt beeinflussen. Gefühle und Körperempfindungen bleiben jenseits von leistungs-, ziel- und sachorientiertem Denken.

e) **Komplexe Systeme und Strukturen sind bewußt beeinflußbar durch analytisch gewagte, einfache Erkenntnisse, Maßnahmen und Impulse.**

Ein Sandkorn im Getriebe kann einen ganzen Betrieb lahmlegen. Ein Samenkorn in fruchtbarer Erde kann einen riesigen Baum hervorbringen. Einige Beispiele aus meiner Beratertätigkeit und der Seminararbeit verdeutlichen dieses Prinzip:

Bei einem krisengeschüttelten Familienunternehmen wurde ich von den Eigentümern für drei Tage engagiert, um vorhandene tiefsitzende Konflikte einer konstruktiven Auseinandersetzung zugänglich zu machen.
In der verspannten und zugleich spannenden Familienrunde schienen mir die erarbeiteten Ergebnisse eher mager. Seltsamerweise legte ich bei der Festlegung von zukünftigen Maßnahmen besonderen Wert auf eine kleine Vereinbarung: Die Firmeninhaber sollten sich jeden Tag mindestens 15 Minuten ohne Beisein von anderen Personen zusammensetzen und ohne Verpflichtung, etwas Spezielles tun. Diese 15 Minuten Zusammensein sollte allen im Betrieb mit der Zeit bekannt sein. Der Hintergrund war nicht ein büßendes Zusammenrücken, sondern die Erfahrung, daß Geschäftsführer und Abteilungsleiter in der Vergangenheit häufig

eigene Interessen durch Auseinanderdividieren der Firmeneigentümer betrieben hatten. Nach einem Jahr erhielt ich die Rückmeldung, daß aus den 15 Minuten in der Zwischenzeit regelmäßige 60-Minuten-Sitzungen geworden waren, die konstruktives Arbeiten zuließen. Der Betrieb rutschte aus einer krisenhaften Talsohle in einen expansiven Ausbau.

Ein Analysand war als 17jähriger ein gertenschlanker Jüngling. Die konkurrenzierenden Mütter (Mutter und Großmutter), die ihn beide aufzogen, schafften es (sogar mit Hilfe von medikamentösen Appetitanregern), ihn mit der Zeit auf 140 Kilogramm Lebendgewicht zu bringen. Unzählige Diäten waren 17 Jahre lang wirkungslos. Nach 18 Monaten körperbezogener Therapie, deren Ziel nicht Gewichtsabnahme war, formulierte er ganz nebenbei: "Ich will mir etwas abgehen lassen können." Wir spielten das Wort "abgehen" auf der rationalen, gefühlsmäßigen und körperlichen Ebene für ungefähr 30 Minuten immer wieder durch, assoziativ und durch konkrete Haltungen und Bewegungen. Der Analysand nahm dann in den folgenden sechs Wochen ohne spezielle Diät 40 Kilogramm ab.

Ein Kollege suchte mich wegen einer schwierigen Projektarbeit zu einer Supervisionssitzung auf. Er fühlte sich als Projektleiter mitverantwortlich und war dadurch in eine massive, belastende Position geraten. Nach einer zweistündigen Analyse der Situation, des Auftrages und der Zielsetzungen wurde in einer Kleinigkeit deutlich, wodurch unnötige Vermischungen, Verwirrungen und Ränkespiele geschaffen worden waren:
Er verstand sich mit zwei anderen Personen als "Projektleiter" und fühlte sich für die getroffenen und zum großen Teil sabotierten Entscheidungen verantwortlich. Engagiert wurde er jedoch als "Leiter eines Beratungsteams", das das Projekt begleiten sollte. Die zukünftigen Verhandlungen mit den Mitarbeitern des Projekts konnten durch diese wiederaufgefrischte Tatsache aus einem anderem funktionalen Verständnis und einer anderen Einstellung heraus geführt werden.

Einfache Erkenntnisse, Impulse und Steuerungsmaßnahmen bedürfen folgender Elemente, um wirkungsvoll zu sein:

I) dem Respektieren des komplexen Systems

II) einer sauberen Analyse des IST- und SOLL-Zustandes

III) der Fähigkeit, mutig und risikoreich aus vielen Möglichkeiten der Beeinflussung eine auszuwählen und diese in ihrer Reduziertheit anzuwenden

IV) dem aktiven Eingreifen, mit vollem Engagement und aller Kraft, die zur Verfügung steht

V) ein einstellungssicheres Überzeugt-sein des Impulses

VI) eines Verzichtes auf Absicherung.

Untersucht man Anweisungen und Aufträge, so stellt man oft fest, daß diese Elemente fehlen. Die Auftragsformulierung eines Vorgesetzten zum Mitarbeiter: "Könnten Sie sich vorstellen, daß es wichtig sein würde, doch in nächster Zeit einmal zu überlegen, Herrn Sowieso bei seinem schönen Auslandsaufenthalt dafür einzuspannen, wichtige Lieferungen zu beschleunigen?" ist gespickt von Pseudonettigkeiten, Ungenauigkeiten, Umständlichkeiten und Ballastgefasel, die dazu führen, daß auch Untergebene durch solche Aussagen vorsichtig und absichernd werden und einem System der Alibihandlungen Vorschub leisten.

Ganz anders klingt die Anweisung, wenn sie einfach, zielgerichtet und aktiv formuliert wird:
"Herr Sowieso soll bei seinem nächsten Auslandsaufenthalt mit den Lieferanten X und Y genaue Liefertermine festsetzen." Hier kann der Vorgesetzte auch seiner Pflicht zur Kontrolle (= zur Bestätigung der Auftragserfüllung oder zur Feststellung der Abweichung) gut nachkommen, und ein Auftrag dieser Art wird mit der Zeit als positive Unterstützung zum Tun erlebt werden.

Meine Erfahrung bei der Arbeit mit Organisationen zeigt, daß gerade einfache Mittel der aktiven Steuerung dürftig eingesetzt werden.
Ich zähle einige dieser Einfachheiten auf, die selbstverständlich erscheinen, aber nicht selbstverständlich sind:

Das Festlegen von Rahmenbedingungen wie
— Funktionsverteilung
— Aufgabenbereiche
— Zeitstrukturen
— Entscheidungsebenen

Das Einhalten von Vereinbarungen
— Zeitabsprachen
— Ziele

Formulieren und Mitteilen von
— Zielen und Aufträgen
— Wünschen und Bedürfnissen
— Forderungen

Das Festhalten von Ergebnissen

Das Einhalten von Ablaufplänen

Die Kontrolle

Das zielorientierte Vorgehen

Disziplin

Beachtung und Akzeptanz

Organisationen aktiv mitgestalten heißt, als Person und Organismus einfache energiereiche Impulse in das Zusammenspiel der Kräfte, Organe, Strukturen und Beziehungssysteme einzubringen sowie die Wechselwirkungen zu beachten und einen dauerhaften Prozeß des Lernens zu fördern.

Der Organismus muß nicht von der Organisation lernen, sondern die Mitglieder einer Organisation sollten sich die Muße nehmen, von natürlichen Organismen etwas abzuschauen und ähnliche Prinzipien im Organisationssystem einzubauen. Ein neues Überdenken von Organisationsstrukturen, frei von "ich-weiß-schon-Vorstellungen", naiv und forschend, körper- und körperschaftsbezogen, weist vielleicht zu Möglichkeiten hin, die das Leben und das Dasein leichter und wohlbefindlicher gestalten lassen.

2.3.4.Paradoxien, die einem ganz normal vorkommen

In diesem Abschnitt habe ich vor, Thesen zu Papier zu bringen, die ich mir von Seminarteilnehmern, Kollegen und Analysanden in meiner Beratertätigkeit geholt habe. Sie sind sozusagen Abfallprodukte aus der therapeutischen und seminaristischen Arbeit.

1. **Der größte gemeinsame Nenner für das gegenseitige Sich-Verstehen ist unser Unverständnis für die Verständnislosigkeit.**

Viele von uns verstehen zu schnell und zu oft und lassen dadurch dem anders Denken des Gegenüber keinen Raum. Der andere wird mit seinen Gedanken vereinnahmt, in ein Schema gezwängt, in eine Schublade unseres Geistes verfrachtet. Unter dem Deckmantel des Verstehens wird die andere Meinung abgetan und als erledigt abgehakt. Ich glaube, daß echtes Verständnis viel seltener ist, als wir zugeben.

Wir träumen und verstehen unsere Träume nicht, und dennoch verhalten wir uns so, als sei dies nichts Ungewöhnliches. Wir verstehen so vieles nicht und übersehen dabei, daß sich ganz nebenbei eine Gemeinsamkeit, "das Unverständnis", eingefunden hat. Das Sich-verstehen-Wollen, um solidarisch sein zu können, ist ein so mühsamer Akt und viel wirklichkeitsnaher mit der Verständnislosigkeit auszufüllen. Sie brauchen mich und meine Gedanken nicht verstehen — mir genügt mein Wissen, daß Sie die Verständnislosigkeit kennen.

2. **Es ist günstig, beim Wissen anzusetzen, um einen Fortschritt zu erzielen.**

Wenn ich wüßte, was Sie sich als Mitdenker jetzt denken, würde ich wahrscheinlich ganz anders formulieren, diesen Artikel gar nicht geschrieben haben.

Aufbruch der Organisation.

Wie oft erlebe ich, daß die Bedingung für fällige und überfällige Entscheidungen in der persönlichen Lebensgestaltung und im Betriebsleben von einem "Wissen" abhängig ist, das (noch) nicht vorhanden ist. Es wird so getan, als könnte das Unbekannte per Handschlag kennengelernt werden, das Ungewußte weichgespült faktisches Wissen bedeuten, und keine Person bemerkt, daß dies alles nur heißt: abwarten, der Status quo wird verändert zum gleichen Status quo.

Sie wollen jeden Tag Morgengymnastik machen. Was tun Sie lieber? Jedem Bekannten zu erklären, warum es gerade heute nicht ging, oder sie einfach zu machen?

3. Oft will ich etwas, das ich nicht will.

Haben Sie für sich schon den Unterschied gemacht zwischen

— zielorientiert und
— ergebnisorientiert ?

Ich habe lange dazu gebraucht, zu begreifen, daß das zielorientierte Vorgehen oftmals das geheime Ziel hat, nur ja nicht zu einem gewünschten Ergebnis zu kommen. Wie oft werden die besten Vorsätze, Zielsetzungen unbd Maßnahmen nur zum Bemühen und Versuchen degradiert und als Nachsatz die beste, unentschuldbare Entschuldigung geliefert: Ich wollte es, es ging nicht. Die entscheidenden Fragen nach anderen Bedürfnissen, Wünschen, Interessen, Forderungen und Motiven werden meist nicht gestellt oder Antworten werden überhört. Oft wird vom zielorientierten Vorgehen gesprochen, obwohl keine saubere Situationsanalyse erfolgt, keine genauen Ziel- und Auftragsformulierungen erarbeitet werden, kein Platz für eine kreative Phase bei der Planung ist und nur eine rasche Durchführung erwünscht wird. Dies mündet meistens in die beliebte Schuldfrage, wer denn für den Mißerfolg verantwortlich sei.

4. Es wird oft die Verantwortung getragen, wo es nichts zu tragen gibt. Oder: Es werden Antworten gegeben, wo noch keine Frage gestellt wurde.

Ich glaube, Verantwortung tragen heißt, auf wichtige Fragestellungen, Forderungen und Aufträge Antworten zu finden, die eine sachgemäße Entwicklung fördern. Eine Position oder genauer eine Funktion verantwortlich auszufüllen, hängt eng damit zusammen, ob sich der Berater, der Verhandler oder die Führungskraft konfliktbewußt und weiterfragend bereitstellt, als Reibungsfläche, Ermutiger und Katalysator. Die Kunst dabei ist, eine brauchbare Frage mehr zu stellen, als "Seine Exzellenz Bequemlichkeit" zuläßt.

5. Im zwischenmenschlichen und persönlichen Bereich ist das Maß "GENUG" nur körperlich zu spüren.

Unser rationaler Geist liefert uns immer genügend Gründe, ein Zuwenig oder ein Übermaß zuzulassen und zu rechtfertigen. Der Körper, der spürt und gesund bleibt, kennt aber das genaue Maß — er weiß, wann es "genug" ist.

6. Genug Vertrauen ist oft nur eine schwächere Form von Mißtrauen. Trauen braucht keine Argumente.

Eine Vertrauensbasis kann am leichtesten geschaffen werden, wenn Mißtrauen zulässig ist. Jemand, der sein Mißtrauen ausdrücken kann, wagt eine menschlich-vertrauenshafte Geste. Vertrauen ist dann das Trauen aufgrund von vielen Erfahrungen, Abläufen und Tätigkeiten, die ohne Enttäuschung geblieben sind.
Die Ideologie des Vertrauens lähmt Beziehungen, fördert Tabus und ist vergleichbar mit dem Essen der festlichen Kerzen statt des köstlichen Menüs.

7. Wertschätzend leben statt stark überleben.

Überlebt haben Sie und ich, das Leben gelebt und wertschätzend weiterleben, sich und die anderen beachten und nicht sofort in die Schublade der Entwertungen greifen, braucht ein intensives Training. Die Ausführung für dieses intensive, bewußte Trainieren würde jedoch das Mitdenken über thesenhafte Abfallprodukte sprengen. So füge ich noch eine letzte These an, um weiterzudenken.

8. Zuvieles Verändern-Wollen stört die Entwicklung.

Wenn uns etwas mißfällt, unbequem ist oder stört, so sind rasch Veränderungswünsche da. Selten wird bedacht, daß aber das Auftreten von Konflikten, Krisen oder auch von Störungen Hinweise sind, daß sich etwas ankündigt, daß eine Entwicklung weiterläuft, daß Dinge in Bewegung sind.
Werden Störungen immer gleich in den Mittelpunkt der Aufmerksamkeit gerückt und alles daran gesetzt, sie zu beseitigen, um ja eine klinisch saubere Atmosphäre zu schaffen, so wird unser Handeln von den Störungen bestimmt — unsere Tätigkeiten reaktiv statt autonom und frei gestaltend. Die Gelassenheit gewinnen, um Störungen auszuhalten, mit ihnen zu leben, ja, sie sogar als positives Zeichen von Lebendigkeit und Aktivität zu sehen, ist der fruchtbarere Weg.

Ich kehre an den Anfang zurück, kehre die Thesen beiseite und glaube daran, daß es immer wichtiger wird, Personen zu finden, die mitdenken und umdenken lernen, um wirklich aus ihren Fähigkeiten zu schöpfen.

2.3.5. Lösungen

Lösungen, wie sie herkömmlich verstanden werden, könnte man ohne weiteres als einzelnes Wort in die Reihe der Paradoxien einordnen.
Ich löse eine Aufgabe, ein Problem, finde eine Lösung, löse mich von der Aufgabe, vom Problem, halte an der Lösung fest und löse mich nicht von der Lösung, lasse nicht los, sondern löse eine Aufgabe, ein Problem. Die Lösung und das Loslassen werden so dominierend, daß es keiner Aufgabe oder eines Problems bedarf. Verblendet werden Lösungen gesucht, Lösungsstrategien entworfen und das Loslassen als Festhalten, ohne Anhalten und Begreifen geübt. Aufgaben geraten mit der Zeit in Vergessenheit, und Probleme werden künstlich gezüchtet, damit genügend Platz für Lösungen bleibt, die den Löser nicht mehr loslassen.

Fairerweise muß beim Lösen von Aufgaben eine Unterscheidung gemacht werden. Eine Aufgabenlösung im Sinne eines zielorientierten, geplanten Vorgehens mit einem beabsichtigten, überprüfbaren Ergebnis kann aus dem paradoxen Geschehen ausgeklammert werden. Eine Aufgabenlösung um der Lösung willen verirrt sich in weglosen, bodenlosen Vernunftsümpfen. Lösungen als Bewältigung einer Aufgabe, verbunden mit einem zielgerichteten und ergebnisbezogenen Tun, verlangen ein Einlassen und gleichzeitig ein Loslassen, um distanziert handlungs- und entscheidungsfähig bleiben zu können.
Beim Problemlösen schlägt der Nagel dem Hammer auf den Kopf, das vernünftige Versuchen und Bemühen wird zu einer nicht wahrnehmbaren Sysiphusarbeit.

Die meisten Problemlösungsversuche sind das eigentliche, nicht bewußte Problem.

Unsere Ratio, dieses unübertroffene Informationssystem, ist dabei ein museumsreifes, vorsintflutliches Instrument, das nicht die Probleme anpeilt, sondern die Lösungen und die Wiederholbarkeit der Versuche polarisiert.

Es werden häufig Probleme gelöst, wo gar keine sind.

Dies ist eine vortreffliche Möglichkeit, Situationen, Fakten und Gegebenheiten zu verfälschen, Illusionen und fadenscheinige Ideale beizubehalten. Wir tragen ein wohlverkapseltes Weltbild mit uns herum, das auf Vorurteilen und entfremdeten Vorstellungen beruht, und weichen mit unserem schöpferischen Bestreben nach Problemlösungen der Zerstörung und Auflösung dieser Illusionen aus. Das System der Lösungen und Lösungsversuche sind so wie die menschliche Evolutionstheorie. Je länger die Prinzipien der lösungshaften Verrechnung Erfolg hatten, umso mehr wurde übersehen, daß mit der Zeit ein Programm sich in den Köpfen der Menschen festsetzte, das fast durchwegs unter allen möglichen Lösungen die einfachste als die richtige bezeichnet wird. Das Auswahlprogramm suggeriert uns, daß wir die Realität teilen und aufteilen können und die verbleibenden Ausschnitte leichter Lösungen zulassen. Dieses Ausschlußverfahren kippt uns aus der oft unerkennbaren komplexen Wirklichkeit scheinbar in eine lösbare Wirklichkeit mit dem Preis der Zerstörung des Ganzen.

Probleme sind großteils Konstruktionen unserer verfremdeten Wesenheit, materialistisch lösungsgebunden, seinsverachtend und eine Ansicht von Wirklichkeit, die keine Erlaubnis der Weiterentwicklung zuläßt. Wir gehen nicht mehr zu uns selbst in eine kritische Distanz, sondern verfallen in Lösungen, die das Gegenteil sind von dem, was sie aussagen: Haltungen, Festhaltungen, Festungen, Panzerungen statt Bewegung, Einlassen, Loslassen und Bewegtheit.

Probleme sollten wie Rätsel verstanden werden, die man schuf, um sie nachher auflösen zu dürfen.

Wir sind dabei unbelehrbare Lehrmeister. Der Reiz des geheimnisvollen Nachforschens und Lösens bringt den Lehrern dieser Lehre soviel neues Material, daß die Lehre von Leere der Löcher nur unbelehrbare Schüler einbrächte, die es nicht gibt. Lehrer, Meister, Führer und Heiler müssen anderen vormachen können, daß es Probleme, Unwissen, Mehrwissen, Defizite und Schwierigkeiten gibt, um Lösungen, Erkenntnisse und Schlaumeiereien anbieten zu können. Am günstigsten ist es, die Probleme auch gleich selbst zu schaffen, die man später lösen läßt.

Wahrscheinlich gibt es gar keine Probleme, sondern wir setzen Probleme als Bremsinstrumente dort ein, wo wir noch Zeit brauchen, das Seiende zu begreifen, der Entwicklung nachzuhinken. Das Lösungsdenken trennt die Realität in eine kausale und eine zweckhafte Welt, und wir ergaunern uns durch Lösungen kleine schöpferische Akte, statt zuzugeben, daß es eine unnötige Beweisführung für Selbstzeugungen ist.

3. Modelle für das Zusammenleben

Im allgemeinen werden Entwürfe, Vorbilder, Muster, Typen und Vorlagen als Modell bezeichnet. Gleichzeitig finden sich modellhafte Konstruktionen in allen Lebensbereichen wieder, die mit Wahrnehmen, Denken, Fühlen und Handeln in Zusammenhang gebracht werden.
Wissenschaften, die auf hypothetische Konstruktionen und schematische Darstellungen zur Verdeutlichung ihrer Annahmen angewiesen sind, variieren Begriffe wie Struktur, Schichtung, Ebenen, Gestalt, Typus und Muster, kombinieren sie und erzeugen immer wieder neue und alte Modellvorstellungen.

Weiter unterscheidet man Erfahrungs- und Entwicklungsmodelle und spricht von Stufen-, Phasen- und Spiralenmodellen in der zeitlichen Abfolge.
Die breitangelegte Begriffsverwendung für ''Modell'' erschwert die Abgrenzung zur Theorie, zu den Methoden und den Techniken.
In jüngster Zeit bezeichnet man — begünstigt durch die rasche Informationsvermittlung — allzu schnell ein altes-neues Denk-Modell oder eine attraktive Technik als Methode und liefert im Nachhinein theoretische Grundlagen.

Schnelles Wechseln von Modellen führt zu Verwechslungen.

Modelle haben sowohl mit subjektiven wie auch mit objektiven Wertbegriffen zu tun, die wir einzeln oder im sozialen Beziehungsgefüge verteidigen oder entwickeln.

Grundsätzlich besitzt jedes Modell an sich etwas Bleibendes, das rasten will und dennoch weiterdrängt.

Das erfahrungsmäßige Festhalten an Modellen und Modellvorstellungen wehrt primär jeden neuen Impuls einer Modellentwicklung ab. Jede Erweiterung und Abweichung bei einem Modell bedeutet bereits eine neue Modellbildung.
Den statischen und dynamischen Aspekt der Modelle möchte ich mit einer nächtlichen Szene beschreiben:
Ein mückengeplagter Mensch kauft sich einen empfohlenen, perfekten Insektenspray, das ihm jedes belästigendes Tierchen vom Leibe halten soll. Zur Sicherheit zieht er zusätzlich sein Moskitonetz auf, was ihm ja nicht schaden kann. Sein neues Modell der Insektenabwehr kann er nicht überprüfen, ohne das Risiko, das Moskitonetz wegzulassen. Ohne zusätzliche Herausforderung und ohne Risikobereitschaft ist es unmöglich, neue Modell zu entdecken, zu erproben und wiederholt zu benützen.

Modelle sind, trotz ihrer Tendenz, sich zu stabilisieren, einem dauerhaften Sog nach Wandel unterworfen. Menschen schaffen diese Modelle, doch durch ihre eigene

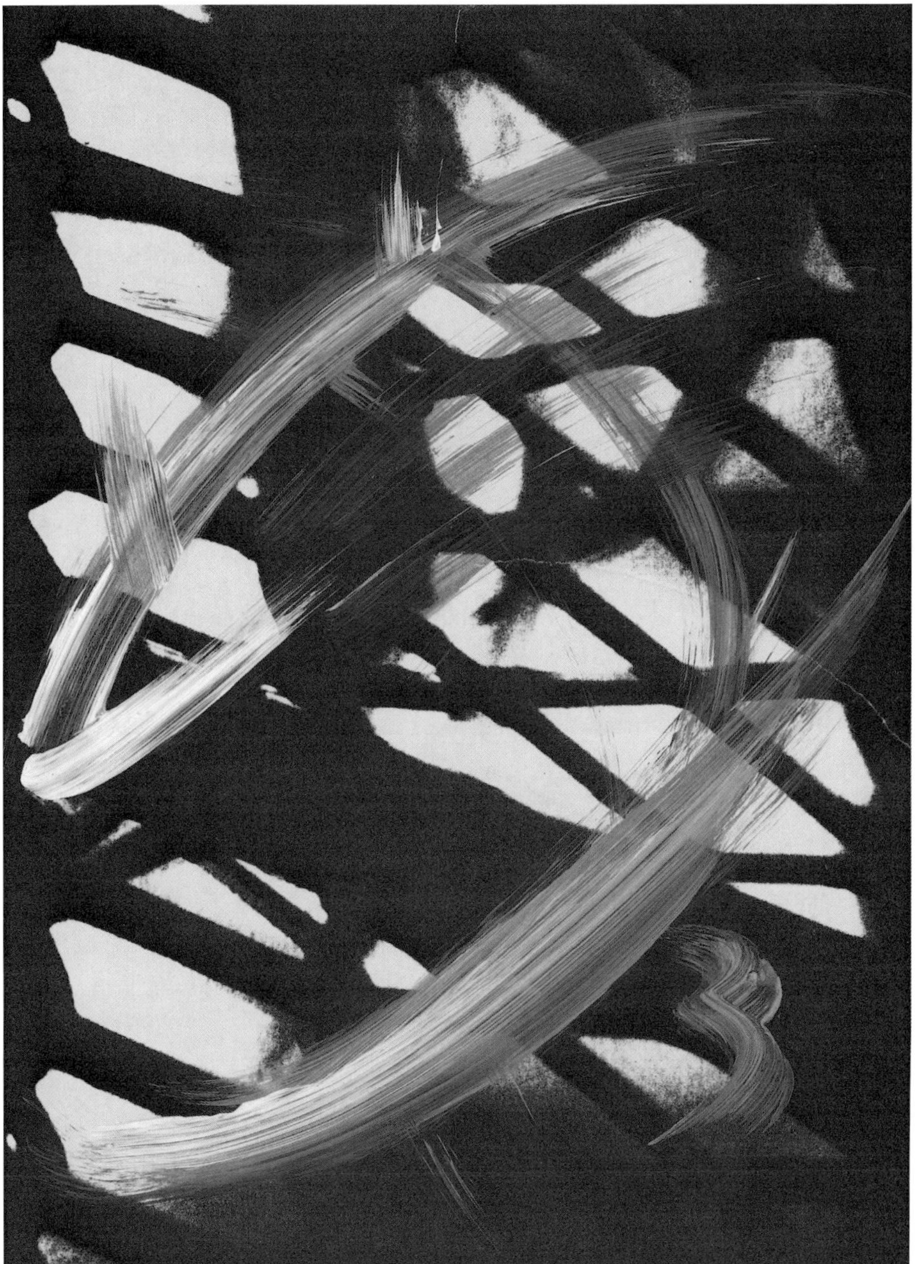

Regelkreise und Modelle.

Entwicklung und Anpassung verformen sich auch ihre subjektiven Entwürfe und Abbilder dieser Welt und Innenwelt.

Wir gestehen uns sehr schwer ein, daß wir nach Modellen leben und sterben, die den Saft für ihr Gedeihen aus

— Vorstellungen
— Vorurteilen
— Idealen
— Illusionen und
— Überlebenshaltungen

beziehen, und daß unser sinnhaftes, situatives Handeln durch Modellverhalten durchwoben ist.

Wir sind Modellierer unserer subjektiven Wirklichkeit, mit dem illusorischen Anspruch auf eine objektive Weltformel, die allmächtig die Geschicke bestimmt. Wir entwerfen Modelle und verwerfen gleichzeitig ein hilfreiches Modell des Nachbarn. Die Partnerschaft, das Leben in Gruppen und Organisationen, die Gesellschaft in Staatengebilden sind Modelle, die wir uns selbst als Menschen geschaffen haben, mit den notwendigen Mängeln als Spielraum für die Weiterentwicklung. Die vielzähligen Modelle, die in der Literatur beschrieben oder in der Praxis verwendet werden, kann man meiner Aansicht nach den sechs folgenden zuordnen. Mir geht es bei der Behandlung dieser Modelle nicht nur um die Beschreibung, sondern auch um den Versuch, der die Abhängigkeit dieser Modelle zueinander aufzeigt.

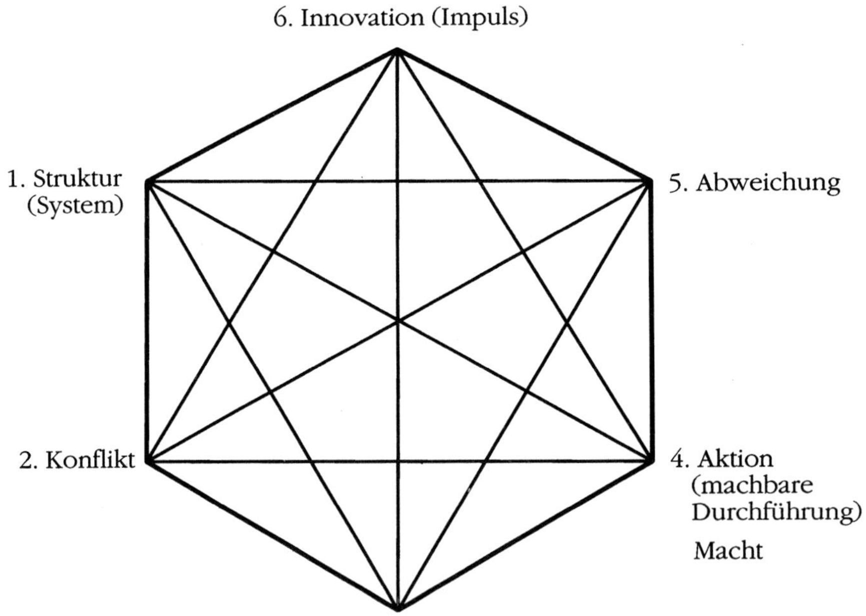

Diese angeführten Modelle bilden eine Kette, wobei es nicht erforderlich ist, mit dem Strukturmodell zu beginnen. Von Themen her gesehen, von einer Zielsetzung ausgehend oder ein Problem betreffend, steigen wir in diesen karusselähnlichen Regelkreis mit einer Modellvorstellung ein und müssen, um ein neues Gleichgewicht herzustellen, die einzelnen Stationen der Reihe nach durchlaufen.
Liegt beispielsweise ein Konflikt (2) vor, so müssen die bestehenden Strukturen (1) untersucht, Entscheidungen (3) über Auseinandersetzungen getroffen, die Macht und das Machbare (4) geschaffen, Abweichung (5) beachtet und neue Impulse (6) gesetzt werden.

Der Begriff "Modell" hat sehr viele Bedeutungen. Wir können ihn benützen für:

— Unterscheidungen (Mein Auto ist ein Modell 1985, das Auslaufmodell dieses Skis)
— Die Gegenüberstellung von Erfahrungen und Entwicklungen
— Variationen zu hypothetischen Konstruktionen und wissenschaftlichen Annahmen
— Regelkreise von mehrdimensionalen Abhängigkeiten
und vieles andere.

Die komplexe Reizüberflutung zwingt uns, Strukturen zu setzen und Modelle zu bilden, um aus unserer subjektiven Weltsicht heraustreten zu können und Absprachen mit unseren Mitmenschen zu treffen, die die Kommunikation und das gemeinsame Arbeiten erleichtern.
Mit Modellen und modellhaften Vorstellungen basteln wir an einer kleinen Weltordnung, die uns lose Verbindungen als geistige, fühlende und handelnde Menschen verschafft.
Vielleicht spielen wir nur mit Illusionen und wissen selbst nicht, daß wir alle nur Phantome unserer eigenen Modelle sind.

3.1. Strukturmodelle

Was wir bewußt formulieren, hat Struktur — schon durch die Sprache.

Jeder Mensch folgt in seinem Denken, Verhalten und seinen Einstellungen gewissen Mustern, Modellen und Fertigkeiten, die auf seinem Erfahrungshintergrund gewachsen sind. Von früher Kindheit an werden wir geprägt, in bestimmten Bahnen zu denken, uns so oder so zu verhalten und diese oder jene Einstellung zu haben. Solche Modelle erleichtern es, uns in der Wirklichkeit zurechtzufinden, beschneiden uns aber auch in unserer Freiheit, Unkonventionelles, noch nicht Vorgelebtes oder Erfahrenes zu tun oder zu denken.

Was ich gerne offen lassen und betonen will, ist die Existenz von unerkennbaren Strukturen und Systemen, die unserem Bewußtseinsvermögen entzogen sind, aber dennoch wirksam sein können.
In Strukturen leben und bewußt Strukturen annehmen und verändern heißt, daß der Mensch niemals ein passives Produkt seiner Umwelt ist.
Wo er auftritt, wirkt und sich bewegt, hinterläßt er als Organismus Spuren, die eine über- und untergeordnete Struktur beeinflussen.
Die Überzeugung, Annahme und das Wissen von Strukturen erfordert paradoxerweise auch den strukturellen Zweifel, ein ungläubiges Loch in bestehenden Ordnungsprinzipien, um genügend Platz für den Wandel und die Entwicklung der Strukturmodelle zu lassen.
Eine Geschichte der Sufimeister im Buch "Das Geheimnis der Derwische" von Idries SHAH zeigt dies wunderschön auf. Ich verzichte auf jeglichen Kommentar und erlaube mir, die Struktur der Geschichte beizubehalten, ohne Vermeidung der Berücksichtigung auf ein Verständnis von Strukturmodellen.

Ein traditioneller Strukturalist der strengen Derwischschule wanderte eines Tages am Ufer eines Flusses entlang. Er war vertieft in Gedanken über strukturelle und personelle Probleme, zu der es in der Gemeinschaft, der er angehörte, gekommen war. Er stellte den Glauben an die Struktur mit dem Suchen nach der letzten Wahrheit auf dieselbe Stufe.
Plötzlich hörte er den Derwischruf, allerdings anders strukturiert, als er ihn kannte: Statt Ya Hu hörte er U Ya Ha.
Als traditioneller Kenner dieser Pflichtübung hatte er diesen unglückseligen Menschen zu korrigieren, da dieser vielleicht nicht richtig angeleitet worden war. Er mietete ein Boot, um auf die Flußinsel zu gelangen. Dort fand er nach einigem Suchen einen Mann im Derwischgewand gekleidet und sagte zu ihm: "Mein Freund, Du sprichst die Worte falsch." Und er zeigte ihm, die strukturierte Wortfolge richtig zu intonieren.
Danach stieg er in sein Boot, voller Zufriedenheit, hatte er doch vernommen, daß der Mensch, der diese heilige Formel korrekt wiedergibt, sogar auf dem Wasser wandeln kann. Er selbst hatte es noch nie gesehen, hoffte jedoch noch immer, es zuwege zu bringen.
Eine Zeitlang hörte er nichts mehr, aber dann ein eher gestammeltes "U Ya Hu". Der Strukturalist fühlte sich betroffen von der Uneinsichtigkeit der Menschheit und von der Starrheit der Modelle, nach denen sogar Gesinnungsbrüder lebten. Doch plötzlich hörte er Schritte auf dem Wasser — der ANDERE wandelte auf dem Wasser, erreichte ihn außer Atem und fragte ihn: "Du hast mir gesagt, was ich falsch mache. Ich hatte Schwierigkeiten, es zu behalten. Wie muß ich den Ruf richtig strukturieren in der Wort- und Tonfolge?"

Ich will nun im folgenden einige Thesen wiederholen, ausbreiten und ergänzen, die der Arbeit mit Strukturmodellen dienlich sind.

Was habe ich falsch gemacht?

a) Ein Strukturwandel im Sinne von Wachsen und Entwickeln einer Charakterstruktur, Persönlichkeitsstruktur oder Organisationsstruktur erfordert das Erkennen und Akzeptieren der IST-Struktur. Nur dann ist eine Beeinflussung, Veränderung, Erweiterung und Entwicklung möglich.

b) Ein Strukturwandel gelingt nur aus einem stabilen Gleichgewicht heraus, wenn dieses instabil gemacht wird.

c) In jedem Strukturelement ist das Ganze repräsentiert.

d) Freie Kräfte erzeugen von sich aus spontan Ordnung und Struktur.

e) Es gibt gesetzmäßige und unerkennbare Wechselwirkungen, die sich gegenseitig als Strukturmodelle bedingen.

f) Komplexe Strukturen und Systeme sind bewußt beeinflußbar durch analytisch gewagte einfache
— Erkenntnisse
— Interventionen
— Maßnahmen und
— Handlungen.

g) Logik und Paradoxie sind Metapher der Struktur, die eine jeweilige Existenz im Nichtverstehen zulassen.

Strukturell nehmen wir nicht einmal wahr, was ist, und wenn wir wahrnehmen, was ist, dann sind wir in den meisten Situationen unaufmerksam.
Der Schlüssel zur bewußten Wahrnehmung sind Strukturmodelle, und falls wir unaufmerksam etwas geschehen lasen, brauchen wir als "Wahrnehmungs-Dietriche" das Vergessen der Vernunft und das Stillwerden der Gedanken.
Ein winziges Strukturmodell ist das Glauben an den bewußten Fortschritt in der Entwicklung, verursacht
— mit einer kleinen Bewegung des Körpers und
— der inneren Bewegtheit.
Ohne Strukturen können wir jegliche Kommunikation vergessen, die Sprache sprachlos erklären, unser Verhalten haltlos auslachen, jede Theorie und Methode als fleischlos zerfleischen und die Modelle instinktiv außer acht lassen.
Strukturmodelle sind die Sprossen einer Bewußtseinsleiter, die uns helfen, Schritt für Schritt mehr zu begreifen oder verführerisch den Nebel um die Einsichten und Handlungen zu legen. Wir irren umher, glauben, die Richtung des Weges zu kennen, fallen und verfallen den Geistern unserer Vorstellungen, spiegeln uns in unseren Spiegelbildern und versinken letargisch in die struktur-harte Ausweglosigkeit. Strukturen als Modelle erlauben uns, über Eselsbrücken der Erfahrung zu gehen und Abgründe der neuen Bewußtheitszustände zu überspringen.

Wir sind geprägt und daher strukturiert.
Wir haben Wahlmöglichkeiten und strukturieren, was diese Freiheit zu bieten hat.
Wir sind als Organismus Struktur und schaffen Strukturen, die den Organismus überleben lassen.
Wir überleben, weil wir Strukturen erkennen und benützen.
Jeder Organismus ist einzigartig und unvergleichbar, und deshalb benützen wir Modelle (als Entwürfe), um uns mitzuteilen.

3.1.1. Definition der Strukturmodelle

Jede Strukturierung — sowohl im täglichen Leben wie in einem Wissenschaftsfeld — ist immer eine Reduktion oder Abstraktion.
Ein Strukturmodell ist der bewußte und realisierte Akt eines Entwurfes oder eines Erfahrungsmusters, der komplexe Wirklichkeit vereinfacht und funktional einer Anwendung oder Vermittlung zugänglich macht.
Erst die Ausführbarkeit des Entwurfes oder die Wiederholbarkeit des vorgelegten Musters erlaubt uns, von einem Strukturmodell zu sprechen.

Modellhaft gesehen bestehen Strukturen, und gleichzeitig befinden sich diese Strukturen im Wandel, um sich anzupassen oder weiter zu entwickeln.

Das Erkennen von Strukturen festigt zugleich Wahrnehmungsmodelle. In der Mitteilung folgen wir herkömmlichen Kommunikationsmodellen.

Erst durch das Reflexionsvermögen — die Fähigkeit des Menschen, sich selbst als Person einer Betrachtung zu unterziehen — entstehen bewußt Modelle oder Modellversuche, abhängig von den Lebens- und Überlebensstrukturen (Charakterstrukturen) der betroffenen Personen.

Vorsichtige Personen leben nach anderen Modellen als rücksichtslose Beherrschertypen. Unterwürfige bevorzugen andere Modelle der sozialen Interaktion als Draufgänger. Theoretisch ausgerichtete Personen benützen andere Strukturmodelle als sogenannte Praktiker.

Stellen wir den Menschen mit seiner Persönlichkeitsstruktur in den Mittelpunkt unserer Überlegungen, dann wird aus einem losgelösten strukturellen Ansatz bereits ein Modell entstehen, das eher systemisch zu bezeichnen ist.
Als einzigartige Wesen strukturieren wir primär unsere Wirklichkeit und verknoten diese anschließend in einem prozeßhaften Geschehen zu systemischen Modellen über unsere

1. Wahrnehmung
- über die Sinne
- durch Überlieferung
- mit Absprachen

2. Erfahrungen
- Selbsterfahrung
- Fremderfahrung

3. Vorstellungen
- Imagination
- Präsentation
- Auslassungen

4. Intuition
- Instinkt
- Gefühl
- Bewußtheit

5. Energieaustausch (Energiefluß)

In unserer Auffassung von Strukturmodellen sind diese nur haltbar und hilfreich, wenn der Organismus "Mensch" in seiner Umwelt mitbeachtet wird. Die Reduktion und Abstraktion von Strukturen ist nur soweit von Wichtigkeit, als wir als lebende Organismen weiter lebensnahe Modelle verwenden.
Diese lebensnahen Strukturmodelle könnte man ebenso als System bezeichnen. Strukturmodelle oder Systeme sind integrierte Ganzheiten, deren Eigenschaften sich nicht auf kleinere Einheiten reduzieren lassen, sondern sich eher auf die Schau der grundlegenden Organisationsprinzipien konzentrieren. Jeder Organismus, wie auch jede Organisation, ist ein integriertes Ganzes und somit ein lebendes System. Strukturmodelle können nur prozeßhaft betrachtet werden, da sich ihre Ganzheiten zwar auf spezifische Strukturen stützen, jedoch aus den wechselseitigen Beziehungen und Abhängigkeiten ihren Teil ergeben. Obwohl man im Strukturmodell einzelne Strukturen erkennen kann, ist das Ganze immer noch etwas anderes als die bloße Summe seiner Teile.
Das Auflösen von Strukturen, das Erkennen und Bezeichnen von Sturkturen mag ein erster Schritt zur Modellbildung sein, aber die Definition des Strukturmodelles bezieht sich auf die dynamische Wechselwirkung des Gesamten. Die Anordnung der Struktur wird in einen Regelkreis der wechselseitigen Abhängigkeiten übergeführt, die sich

- zeitlich
- räumlich und
- funktional

eingliedern lassen.

Durch die Fähigkeit, uns als Lebewesen räumlich, zeitlich und funktional zu organisieren, verschaffen uns Strukturmodelle einen Zugang zur bewußten Selbststeuerung in bestimmten Phasen und Bereichen der eigenen Entwicklung. Wir können Kräfte freimachen zur Selbstorganisation.

Steinewerfer am Schwarzen Meer.

Das Freiwerden der Kräfte gelingt, wenn wir den Organismus — in diesem Falle unseren Körper — systemisch benutzen, nicht nur auf Außenimpulse reagieren, sondern die Dynamik, die uns innewohnt, selbstbewußt in Aktion setzen. Ich schreibe hier nicht von einer Art Körperbewußtheit, die kultisch aufgebläht ist oder dem idealistischen Selbstzweck dient, sondern meine ein körperliches Spüren, das kraftvoll von innen nach außen dringt. Es ist vergleichbar mit dem Noch-Nicht-Wissen, obgleich es ein Ahnen vor dem Staunen ist, ein in den Körper-Hineinhorchen, vertieftes Atmen und den Laut der Stille vernehmen, bis oft unbeschreiblich der Organismus weiß, was dem Geist verschleiert blieb.

Der Mensch, wahrscheinlich als einziges Wesen auf dieser Erde, kann sein eigenes "perfektes" Strukturmodell "Organismus" bewußt benutzen, um andere Strukturmodelle (Systeme) hilfreich einzusetzen.

Die Betonung liegt auf "bewußt", da natürliche Organismen auch ohne bewußte Steuerung oder Selbstorganisations-Dynamik sich anpassen und entwickeln.

Wir sollen Wissende sein und Lernende bleiben.

Dieser letzte Satz ist zugleich ein Modell, das beim genauen Lesen paradox klingt, aber vom systemischen Ansatz neue Wege weisen kann. Wir lernen durch Nachahmung, Krise und manches nebenher bei Gelegenheit. Wir erwerben Wissen. Wir können jedoch auch als Wissende lernen, und diese Art von Lernen erfordert ein anderes Bewußtsein über die eigenen systemischen, situativen Gegebenheiten. Der Wissende weiß und glaubt, der Lernende glaubt und will mehr wissen. Wenn wir Wissende sind und Lernende bleiben, dann machen wir bewußt Pausen, gehen in die Stille, um in ein neues Modell der Struktur taktvoll hineinzufinden.

Personen, die nichts anderes kennen, als arbeiten und grübeln, ohne sich die Pause zu gönnen, am Tag eine halbe Stunde sich meditativ mit dem eigenen Organismus zu beschäftigen, sind durchwegs fremdgesteuert, das heißt, sie vernachlässigen die Selbstorganisation. Sie leben fast zwanghaft in Strukturmodellen und nicht mit den Strukturmodellen (= mit bewußten Systemen).

Es ist vergleichbar mit dem fatalistischen Geschehen-Lassen, dem faschistoiden Beherrschen-Wollen und dem Organisieren der Antiorganisation. Jeder tut etwas, zuviel und zuwenig, es ist wie ein Lärmen, statt Musik zu machen.

Strukturmodelle sind wie wunderbar komponierte Musikstücke, von innen geschaffen, meisterlich gespielt und Betroffenheit auslösend.

Bevor ich eine schematische Übersicht der Strukturmodelle gebe, erzähle ich noch ein Reiseerlebnis, ohne Anspruch auf Sinn und Ziel, wohl mit der Bemerkung, daß ich damals bezüglich Struktur, Modell und Lebensgestaltung anfing zu begreifen:

Nach einer viermonatigen Fernostreise war ich nach Trabzon, Türkei, gekommen und mußte sechs Tage auf das nächste Schiff warten. Ich war geplagt von unzähligen Wanzenbissen, hatte genügend Abenteuer hinter mir und suchte die Stille am Strand des Schwarzen Meeres. Ich verbrachte fünf Tage stundenlang damit, einen Stein in die Luft zu werfen und mit einem zweiten Stein den ersten zu treffen. Diese Spielerei — und manch andere sinnlose Tätigkeit — begann ich aus einer Laune heraus, übte mit sportlichen Ambitionen, bis ich nach Stunden und Tagen nur noch Steine und die Bewegung fand. Je weniger das Treffen-Wollen im Vordergrund stand, umso häufiger hörte ich — auch noch heute — den Ton von zwei Steinen. Ich begriff die Steine, bewegte mich und sie und begriff ...

Ich hatte Monate des extremen Alleinseins und vielfältiger exotischer Einflüsse gebraucht, um die Gelegenheit eines einfachen Strukturmodells zu begreifen.

3.1.2. Strukturmodelle oder Systeme

Ursprünglich wollte ich das Augenmerk bei den Strukturmodellen auf die Regelkreise und deren geschichtete Bewußtheitsstufen legen. Bescheidener und zutraulicher geworden, begnüge ich mich damit, Bereiche für offene Strukturmodellierungen aufzuzählen und schematisch zu ordnen. Zweifellos ergeben sich bei den Strukturmodellen endlose Verknüpfungsmöglichkeiten, und fast wäre ich dem Reiz erlegen, den Ton des Zusammenpralls der Systeme hören zu wollen. Der Versuchung, eine Gesamtschau der Strukturmodelle zu entwerfen, konnte ich zwar entrinnen, aber ein Restbestand von unterschwelligen Wünschen, diesen Komplex noch mehr zu ordnen, wird mich sichtlich weiterhin verfolgen. Die Beschäftigung mit dieser Thematik erscheint banal, doch je mehr man eindringt, umso bunter werden die modellhaften Betrachtungsweisen, umso kreativer und lustvoller die zukünftigen Handlungen. Wir wollen die Zeit anhalten und schauen auf die Uhr. Wir umzäunen die Gärten und fühlen uns danach eingesperrt. Wir brauchen Hilfe und bieten uns als Helfer an. Wir haben neue Ideen und fragen nach, ob dies verrückt sei. Wir gehen in ohrenbetäubende Diskotheken und beklagen uns über den Straßenlärm.
Die Bereiche der offenen Strukturmodelle sind zum Spielen und Kombinieren gedacht, gleichsam einem Ansatzpunkt für verbotene Hebel.

Bereiche und Teilbereiche für offene Strukturmodelle:

Bereich	Teilbereich I	II	III
1. Zeit	Phasen Frequenzen Spiralen		
2. Raum	punktuell linear räumlich mehrdimensional	"Raum-Zeit"	Haben Sein
3. Funktion	Wechselwirkung Rückkoppelung Regelkreise Benutzbarkeit	Lernen lehrend lernen	Speicherung Verständnis Anwendung Vermittlung
4. Person	Organismus (Körper, Physis) Seele (Psyche) Geist(estätigkeit)	Wahrnehmung Ausdruck Bewegung Bewußtheit Unbewußtheit Ideologie Imagination Symbolik Vorstellung Denken Bewußtsein	Sinne Sprache/Körper- sprache Energie Wille Struktur Konflikt Entscheidung Handlung Abweichung Innovation
5. Personen-Formation	Person Paar Gruppe Organisation Gesellschaft Menschheit	Erfahrung Anpassung Entwicklung	Beziehung Kontakt Kommunikation

Bereich	Teilbereich I	II	III
Unerkennbares	Gefühle Träume Glauben	Diesseits Paradies Hölle	Jenseits

3.1.2.1. Zeitmodelle

Wenn von Arbeit oder Strukturmodellen die Rede ist, dann spielt die Zeit als Hilfe für Vereinbarungen und zur Beschreibung von Prozessen eine gewichtige Rolle.

Nur Unsterbliche können den Faktor Zeit außer acht lassen.

Sprechen wir von der Zeit als Hilfe für Vereinbarungen und zur Beschreibung von Prozessen, so unterscheiden wir dabei
— Zeitpunkte,
— Zeitphasen und
— Zeitintervalle.
In der praktischen Anwendung kann man die Zeitmodelle in drei Kategorien einteilen:

1.) Die Zeit wird als konstante Größe angesehen.
z. B.: — Treffpunkt 14 Uhr 30
— Höchstgeschwindigkeit der Schwalbe Elsa ist 40 km/h

2.) Die Zeit wird als konstante Größe ignoriert.
z. B.: — Früher hat man die Zeit nicht mit psychologischen Überlegungen verschwendet.
— Ich habe keine Zeit.
— Man muß Zeit sparen.
— Wir haben wieder viel Zeit verloren.
— Er hat eine schöne Zeit gehabt.
— Die Zeit ist schnell vergangen.

3.) Die Zeit als konstante Maßeinheit wird dem entwicklungsbedingten Prozeß (Wachsen, Reifen) untergeordnet.
z. B.: — Zum Fertigstellen dieses Landschaftsbildes brauchte der Künstler vier Tage.
— Die Wunde verheilte nach einer Woche.
— Nach vierstündiger Suche fand sie diesen riesigen Steinpilz.

Angaben über die Zeit geben uns Hinweise zu Lebensprogrammen oder verschweigen uns nützliche Informationen. Es überrascht mich bei Seminaren immer wieder, wie Teilnehmer einerseits starr auf die Uhrzeit pochen und andererseits illusionäres Zeitgefasel zum Besten geben. Das Modellieren unserer Weltbilder geschieht im Wandel unserer Zeitmodelle. Je genauer unsere Zeitmaschinen funktionieren, umso weniger ist scheinbar der Mensch in der Lage, Zeiten der natürlichen Entwicklung und des Wohlbefindens aufkommen zu lassen. In einer Art Zeitlosigkeit die Lebenszeit zu spüren, das Leben mit Inhalten zu füllen, die das Herzklopfen laut werden lassen, um Augenblicke des Glücklichseins endlos zu strecken und in der Notwendigkeit von Leistungserfüllung die Zeiten modellhaft und naturgemäß zu strukturieren, um Erleichterung zu schaffen.
Die Besinnung auf Urzeiten, wo wir noch im Einklang mit den natürlichen Gegebenheiten lebten, müßte zumindest nachdenklich machen bei den herrschenden Uhrzeiten, wo wir vorgeben, eigenen Fahrplänen zu folgen, obgleich wir zugleich nach Lust und Laune undiszipliniert Sabotageakte setzen.

Ich meine, wir sollten die herkömmlichen Zeitmodelle klar getrennt verwenden. Einen Termin ausmachen und nachher feststellen, es sei zeitlich nicht ausgegangen, ist eine reine Unverschämtheit im Zusammenleben.
Allerdings glaube ich auch daran, daß wir uns für das Lernen und Lehren genügend Freiraum geben sollten, die es dem Individuum erlaubt, seinen Zeitrhythmus zu finden, um sich selbst zu verwirklichen.

3.1.2.2. Raum-Modelle

Wir leben in einem unermeßlichen Universum, das fast gänzlich aus von Materie entleertem Raum besteht und strahlt. Die wenige Materie im Raum ist meist in einer gewaltigen Bewegungsströmung. Es gibt in diesem Raum eine verschwindend kleine Menge an lebender Materie und ein verschwindend kleines Häuflein von lebender Materie, die mit Bewußtsein ausgestattet ist.
Diese Organismen sind in ihrer Körperlichkeit räumliche Wesen, die sich im Raum bewegen. Wenn der Mensch als Organismus sich im Raum bewegt, verändert sich der Raum. Wenn der Mensch als geistig-körperliches Wesen bewegt wird, besitzt er die Fähigkeit, sich körperlich in einem Raum zu bewegen und geistig einen anderen Raum aufzusuchen.

Die Behandlung und Handhabung der Raummodelle erfordert ein Loslösen aus der Vorstellungswelt der klassischen Physik mit der Berücksichtigung, daß der Raum, der Punkt, die Fläche immer in Relation zur Zeit und zum Beobachter zu setzen sind. Der Raum ist dadurch keine statische Größe mehr, sondern im Raum zeigen sich durch den Beobachter Bewegungen in einem zeitlichen Prozeß.

Wenn der Mensch sich als Organismus im Raum bewegt, verändert sich der Raum. Jeder Raum definiert sich durch die Wahrnehmung, die Personen und ihre Absprachen. Im Zusammenleben sprechen wir von Raumverteilungen und haben meist auch gesetzliche Vorgaben, wie wir uns verhalten, wenn wir gemeinsam einen Raum benützen. In unseren Vorstellungs- und Handlungsmustern pflegen wir Räume abzustecken und abzugrenzen. Unbewohnte Wüsten und Eislandschaften werden staatlich beansprucht, und sogar das Weltall wird willkürlich aufgeteilt.

3.1.2.3. Funktionsmodelle

Tragen Sie einen Hut?
Diese Frage mag zu diesem Zeitpunkt seltsam erscheinen, aber sie ist bei weitem nicht so abwegig, wenn die Funktionsmodelle aufgerufen sind.
Vielleicht sitzen Sie gerade im Freien, die Sonne scheint, und Sie schützen ihren bedenklichen Kopf vor den Strahlen. Der Hut, falls Sie ihn aufhaben, bewahrt Sie vor einem unwahrscheinlichen Sonnenstich oder spendet Ihnen Schatten, damit Sie diese Zeilen leichter, Ihrer Einschätzung nach, lesen können. Vielleicht besitzen Sie gar keinen Hut, und Sie haben somit keine Gelegenheit, behutet zu sein. Vielleicht haben Sie noch niemals die Erfahrung gemacht, was ein Hut auf Ihrem Kopf für eine Wirkung erzielen kann.

Sie werden mir zustimmen, daß es einen großen Unterschied macht bei der Begriffsbestimmung des Hütetragens, ob Sie einen Hut tragen, einen Hut besitzen und manchmal tragen, sich überlegen, doch einen Hut zu tragen oder das Tragen von Hüten glattweg ablehnen.
Wie kann man das Hütetragen also definieren?
Was ist die Funktion des Hutes?
Was ist die Funktion des Kopfes ohne oder mit Hut?
Derselbe Hut in Ihrem Schrank oder auf Ihrem Kopf hat eine verschiedene Funktion. Der Schrank bewahrt Ihren Hut auf, der Hut auf Ihrem Kopf bewahrt Sie vor Sonne, Schnee und Regen. Der Hutständer dient als Ablage Ihrer Kopfbedeckung, und Sie tragen den Hut als standesgemäße Bedeckung Ihres Hauptes, als Ausdruck Ihres modischen Bewußtseins. Der bloßhütige Überzeugte geht erhobenen Hauptes am Hutgeschäft vorbei und ignoriert die alten Ladenhüter. Ist das neueste Hutmodell ein Modell Ihrer Wahl, oder schleppen Sie, wie meine Person, seit Jahren nur einen Urgroßvaterhut als Maskottchen durch die Weltgeschichte?
Wie funktionieren wir, wenn wir Hüte oder keine Hüte tragen?

Wie bei Zeit- und Raummodellen sind wir bei den Funktionsmodellen mit der Relation der sprachlichen und phänomenologischen Strukturinhalte konfrontiert,

die sich strukturell abgrenzen lassen und dennoch ein Ganzes sind.
Funktionale Modelle müssen ausgewogen

- die räumliche Struktur
- die zeitliche Struktur und
- die Persönlichkeitsstruktur des Beobachters oder Handlers

in ihrer Wechselwirkung berücksichtigen, um nicht Gefahr zu laufen, nur Begriffe austauschend zu definieren.

Funktionsmodelle sollen in erster Linie zum Nachdenken, Verrückt-Denken und intuitiven Denken anregen.

Funktionsmodelle sind gepägt durch

- Strukturen
- Regelkreise
- Rückkoppelungsprozesse,

die als Gesamtes in verbindlichen, graduierten Wechselwirkungen existieren und von Personen benutzt und mißbraucht werden können.
Der Wechsel der Funktion wird in fast allen Modellen zu wenig genutzt.

Ein Mächtiger ist mächtig, weil ihn ohnmächtig Fühlende mächtig sehen. Das Ansehen macht mächtig. Das Ansehen wechselt.
Ein Kind wird eingesperrt, damit es den schönen Christbaum nicht umwerfen kann. Auch der Christbaum könnte eingesperrt werden.
Ein Berater ist hilflos und hilft wirklich.
Ein behandelnder Arzt legt seine Spritze zur Seite und legt seine Hand auf die schmerzende Stelle.
Ein wunschlos glücklicher Mensch ist glücklich seine Wünsche los und tut endlich, was er tun will.
Der Problemlöser löst keine Probleme mehr, sondern er löst sich von den Problemen und analysiert die betreffenden Situationen im Hinblick auf IST- und SOLL-Werte.
Wir begreifen als Person, was genug bedeutet, und grübeln nicht mehr über das Genügend nach.

Therapie und Heilmethoden gehören der Altzeit an, und der neue Weg heißt lernen.

Diese Beispiele des Relationswechsels in den Funktionsmodellen sind einem permanenten Wandel zu unterziehen, was nichts anderes bedeutet, als weiterzulernen.

3.1.2.4. Persönlichkeitsmodelle

Seit Jahrhunderten basieren die Persönlichkeitsmodelle auf der Annahme von der Einheit des Leib-Seele-Prinzips oder ausgedehnter auf die strukturelle Bezogenheit von

a) Körper (= Organismus — Physis)
b) Geist (= Geistheit — Wille)
c) Seele (= Psyche)

Zeitweilig wurde der Körper nur materiell gesehen, dann wieder mit Maschinen und Computern verglichen, dann durchflossen ihn Energieströme; man zerlegte Körper, vermaß ihn vom Scheitel bis zur Sohle, vom Gesamtgewicht bis zum kleinsten Virus, testete und untersuchte, jagte Gifte und Heilmittel durch seine Blutbahnen und züchtete gar in Retorten wie Torten Retortenbabies.
Man dachte über den Körper nach, statt ihn zu begreifen, füllte Bücher mit Tabellen über biochemische Werte, entzog ihm den Boden in der Schwerelosigkeit, wechselte Herzen aus und schloß ihn zur künstlichen Lebensverlängerung an fürchterliche Apparaturen an und schickte ihn zur Lebensverkürzung in den Krieg.
Der Geist läßt verlegen den Körper husten, weil der Körper, nach seiner eigenen unermeßlichen Geistigkeit, sein liebstes Spielzeug ist. Wie gefällt sich der Geist im Denken, klatscht in die leeren Hände, weil er sogar das Denken bedenkt, und diktiert dem Körper die Bewegungen und Pausen in seinem Dasein.
Sein Lieblingsgewand ist sein Wille, mit dem er sich bei jeder bewußten Gelegenheit umhüllt, und mit schelmischer Gelassenheit gelingt es ihm, sich von anderen Geistwesen krönen zu lassen.
Seine bevorzugte Tätigkeit sind Monologe, wo das Ich dem Selbst erzählt und das Selbst ganz selbstlos nur den Lärm vernimmt, schwelgend in den höheren Stufen des selbstverwirklichten Bewußtseins. Der Wille strebt die Unsterblichkeit an. Der Geist ist überzeugt, sie zu besitzen.

Das einzige, was dem Geist Unbehagen bereitet, ist der unmerkliche Hauch der Seele. Sie ist nirgends zu finden, wird verleugnet und verlacht. Der Geist verknechtet und vermarktet oft den Körper bis zur Zerstörung seines Lieblingsspielzeuges, um in seiner Verzweiflung den verlorenen Kampf gegen das Seelchen zu vertuschen. Die Seele läßt sich nicht spekulieren. Sie ist das Unbekannte, Unerkennbare. Sie braucht sich nicht verstellen, denn in ihrer Kraftlosigkeit erscheint sie ungeheuer kräftig, in ihrer Ziellosigkeit unbetrüglich sicher. Ihre Anhänger sind zahllose Gläubige, die ihre geheimsten Wünsche vom Hauch ablesen wollen und dadurch irren.

Die funktionale Einheit von Körper, Geist und Seele scheint bei allen Persönlichkeitsmodellen immer wieder auf. Abhängig von der menschlichen Entwicklungsgeschichte, gesellschafts-politischen Strömungen und den jeweiligen Umweltbedin-

gungen werden in den Teilbereichen (I — III) Modellbildungen vorgenommen, gleichsam als Ausdruck des momentanen Bewußtseinstandards der herrschenden Weltbilder.
Jedes Lebewesen hat eine Grenze, die es von der übrigen Welt trennt. Jede Person definiert sich durch die Abgrenzung zur Umwelt und erscheint dadurch als eigenständiger Organismus im Komplex des endlosen Alls. Was innerhalb dieser Abgrenzung liegt, hat Struktur. Die Funktion dieser Strukturen — sei es der Körper, der Geist oder die Seele — ist es, die Selbstbewegung oder das Tätigsein der Person zu sichern. Eine Person kann dann als lebendig bezeichnet werden, wenn

a) **Bewegung des Körpers möglich,**
b) **Beweglichkeiten des Geistes erfahrbar und**
c) **Bewegtheiten der Seele zu spüren sind.**

Im Zyklus der Entwicklungsgeschichte bevorzugte der Mensch meist ein Strukturmodell mehr, sei es in Richtung dominanter Geistigkeit, Körperlichkeit oder seelischer Transparenz. Die Wechselwirksamkeit in der konturierten Dreieinigkeit ließ genügend Platz für ideologische Präferenzen einer funktionalen Struktur, förderte aber gerade durch die Vernachlässigung der beiden anderen ein dynamisches Kräftefeld, das neuen Impulsen offenstand.
Zurzeit sieht es aus, als würden nach Epochen der strengen Geistestätigkeiten (alles ist machbar) und der begleitenden und folgenden Beschäftigung mit der Psyche und der Anti-Psyche (das Unbewußte herrscht oder wird verlacht), das Augenmerk mehr auf die organismische Körperlichkeit sich richten.

Mir drängt sich ein Vergleich auf:

Eine Wiese.
Personen betreten die Wiese.
Sie reden miteinander über sich und die Wiese.
Eine hinzukommende Person bringt einen Ball mit.
Sie beginnen miteinander Ball zu spielen auf der Wiese.
Die Wiese wird für die Personen zu einer Ballspielwiese.
Die Personen entwickeln Regeln für ihr Ballspiel.
Das Interesse gilt dem Ball und dem Spiel.
Der Ball geht verloren.
Die Personen stehen auf der Spielwiese und denken an den Ball.
Der Ball ist nicht auffindbar.
Die Personen verlassen die Spielwiese.
Eine Wiese mit Spuren von Personen.
Nach einiger Zeit.
Eine Wiese.

3.1.2.5. Leben in und mit Strukturmodellen

Das Leben in und mit Strukturen verfügt über unzählige Modelle, die lebenswert sind, falls

a) die Würde der Person gewahrt bleibt und
b) das Gewohnte nicht zum Richtigen erklärt wird.

Der Mensch als Organismus und als soziales Wesen lebt in einer (selbst-) strukturierten "Welt"-Ordnung. Einige dieser "Ordnungssysteme" sind uns bewußt, scheinbar bekannt, und vieles bleibt für uns unerkennbar.

Wir sind in Strukturen verflochten, verwickelt und entwickeln Modelle, um zu verstehen, ohne letztlich begreifen zu müssen.

Im Zusammenleben haben wir durch die Fähigkeit, Strukturen zu erkennen, zu nützen und neue Strukturen zu formen, Hilfen gewonnen, die meist unbeachtet, aber als Erfahrungsmodelle den Alltag bestimmen.

Das Leben mit Strukturen erlaubt uns, über das Erkennen und die Akzeptanz vorhandener Strukturen einen angemessenen Wandel mitzuvollziehen durch Beeinflussung, Veränderung und dem Zulassen von natürlichen Entwicklungselementen.

Das Leben in und mit Strukturen ist

— an unsere Wahrnehmungsfähigkeit
— an unsere Denk-Vorstellungen und
— an unseren Glauben

gebunden.

Als Kreatur Mensch, Tier, Pflanze oder Materie sind wir "strukturell" eingebettet in ein Insgesamt des Seins und Werdens.

Durch die erweiterte Dimension des Bewußtseins strukturieren und systematisieren wir unsere situative Wirklichkeit durch sinnliches wahrnehmen, denken, fühlen, glauben und handeln. Wir schaffen uns personal, intrapersonal und transpersonal scheinbare, einzigartige Wirklichkeiten, die "Weltordnungen" darstellen oder diese aufeinanderprallen lassen.

Unsere Persönlichkeitsstruktur ist der Kessel, in dem Strukturen erhalten oder erhitzt werden, Strukturelemente sich trennen oder verschmelzen durch die Glut der Bewußtheit. Wir geben unser Bewußtsein mit der Fülle des Unbewußten und der Weisheit, der Gefräßigkeit des Glaubens weiter.

Als Person sind wir Struktur, Teil eines Systems und eine Ablichtung der gängigen Strukturmodelle der Menscheit. Wie ein Tiegel sind wir gefaßt, angefüllt und eingebunden in ein Netz von Strukturen, gleichsam ein Bindeglied des Haltens und Bewegens.
Wir nehmen Haltung an und brauchen die Bewegung. Wir beginnen eine Bewegung und benutzen eihen Halt zum Anstoß. Wir sind geprägt, bereiten die nächste Prägung vor und zeigen im Vorübergehen dem Nächsten unsere Prägung. Entwicklung heißt, von der Akzeptanz einer bewußten "Struktur" über die Bewegung und den Wandel eine Erweiterung oder Neuordnung der Struktur finden.

Strukturen-Modelle sind im übertragenen Sinn "Diener und Krücken des Bewußtseins", um vom kreatürlichen Überleben zum bewußten, selbstbewußten Leben bis zum akzeptierten Seinswandel — dem Tod — zu gelangen.

Die Wirkung des Bewußtseins ist, vom strukturellen Ansatz her, wichtiger zu nehmen als die Ursache, weil es verschiedene Wirkungen geben kann, aber letztlich nur eine Ursache.

3.1.2.5.1. Das Prinzip der Persönlichkeitsstrukturen

Prinzipiell tun wir im Zusammensein mit Personen nichts anderes, als sie zu modellieren und zu strukturieren. Wir nennen unsere Eigenschaften, teilen unsere Mitmenschen in sympathisch und unsympathisch, blöd und gescheit, arrogant und gehemmt, jung und alt, fähig und unfähig ein — schaffen uns Persönlichkeitsbilder, wie auf einer Mischpult-Malpalette nach eigenem oder genormtem Gutdünken.

Meist spricht einfach unser Gefühl das schwergewichtige Urteil, oder die Beurteilung erfolgt aufgrund von soziallegierten Verhaltensweisen, die angebracht sind oder einfach stören. Das Äußere oder die Äußerlichkeit machen jemand zum Intellektuellen oder zum Pantoffelhelden, zur Madame oder zum Flittchen, zum Halbstarken oder Nein-So-Etwas, und über die Interpretation dringen wir bis in das Innerste des Menschen vor, mit einem vorgegebenen Einfühlungsvermögen, das triumphhaft den leisesten Knacks der Seele hört.

Man orientiert sich abwechselnd nach dem Geist und Ungeist, nach den Kleidern und dem Körper, nach Gefühl und Seele, bezieht sich auf Details oder auf genormte Größen und bestätigt seine Vorurteile sooft wie möglich, um durch die Quantität der Äußerung im Recht zu bleiben.
Dies ist alltäglich.
Wissenschaftlich ist es anders.

Die Bestrebungen der letzten Jahrzehnte gehen mehr und mehr in Richtung von phänomenologischer Beschreibungen mit dem Bemühen der Absprache. Dabei besteht die Chance, etiketthafte Festlegungen zu vermeiden und den betreffenden Personen gleichwertig im Kontakt das strukturierende Element erfahrbar zu machen. Vermehrt wird eine Ausrichtung auf die Balance von
— Körper (Haltung, Bewegung und Verhaltensweisen)
— Geist (Aussagen, Schweigen)
— Psyche (bewußt, unbewußt Psychologie)
gelegt, wobei wieder das organismische Gesamtgeschehen der Person zu seiner Umwelt einer Überprüfung unterzogen wird.
Zurzeit scheint es keine Schwierigkeiten zu machen, die grundsätzliche gegenseitige Abhängigkeit der biologischen, psychischen und emotionalen Manifestationen des Organismus zu erkennen. Daher kann auch der Körper als Ganzes als Spiegelbild der Psyche und der eigenen Lebensgeschichte bezeichnet werden. Wer den Körper bewußt beeinflußt, zeichnet sich für seine Lebensgestaltung verantwortlich und wirkt auf die Balance Psyche — Körper — Geist aktiv ein. Hierbei ergibt sich ein interessanter Ansatzpunkt für das Prinzip des bewußten Strukturierens.
Da in jedem Körper als Organismus auch das psychische und geistige Gewordensein repräsentiert ist, liegt der Schluß nahe, festgefahrene und verkrustete Strukturen über die "Körperarbeit" aufzuzeichnen und einen Strukturwandel einzuleiten.
Wir gehen davon aus, daß jede innere Einstellung und äußere Haltung einer Person ein strukturiertes Überlebens- und Lebensmodell darstellt. Die einzelne Person in seiner Umwelt kann übermäßig auf Abwehr und Schutz (Charakterstrukturen) ausgerichtet sein oder bereits Durchlässigkeiten zu einem empfindsamen, herzlichen und wohltuenden Leben (sinnhaft) aufweisen.

Die nächste Aussage mag naiv klingen, ist aber von der Konsequenz her gesehen sehr ernst zu nehmen.

Meinen Körper habe ich überall dabei.

Wir sind daher in der Lage, den eigenen Körper bewußt als einzigartiges Strukturmodell zu nutzen in Richtung auf Anpasssung oder Erweiterung. Der Körper ist ein konkretes Medium zur geistigen und seelischen Dimension im Natur-Sein und im Kontakt mit anderen Lebewesen.
Die innere Einstellung spiegelt sich in der äußeren Haltung und den Bewegungsmöglichkeiten wider. Die innere Bewegtheit führt zur Bewegung, die Haltung und die Einstellung einer Person und gewordenen Persönlichkeit ist daher die mehrdimensionale Summe der Haltepunkte als Lebensstationen, der bewegten Wendepunkte und der Fähigkeit, in bewegter Bewegung zu bleiben bis zur Todesstarre hin.

Aufgrund von Ideologien, Illusionen und überholten Lebensmodellen sterben wir in unseren "Haltungen" früher, als situativ notwendig.
Eine Grobeinteilung für überlebte Persönlichkeitsstrukturen liefert uns die analytische Bioenergetik als Methode, wobei die Handlungen als perfekte Überlebensmodelle angesehen werden.
Die beschriebenen Haltungen — auch als Charakterstruktur bezeichnet — treten durchwegs als Mischformen auf. Das methodische Vorgehen kennzeichnet drei Stadien, die parallel zu bearbeiten sind:

a) **langfristig wird auf eine Erweiterung und Entwicklung der Überlebensmodelle eingewirkt**

b) **mittelfristig geht es in das Erkennen und die Akzeptanz der vorherrschenden Lebensmodelle (s. Thesen 3.1.)**

c) **kurzfristig wird wertschätzend intuitiv jede Möglichkeit der Bewegung und Bewegtheit benutzt, zusätzliche Impulse zu fördern oder freie Kräfte energetisch zu mobolisieren (s. energetisches Prinzip).**

Als hilfreiches Schema für die Überlebensmodelle oder Charakterstrukturen wurden fünf Haltemuster gewählt:

I.	Das Zusammenhalten oder Zusammennehmen/-reißen	(schizoid)
II.	Das Anhalten	(oral)
III.	Das Obenhalten	(psychopathisch)
IV.	Das Innehalten	(masochistisch)
V.	Das Zurückhalten	(rigid)

Für die begleitende Diagnose ist ein langes Training erforderlich, da das Körperlesen immer in der Absprache der Bezugsperson erfolgt und von den sich zeigenden Auswirkungen, im Zusammensein der Bezugspersonen, Ableitungen der Überlebensmodelle erarbeitet werden.
Eine Grundannahme besagt, daß durch das Festhalten an Überlebensmodellen persönliche Fähigkeiten und Kräfte gebunden bleiben und dem derzeitigen situativen Handeln entzogen sind. Personen schaffen von sich aus Störungen und Probleme, um frühere Überlebenssituationen zu wiederholen und um ihr gewähltes Überlebensmodell immer wieder zu bestätigen. Bei diesem Irrtum in der Zeit, mit Personen und Plätzen, bleiben verfügbare Energien durch die Problematik fixiert und fehlen in der Leichtigkeit des Lebens.
Mehr noch werden Partner, Gruppen und Organisationen von den einzelnen Personen so ausgewählt, daß diese ihre Grundkonflikthaltungen bestehen bleiben.

3.1.2.5.2. Das Prinzip vom Umdenken des Denkens

Beim Nachdenken über das Denken und Umdenken fiel mir ein ''Gedankenspiel'' ein, das ich während eines Berglaufes hatte.
Ich lief, atmete tief, und es dachte in mir.
Ich spielte mit meinen Gedanken — meinte ich —, bis ich merkte, daß die Gedanken laufend mit mir spielten. Die Gedanken machten mit mir, was sie wollten. Je mehr ich innerlich rief, mich doch in Ruhe zu lassen, umso mehr erwiesen sie sich als beherrschend.
Ich beugte mich ihrer Herrschaft, bis ich nur noch lief und bewußt atmete.
Unsere Gedankenwelt ist einem Rangierbahnhof vergleichbar, wobei die Steuerung der Gedankenzüge das Denken übernommen hat, die Zusammenstellung der Züge dem Denksystem vorbehalten bleibt. Wir meinen, die vorhandenen Gleise leicht verlassen zu können und landen wieder am selben Nebengleis.

Wir sind erzogen, dauernd zu begründen und zu erklären, sind Meister des inneren Dialoges geworden, der ungestört unendliche, gleiche Gedankenschleifen bespricht.
Würden wir nur sein, könnten wir das sich wiederholende Denken sein lassen.
Die Ausgerichtetheit auf das Haben, mehr Haben und Verbessern, schürt den gedanklichen inneren Dialog und verzerrt die Triebe für neue Denkansätze. Wir sind Getriebene unseres Denkens, und die Hast des Handelns ist die Folge.

Hauptansatzpunkte für das Umdenken des Denkens sind:

a) **Impulse und Beeinflussung durch andere Personen**
b) **das einsame, sich selbst genügende Alleinsein**
c) **Hebung und Senkung des Erregungspotentials**
d) **eine andere Zentrierung der eigenen Aufmerksamkeit**
e) **bewußt ''hungrig'' bleiben**
f) **langandauernde, konstante Disziplin-Übungen**
g) **BEWUßTES ATMEN und nur Atmen**

Man kann das Denken und den Willen nutzen, diese Anregungen (a — g) in Übungen und Aufgabenstellungen zu bringen, wobei paradoxerweise nicht das Ziel sein kann, ''umzudenken''.
Modellhaft werden Rahmenbedingungen geschaffen, um über ein absichtsloses Tun zu anderen Erkenntnissen zu kommen.
Das Umdenken braucht gewissenhafte Vorbereitung der Selbst-Aufgabe, aber es trifft Dich wie ein blitzender Glanz ganz überraschend.
Jahrelang glaubte ich an mein Gefühl der Leere nach anstrengenden Arbeiten, bis ich erkannte, daß ich übervoll war.

Jahrelang lief ich der Leistung willen, bis ich eines Tages mein Herz wieder spürte. Jahrelang hatte ich eher Fernweh, bis ich mich dem Heimweh abwandte, um festzustellen, daß ich überall ein Fremder bleiben würde.

HASAN von Basra erzählt eine Geschichte, die das Umdenken des Denkens deutlich macht:

Ich fragte einen Jungen, der eine Kerze trug:
"Woher kommt das Licht?"
Sofort blies er es aus und sagte:
"Sag mir, wohin es ging, dann sag ich Dir, woher es kam."

Umdenken hat im undenkbaren Denken seine Wurzeln. Vom Prinzip her ist es eine Aufforderung, "Ver-rückt" zu werden.

3.1.2.3.3. Das analytische Prinzip

Stellen Sie sich vor, eine riesige Schachtel stünde im Raum, mit fremdländischen Schriftzeichen bemalt, ab und zu ein Geräusch aus dem Inneren der Schachtel. Sie schneiden ein faustgroßes Loch in die Seitenwand und greifen mit der Hand in die dunkle Öffnung. Greifen und Tasten umher, erfassen etwas Unbekanntes, ziehen es ans Tageslicht, schauen es an, beriechen es, kosten daran, zerlegen es in weitere Bestandteile, beuteilen es, erkennen Substanzen, zerkleinern es weiter, Sie bringen es mit anderen Stoffen in Berührung, um es letztlich wieder vorsichtig in die Schachtel an seinen Platz im Dunkeln zurückzuschieben.

Derjenige, der sich traut, ähnlich vorzugehen, folgt dem analytischen Prinzip der Bewußtwerdung oder dem Bewußtmachen,

- mutig zugreifen und auswählen
- Teil vom Ganzen zu spüren, erspüren, zu untersuchen
- sich selbst, den Teil und das Ganze zu reflektieren
- und wieder eine Zusammenführung des Teiles mit dem Gesamtkomplex zustandezubringen
- mit einer eventuellen neuen Sichtweise zum Bekannten und Unbekannten.

Das analytische Prinzip ist ein schrittweises Vorgehen für die Bewußtseinsvertiefung oder -erhöhung, mit dem Bestreben, eins zu werden mit der Natur, seiner eigenen Geschichte und der Schöpfung. Die Schritte sind austauschbar oder auch zu kombinieren und bedürfen der Begleitung und Führung von Mitmenschen. Das analytische Prinzip ist daher nie gegen andere Personen und Lebewesen gerichtet, auch wenn der Mißbrauch nicht auszuschließen ist.

Hitze, die der Wind entfacht.

1. Schritt der methodische Vorschlag
die Aufgabe
der Weg, mit Hinweisschildern und Markierungen

2. Schritt das Erkennen und Akzeptieren-Lernen der Strukturen,
Systeme als Modelle

3. Schritt das Überwinden der Widerstände, Hindernisse
das Abweichen vom Gewohnten, Vertrauten
das Erahnen, Spüren und Entdecken von neuen Dimensionen
der Bewußtheit
die Erweiterung, Entwicklung aus dem Innersten heraus

4. Schritt die Bewegung und Bewegtheit
für Anstöße und Impulse nützen
sich begleiten und betreuen lassen
bewußt leben im Kontinuum

Der Mut, ins dunkle Loch zu fassen, zu experimentieren, sich fallen zu lassen oder zu fallen, hängt von erfahrenen Bezugspersonen ab, die Erlaubnisse geben, aufmerksam präsent sind, bei Krisen gewohnte Auswege schließen und ein anderes, als herkömmliches Erfahrungswissen haben. Sie helfen, ohne zu helfen, wissen, ohne zu bestimmen, führen, indem sie folgen, glauben, ohne zum Glauben zu verpflichten.

Das analytische Prinzip ist einem Labyrinth vergleichbar angeordnet, um bereitwilligen Personen ein unüberschaubares Geflecht von Wegen und Irrwegen zu bieten, das ihm letztlich zum eigenen Weg der Selbstfindung verhilft. Viele Wege dienen dazu, den Ballast von unnötigen, unbrauchbaren Überlebensmodellen abzuwerfen und abzuzwängen.
Erst wenn die Person mit ihrer Würde ihre eigene Mitte im Selbst gefunden hat, öffnen sich die Pforten zu einer anderen Wahrnehmung der Wirklichkeit. Sie kehrt zurück in den Alltag, mit neuen Kräften und Liebe ausgestattet.

3.1.2.5.4. Das energetische Prinzip

Seit ich mich mit dem energetischen Prinzip im Hinblick auf Strukturwandel beschäftige, bleibe ich der staunende, lernende Schüler. Meine Erfahrung zeigte mir, daß in der Arbeit mit Einzelpersonen und Gruppen ein merkbarerer Wandel zu spüren und zu beobachten war, als durch eigene Stimulanz, Außenimpulse und vertiefte Atmung potentielle Energien "in Fluß gerieten".

Auch wenn ich mich zu Beginn meiner Beratungstätigkeit sehr vorsichtig und kritisch gegenüber den Begriffen Energie, Energiefluß verhielt, konnte ich nicht umhin, über eigene körperliche Erfahrungen und viele Beobachtungen meine Skepsis einzuschränken.
Als ich aus der Feldtheorie die These wieder entdeckte, daß "freie Kräfte von sich aus spontan neue Strukturen schaffen", ließ mich der Gedanke nicht mehr los, wie man bewußt und konkret "freie Kräfte" moblilisieren kann.
Da man häufig das Naheliegende übersieht, dauerte es einige Zeit, bis mir der Körper, der menschliche Körper selbst in den Sinn kam.

Freie Kräfte können über den Körper mobilisiert werden.

Als mir dies klar wurde, hatte ich einen brauchbaren Zugang zum energetischen Prinzip gefunden, der bewußt anwendbar und vermittelbar war.
Überblicksmäßig sehe ich derzeit folgende Möglichkeiten, potentielle Energien freizusetzen und einen "Energiefluß" zu bewirken:

a) körperliche Verspannungen und Blockaden lösen durch Übungen und Aufgaben
b) körperliche Verspannungen, Verhaltensweisen, Haltungen durch aktive Beeinflussung der Beweglichkeit und des Bodenkontaktes zu erweitern
c) Bewegtheiten (Emotionen) in körperliche Bewegung umsetzen
Bewegungen als Bewegtheiten spüren
d) aktive, gezielte Situationsveränderungen
e) bewußte Atmung
f) Beachtung des eigenen Rhythmus bei körperlichen Tätigkeiten (allein — mit anderen)
g) die funktionalen anatomischen Voraussetzungen bezüglich der Haltung minimieren
die Beweglichkeit optimieren
h) die sinnliche Wahrnehmung nutzen (sinnlich sein)
i) Gefühle, Empfindungen und Schmerz zulassen

Mein Favorit für das energetische Prinzip ist die bewußte Atmung, die Zufuhr des Sauerstoff-Stickstoffgemisches in unseren Organismus und die Entleerung des Odems im Austausch mit dem Umgebenden.

3.1.2.5.5. Das Prinzip der Wechselwirkungen

Auch wenn wir als einzigartige Individuen leben, entwickeln wir uns im Austausch zu unserer Umwelt.

Im Bezug zu Personen und Formationen werden wir zu einem sozialen Wesen und durchlaufen den Prozeß der Personalisation.
Wir sind eins mit dem Ganzen und dennoch scheinbar getrennte Teile des Ganzen durch die bestehenden Wechselwirkungen. Unser Werden und Sein als Lebensprozeß ist eine Abfolge von Wechselwirkungen zwischen den Teilen. Ohne Differenzierung der Teile kann es keine Differenzierung von Ereignissen und Wirkungen geben. Die Annahme von Strukturmodellen muß immer auf der Wechselwirkung vielfältiger Teile beruhen. Wir machen Unterschiede, denn ohne Unterschiede existiert nur das Ganze.
Die Kunst des Wechsels vollzieht sich parallel zur bewußten Freiheit des Auswählens. Diese Autonomie, als Kontrolle des Selbst, weist auf die Wirkung hin, in und mit Strukturen bewußt und kreativ zu leben.

Für die Kunst des wirkungsvollen Wechselns bietet sich eine Reihe von Hilfen an, die geübt werden können:

a) **Übungen zur Wahrnehmung**
b) **Bewegungsübungen**
c) **Ausdrucks- und Kommunikationsübungen**
d) **Kontaktübungen (Rhythmus)**
e) **Zeiten der Stille, Ruhe (Meditation)**
f) **Traum-Arbeit, Beschäftigung mit Träumen**
g) **Beschäftigen mit dem eigenen Tod**

3.1.2.6. Über die Strukturen

Müde der Torturen des strukturierten Denkens und Schreibens, kehre ich besenlos im zeitlosen Raum der Strukturpaläste den letzten Unrat zur Seite und wirble Staub auf.
Ich hätte auf den wohlgemeinten Rat der Genügsamkeit hören sollen und die Politur der Struktur Könnern des Glanzes überlassen können.
Der Staub macht sich nicht aus dem Staub.
Versessen auf seine Trägheit, belegt er Modell für Modell, füllt die Fugen zwischen den Strukturen, verbündet sich mit jeglichem System ganz ungeniert und vergißt den Kehrer mühelos. Eine leichte Arbeit des Alters, bis auch der Kehrer zum Staub werden wird.

Ein Rest von Sinnlichkeit und Liebe schleicht um die Säulen des Gebäudes, ganz ohne Gedanken, bewußtlos zieht es eine hauchdünne Spur des Unsagbaren.
Noch kennt der Staub die Liebe nicht.
Strukturen und Modelle verstauben und vergehen, wenn wir Kehrer und Umkehrer aus den Lebenspalästen hinaustreten werden, beim ersterbenden Läuten einer Glocke.

3.2. Konfliktmodelle

Gäbe es keine Konflikte mehr, müßten wir uns ganz schnell zusammensetzen, um sie zu schaffen. Nach dem jüngsten Gericht, habe ich gerüchteweise gehört, wird es keine mehr geben. Zurzeit allerdings wären wir Armselige, wenn überhaupt selige Menschen, würden uns die Konflikte gestrichen werden. Nicht einmal auf der Stufe ausrangierter Computer oder Maschinen würden wir uns bewegen, weil Konfliktlosigkeit gleichzeitig trieblos, gefühllos, bewegungslos, unmenschlich, freudlos, wunschlos und arglos bedeutet. Das Arge des Konfliktes ist unvergleichbar mit der Arglist einer Welt ohne Konflikte. Ohne Konflikte sind wir wahllos, verantwortungslos, und unser Leben wäre determinisierend programmiert. Ansich ist es genug, wenn unser Tod feststeht — die Augenblicke mehr, die wir bewußt leben dürfen, sind nur mit Konflikten denkbar.
Leben und bewußte Entwicklung als einzigartige Menschen hängen von dem wandelnden Gelingen, den Krisen und Konflikten mit uns, mit anderen und unserer Umwelt ab.

Fassen wir die beinhalteten Aussagen über den Konflikt zusammen, dann heißt dies:

a) **Wir haben Konflikte und brauchen Konflikte.**

b) **Konflikte tragen dominant und bestimmend zu unserer eigenständigen, persönlichen Entwicklung bei.**

c) **Unsere Konfliktbewußtheit erlaubt uns freiheitlich, selbstverantwortlich und autonom eigene Entscheidungen und Handlungen als einzigartige Wesen zu treffen.**

3.2.1. Definition des Konfliktbegriffes

Der Begriff des Konfliktes ist bereits eine Konstruktion, die vorgenommen wurde. Wir sprechen erst dann von Konflikten, wenn
— Wahlmöglichkeiten bestehen,
— Entscheidungen möglich sind und
— Handlungsvarianten vorliegen.

Konflikte entstehen beim Vorhandensein von unterschiedlichen

— Bedürfnissen	— Zielen
— Wünschen	— Aufträgen
— Trieben	— Impulsen
— Forderungen	— Interessen

Man kann zwischen intrapersonellen und interpersonellen Konflikten unterscheiden.

Ein intrapersoneller Konflikt tritt beispielsweise bei konkurrierenden Wünschen auf, die man beide befriedigen möchte: z.B.: die Teilnahme an zwei Ereignissen, die gleichzeitig an zwei verschiedenen Orten stattfinden; die Auswahl aus zwei verschiedenen, jeweils sehr delikaten Menüs in einem Restaurant.

Ein interpersoneller Konflikt betrifft mindestens zwei Personen, die beispielsweise unterschiedliche Zielsetzungen haben, aber in der zur Verfügung stehenden Zeit nur einem Ziel folgen können: Herr X möchte am Samstag abend mit seiner Frau ins Kino gehen, Frau X möchte von ihrem Ehemann Samstag abends in die Oper entführt werden.

Um den Konfliktbegriff eingrenzen zu können, bedarf es der Berücksichtigung der Konfliktentstehung. Allein der Definition nach bezeichnet man einen Konflikt als

den Widerstreit zwischen verschiedenen und unterschiedlichen Trieben, Bedürfnissen, Wünschen, Forderungen, Zielen, Interessen und Abwehrsystemen von einer oder mehreren Personen.

Taucht ein Wunsch auf, wird eine Forderung erhoben, oder setzen wir uns ein Ziel, so erreichen wir im Idealfall durch ein bestimmtes Handeln eine Befriedigung dieses Wunsches beziehungsweise eine Erfüllung der Forderung oder ein Erreichen dieses Zieles. Diesem Gelingen folgen Entspannung, Ruhe oder Sättigung. In dieser letzten Phase kann sich wieder erneut Spannung aufbauen, die zu neuen Wünschen, Impulsen, Forderungen oder Zielen führt. Jede Abweichung von diesem idealen Bild führt zu einem Konflikt.
Nehmen wir für die folgende Überlegung der Einfachheit halber nur zwei Wünsche an, die gleichzeitig befriedigt werden sollen, so ergeben sich zwei Varianten im Konfliktverlauf:

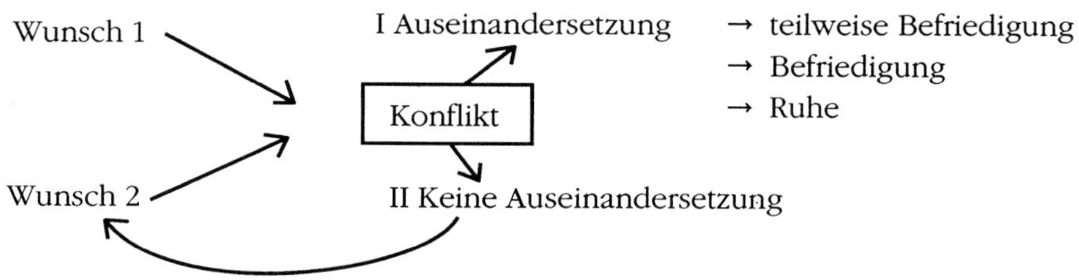

In der Variante I erfolgt eine Auseinandersetzung zwischen Wunsch 1 und Wunsch 2, die zu einer Befriedigung oder zumindest zu einer teilweisen Befriedigung führt. Danach tritt Entspannung ein.

In der Variante II findet die Auseinandersetzung nicht statt, sodaß der Konflikt erhalten bleibt und weder Wunsch 1 noch Wunsch 2 befriedigt werden können. Der Erregungszustand bleibt aufrecht und wird häufig durch andere Aktivitäten sublimiert. Diese Variante kann in einen zwanghaften Wiederholungsmechanismus ausarten (Wiederholungszwang), wobei oftmals nach einiger Zeit die ursprünglichen Wünsche 1 und 2 vergessen oder sogar verdrängt werden.
Die Schwierigkeiten in der Bewältigung eines Konfliktes liegen daher schwerpunktmäßig im:

a) Erkennen der verschiedenen, sich widersprechenden Wünsche, Ziele, Interessen usw.,
b) der Bereitschaft zu einer (vielleicht mühevollen) Auseinandersetzung,
c) dem "Genug" oder "Satt sein" bei der Befriedigung eigener Bedürfnisse,
d) dem Erregungs- und Spannungspotential, das für die Auseinandersetzung notwendig ist.

Für die Bewältigung eines Konfliktes genügt nicht die Feststellung "Es gibt einen Konflikt", sondern es bedarf eines Herausfilterns der unterschiedlichen Wünsche, Impulse, Ziele und Forderungen. Erst wenn diese klar am Tisch liegen und nicht nur dumpf in unserer Gefühlswelt schlummern, kann der Konflikt konstruktiv angegangen werden. Dazu sind Kräfte zu mobilisieren und Adressaten zu finden, mit denen die Auseinandersetzung erfolgen kann.

Ein Beispiel: Ein Mitarbeiter kann vage ausdrücken, er sei unzufrieden und habe Konflikte im Betrieb. Eine Konfliktbewältigung ist aber erst dann möglich, wenn er erkennt, daß sein Konflikt darin besteht, daß er die Meinung hat, den Aufstieg in eine höhere Gehaltsklasse verdient zu haben, der Vorgesetzte diese Meinung jedoch (noch) nicht teilt. Er kann seinen Vorgesetzten darauf ansprechen und eine Auseinandersetzung bezüglich dieser Thematik bis zum beiderseitigen "Genug" führen.

Jeder Konflikt, und sei er noch so einfach gelagert, kann ausgeweitet, verschoben und vermieden werden. Durch unsere Überlebenserfahrungen sind wir Champions der Manipulation im Umgang mit Konflikten. Um der konkreten Auseinandersetzung zu entgehen, benützen wir gerne Vorstellungs- und Handlungsmuster, die sich scheinbar auf den Konflikt beziehen, letztlich aber in der Bewältigung des Konfliktes zum Versagen führen.

Grob zusammengefaßt kann man drei Strategien bei der Konfliktbewältigung unterscheiden, die aber meist unbewußt eingesetzt werden:

a) Ausweiten	oder	Generalisieren
b) Verschieben	oder	Verzerren
c) Vermeiden	oder	Tilgen/Löschen

Beispiele:

a) Ausweiten/Generalisieren:
Hugo will jeden Morgen 15 Minuten Körperübungen machen, genießt allerdings jede zusätzliche Minute, die er länger im Bett bleiben kann.
Hugo stellt in seinem Bekanntenkreis fest, daß es vielen so geht. Diesen Konflikt haben so viele Menschen, wieso sollte gerade er es schaffen und dann vielleicht noch als zwanghafter Spinner bezeichnet werden. Man kann sich doch nicht so einengen.

b) Verschieben/Verzerren:
Zwei Kolleginnen wollen für die Abteilung einen gemeinsamen Abend organisieren. Frau Kultur plädiert für einen gemeinsamen Opernbesuch, während Frau Schwipsig zum Heurigen gehen will. In ihrer Auseinandersetzung stagnieren sie, und nach und nach verschieben/verzerren sie das Organisationsvorhaben auf eine Befragung der Kolleginnen, auf mögliche Sponsorentätigkeit von seiten der Leitung usw.

c) Vermeiden/Tilgen
Otto hat die Absicht, mit seinen Freunden rund um das Mittelmeer zu fahren. Der Entschluß wird verbindlich in der Freundesrunde festgelegt.
Auftretende Schwierigkeiten bezüglich der Wahl der Verkehrsmittel, der negativ eingestellten Familienlobbies, des Zeitraumes und so vieles mehr führen dazu, daß mit der Zeit der Entschluß als launiger Spleen und die Mittelmeerregion als reines Kriegsgebiet bezeichnet werden, das man nicht betreten sollte.

Das Geschick, Konflikte zu vermeiden, auszuweiten oder zu verschieben, liegt in der Fähigkeit der Personen, Konfliktfelder in ihrer Wechselwirkung anders zu lagern. Wir leben als Person nicht alleine auf dieser Welt — sonst hätten wir auch nur intrapersonelle Konflikte —, sondern wir leben in Partnerschaften, Gruppen, Abteilungen, Organisationen, religiösen Gemeinschaften und sind auch ein Teil des Kosmos. Wir sind nicht nur Person, Körper, sondern sind Teil einer Gruppe, einer Organisation.
Und die nützen wir in der Konflikt-Ausklammerung weidlich aus.

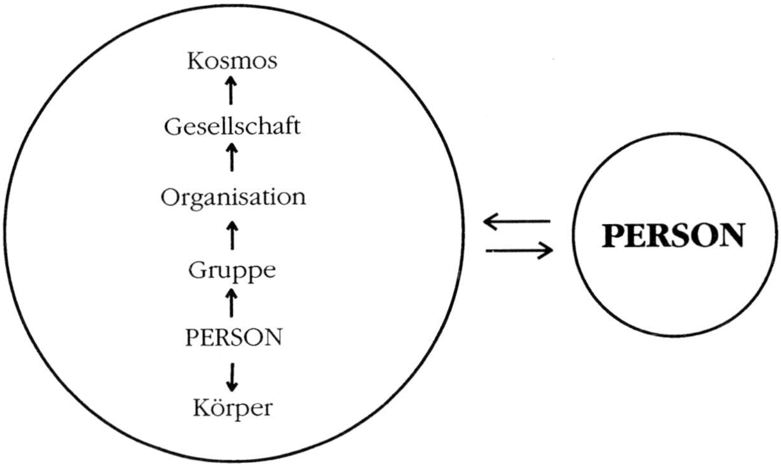

Wir verspielen allzugerne unsere Kreditkarte der Konfliktbewältigung, indem wir unseren Teilnahmeausweis der anderen Instanz vorlegen und passiv verweilen.

- o Wenn "die oben" nicht diese Entscheidung getroffen hätten, dann müßten wir uns "hier unten" gar nicht streiten.
- o Wenn der Staat das Geld so verschleudert, dann ist es doch legitim, von der Sozialhilfe zu leben.
- o Wenn wir nicht so ein arges Schulsystem hätten, dann gäbe es weder für Lehrer noch für Schüler solche Schwierigkeiten.
- o Wenn jeder das tun würde, was ich anschaffe, könnten wir ganz friedlich miteinander auskommen.

Das Verlagern der Konfliktfelder im Sinne der

— Ausweitung
— Verschiebung und
— Vermeidung

erhält den Status quo der mannigfaltigen Wünsche, Bedürfnisse und Zielsetzungen aufrecht und beläßt die Wechselwirkung in einem stabilen Gleichgewicht.
Die bestehenden Konflikte bleiben erhalten.

Bedeutungsvolle persönliche Konflikte, die vermieden und verdrängt werden, können die Ursache für psychosomatische Erkrankungen sein. Diese nicht ausgetragenen Konflikte werden dann auf die körperliche Ebene transferiert, und der Körper reagiert durch Symptombildungen.

Jeder kennt die typischen Beispiele von "Managerkrankheiten":
Wer zu viel Ärger und Sorgen mitgeschluckt hat, riskiert ein Magengeschwür; wer seine Zeitkonflikte nie bewältigt, riskiert einen Herzinfarkt; wer meint, alles alleine durchstehen zu müssen, wird durch seine Schmerzen im Rücken daran erinnert, wie schön die Unterstützung von anderen Mitmenschen sein kann.

Fassen wir die wichtigsten Aussagen wieder zusammen, so zeigen sich in der Konfliktabgrenzung bereits erste Konsequenzen für die Anwendung:

a) Unser Ideal ist eine optimale Befriedigung unserer Bedürfnisse und unserer Ziele.

b) Unterschiedliche Forderungen, Ziele und Bedürfnisse ergeben Konflikte, die durch die Auseinandersetzung einer Befriedigung zugeführt werden können oder durch die Nicht-Auseinandersetzung Störungen hervorrufen können.

c) Herkömmliche Vorstellungs- und Handlungsmuster der Nicht-Auseinandersetzung sind
— ausweiten/generalisieren
— verschieben/verzerren
— vermeiden/tilgen

d) Das wechselhafte Bezugssystem, in dem wir als Person leben, ermöglicht leicht die Konfliktverlagerung (und schuldhafte Zusprüche) und somit die Vermeidung einer Bewältigung.

e) Bedeutungsvolle Konfliktverdrängungen können zu körperlichen Symptomen, d.h. zu psychosomatischen Erkrankungen führen.

3.2.3. Konfliktmodelle

Bevor ich auf die Konfliktbearbeitung oder auf das Leben mit Konflikten komme, scheint es mir günstig zu sein, drei gängige Konfliktmodelle zu skizzieren.
Diese Modelle sind so einfach wie möglich gehalten und sollen gleichwertig nebeneinander ohne moralische Bewertung angeschaut werden.
In der Konfliktaustragung gibt es drei Möglichkeiten, nach dem Erkennen des Konfliktfeldes zu reagieren oder sich zu verhalten.
Wir kämpfen, flüchten und lösen uns, um gleich in der nächsten Konfliktphase ohnmächtig von vorne zu beginnen. Manchmal vergessen wir unsere Wünsche und Ziele, die wir hatten, und wollen nur noch gewinnen oder davonlaufen.
Die Konfliktmodelle
KAMPF
FLUCHT
BEWÄLTIGUNG oder LOS-LÖSUNG
sind durch die Bereitschaft zur Auseinandersetzung und Übereinstimmung gekennzeichnet.

SCHEMA: KONFLIKTMODELLE

Modelle	Bereitschaft zur Auseinandersetzung Übereinstimmung	Positiv- (+) Negativ (—) Folgen für die Konfliktaustragung
KAMPF	Auseinandersetzung unvermeidbar Übereinstimmung unmöglich	— machtlos (Kampf um des Kampfes willen + abgesprochene Machtverteilung — Rechthaben wollen + vereinbarte 3. Instanz — schicksalshafter Kampf + Einsicht und Analyse
FLUCHT	Auseinandersetzung vermeidbar Übereinstimmung unmöglich	— Ausweiten — Verschieben — Verleugnen — Ignorieren, isolieren — Nichtbeachtung und Rückzug + neue Vereinbarungen für die Auseinandersetzung + Einsicht in die Ohnmachtssituation
BEWÄLTIGUNG LOS-LÖSUNG	Auseinandersetzung unvermeidbar Übereinstimmung möglich	— Harmonisieren — dieses Modell idealisieren + Konflikt bewußt machen erkennen + wertschätzende Akzeptanz der Konfliktlage (Unterschiede) — Konfliktlösen statt + sich vom Konflikt lösen und verhandeln

Aus der schematischen Übersicht der Konfliktmodelle zeigt sich, daß wir für die Konfliktaustragung im wahrsten Sinn des Wortes zahlreiche Schlepper vorfinden. Das Kampfmodell ist geeignet, die Spannungen zu steigern und über Machtverhältnisse Handlungsimpulse zu setzen, die sonst dem Kampfgetümmel zum Opfer fallen würden. Organisationen sind durch ihre Entscheidungsebenen so konzipiert, daß einzelne Verantwortliche (An-)Weisungsbefugnisse haben, die eine zerstrittene Abteilung wieder zu der Organisation dienlichen Handlungen zwingt. Das Fluchtmodell wird in der bewußten Handhabung verbissenen Streitparteien oder stagnierten Wiederholungsermüdern erlauben, einen neuen Zeitpunkt für die Konfliktaustragung zu setzen. Zweifellos geht es bei den drei Modellen um die bewußte, auch wertschätzende Anwendung und Vermittlung, um Wege zur Befriedigung oder für neue Entwicklungen aufzutun. Geht man in einer Konfliktlage nur kämpferisch, flüchtend oder lösend vor — als Selbstzweck und ohne Berücksichtigung der Unterschiede der Impulse und der Qualität der Befriedigung —, so kann man einen destruktiven, leidvollen und störhaften Verlauf voraussagen.

3.2.3. Konfliktbearbeitung oder das Leben mit Konflikten

Die Nichtauseinandersetzung mit Konflikten bindet Energien und macht uns häufig gelähmt und stumpf in unserer Lebensgestaltung. Es geht daher bei der Konfliktbearbeitung nicht um das Beseitigen aller Konflikte, sondern um die erhöhte Qualität unseres Lebens, die die belebende Ruhe nach Konfliktsituationen schafft.

Folgende Überlegungen scheinen mir für die Bearbeitung von Konflikten und dem Leben mit Konflikten nützlich zu sein:

a) Konfliktbewußtsein
Es gibt kaum eine Tätigkeit, Handlung oder Entscheidung, die nicht gleichzeitig eine Konfliktbewältigung ist. Ich kann darin aber auch meine einzigartige Selbständigkeit erkennen und daraus Mut für meine Weiterentwicklung schöpfen.

b) Konflikte akzeptieren
Kann ich eigene Konflikte in mir oder mit anderen Personen gelten lassen, ohne sie zu beschönigen oder einfach zu leugnen?
Wünsche ich mir eine Wunderwelt nach meinen Vorstellungen, in der alles so ist, wie ich es haben möchte, mit der einen Ausnahme, daß diese Welt nicht ist ?

c) Konflikte erkennen

Konflikte zu erkennen bedeutet Bescheid zu wissen über eigene und fremde
- — Ziele
- — Forderungen
- — Bedürfnisse
- — Wünsche
- — Interessen
- — Abwehrmaßnahmen usw.

Bin ich in der Lage, diese Divergenzen wertfrei wahrzunehmen und die Spannung, den Reiz nach Loslösung zu spüren ?

d) Distanz schaffen

Auch wenn ich selbst in den Konflikt massiv verwickelt bin, brauche ich für die Bewältigung Hilfen, um meine Handlungen und Ansichten kritisch zu reflektierten.

e) Berufe ich mich auf fiktive Vorstellungen, Illusionen oder Phantasien oder setze ich meine Sinne zur Wahrnehmung forschend und lebendig ein?

f) Die unterschiedlichen Konfliktebenen erkennen

Kann ich die Konflikte unterschiedlichen Ebenen zuordnen ? Zum Beispiel der
- — Leistungsebene
- — Bedürfnisebene
- — Körperebene usw.

g) Auseinandersetzen

Bin ich bereit, mich in die Auseinandersetzung zu begeben, auch wenn sie noch so stupide, lästig, fad, langwierig, nervtötend, angstbesetzt, ärgerniserregend usw. ist?

h) Übereinstimmung

Bin ich bereit, eine Übereinstimmung anzupeilen mit der Grundhaltung, das beste Ergebnis für mich, den anderen und die Sache zu erzielen, oder siegen die verschämte Rechthaberei, der Stolz, die Begierde, die Gewalt oder die Überheblichkeit ?

i) Wertschätzende Akzeptanz und friedliche Koexistenz

Bin ich in der Lage, auch bei aussichtslosen Konfliktsituationen das, was ist, und das, was sein soll, auseinanderzuhalten, oder tendiere ich dazu, Vorschläge, Ratschläge oder Schläge des "Sollte-sein" zu verteilen ?

j) Bitten

Manchmal hilft es, in einem Konflikt zu bitten oder zu betteln, statt den anderen zu überzeugen.

k) Lernen
Bin ich bereit, zu lernen und mein Wissen wertschätzend auszutauschen und zu vermitteln ?
Bin ich verrückt genug, um in der Auseinandersetzung neue Ideen zu haben, oder ist der Konflikt bereits ein festes Programm in meinem Leben?

l) Ja — Nein
Traue ich mich, mich ganz einfach zu jemandem, zu etwas zu bekennen mit einem JA ?
Wenn ich NEIN sage, zu wem oder was sage ich JA ?

3.2.4. Über die Konflikte

Konflikte verflüchtigen sich und steigen als kleine Wolke auf, unvergossene Tränen des Leids und der Freude mitnehmend. Sie verformen sich durch den Wandel der Zeit, zucken zusammen, erschrecken und bleiben lautlos. Die Rückstände verpaßter Gelegenheiten der Auseinandersetzung, das allgegenwärtige magische Denken und die unsinnigen schuldhaften Zuordnungen verhüllen den Blick zur Klarheit. Ungesagtes von Gefühlen, Wünschen, Zielen und Bedürfnissen, denen die Befriedigung durch maßlose Härte, fruchtlosen Stolz, Vernachlässigung der Sinne und mißverstandene Rücksichtnahme verwehrt wurde, bläht die verschwindende Wolke dunkel auf und entzieht sich jeglichen Zugriffs.
Große Stimmungswolken fressen die kleinen Konfliktwölkchen auf und wollen rücksichtlos die Herrschaft erlangen.
Geistige Gewitterwolken fürchten sich vor sich selbst und verbreiten Panik durch ihr vernünftiges Getöse. Ideale und Illusionen ordnen sich in Nebelbänken an und locken die menschlichen Menschen in Verwirrnisse und unnötige Ängste, um das Gegenüber von Wünschen und Gefühlen aufzulösen.
Über den Konflikten weht der Wind der Vermeidung, der Hochnäsigkeit und der Harmonie. Ungeliebt und lästig werden sie zur Seite bugsiert, herablassend beflegelt und gesellschaftlich weggedacht.
Oh heile, unheile Welt.
Konfuzius hatte Kontakt mit den Konflikten.
Goehte verweilte im entscheidenden Augenblick nicht lange genug beim letzten Konflikt, und sein zahnloser Mund verzog sich zu einem unschuldigen Grinsen, da seine Werke angefüllt waren von der Fülle der Konflikte.
Anonymus blieb unerkannt und lebte glücklich mit den Konflikten in die nächste Sekunde hinein, sekundiert von einer realistischen Wertschätzung der Gegebenheiten.
Alle drei stritten, ritten die großen und kleinen Wolken des Kampfes und der Flucht und verewigten sich in gewaltigen Bewältigungen.
Konflikte erklärten dem gesunden Streit ihre Ergebenheit. Der Kontakt stellte mit dem Konflikt einen Konsens her.

3.3. Entscheidungsmodelle

Jeder Konflikt endet mit einer Entscheidung, und jedes Konfliktmodell ist daher eng mit Entscheidungmodellen verbunden. Das konfliktreiche Eintauchen in das Meer der Wünsche, Bedürfnisse, Triebe, Zielsetzungen, Forderungen und Interessen zeigt sich in den Wellen der Entscheidungsfindungen, die zu einer geglückten Bewältigung hin zu durchschwimmen sind. Das Konfliktgeschehen resultiert aus Entscheidungsschwierigkeiten, die sich meist auf verschiedenen Ebenen intra- und interpersonell abspielen.
Beispielsweise sage ich zum Besuch einer Veranstaltung von der Sache und Zweckmäßigkeit her gesehen JA, vom gefühlsmäßigen mischt sich ein NEIN ein. Hier findet der Konflikt innerhalb einer Person statt — intrapersonell.
Ein anderes Beispiel: Ich bitte einen Mitarbeiter, eine Stunde länger zu bleiben, damit eine wichtige Vorbereitungsarbeit für den nächsten Tag abgeschlossen ist. Er wird ärgerlich und will gehen, weil er aus Prinzip keine Überstunden machen will. Dieser Konflikt spielt sich zwischen zwei Personen ab — interpersonell.

Die Bewältigung der Konflikte oder die Loslösung von der Problemen hängt von Entscheidungen ab.

Es ist unmöglich, keine Entscheidungen zu treffen.

Von Entscheidungen können wir erst dann sprechen, wenn eine Wahlmöglichkeit zwischen NEIN und JA besteht. Wir müssen unterschiedliche Möglichkeiten beurteilen können, um überhaupt von einem bewußten Entscheiden sprechen zu können.
Das Abwägen von JA und NEIN versinnbildlicht das scheinbar einfachste Entscheidungsmodell. Es klingt im ersten Moment etwas banal, aber Personen mit Entscheidungsschwierigkeiten haben fast durchwegs Nöte, sich zu einem JA oder NEIN zu bekennen. Man kann Entscheidungen auch ausweichen, indem man zum notorischen JA- oder NEIN-Sager wird.

Wir haben Ängste, ungeliebt zu sein, abgelehnt oder nicht verstanden zu werden, umgehen daher gerne das Risiko einer direkten Forderung oder einer eindeutigen Entscheidung. Wir fühlen uns dabei oft verletzlich und angreifbar als Person.

Auftretende Schwierigkeiten vor oder mit Entscheidungen kann man grob folgenden Punkten zuordnen:

a) Informationsdefizite
b) Vermischung der Ebenen
   (z.B. Sach- und Beziehungsebene)

c) Fehlen der Bereitschaft zur Deklaration
  - von Forderung, Zielsetzung und Interessen
  - von Bedürfnissen, Wünschen und eigenen Gefühlen
  - von eigenen Standpunkten, Ideen und Meinungen
  - von Vorgangsweisen und Mitteln
d) Fehlen von bewußten Entscheidungsmodellen
e) Unbewußte und bewußte Einstellungshemmnisse zur aktiven Lebensgestaltung
f) Vermeidung der Thematik von Konflikt, Abschied und Tod

Erfahrungsgemäß ist es günstiger, die Elemente und die Prozesse für das Entscheidungsfinden zusammenzutragen und entsprechende Hilfen zu erstellen, als bei den Schwierigkeiten anzusetzen.

3.3.1. Die Entscheidung

Als ich mich entschied, dieses Buch zu schreiben, war es erst nur eine Ideenfindung als Entscheidung. Dieser Zeitpunkt liegt schon Jahre zurück. Ich nahm mir vor, das schon vorhandene Material durchzusehen, weitere Informationen zusammenzutragen und eine Gliederung vor dem Beginn auszuarbeiten. In dieser Vorbereitungsphase mußte ich im Kleinen viele Entscheidungen der Auswahl treffen, bis ich zur konkreten Festlegung des Zeitpunktes kam, da ich Seite für Seite, Absatz für Absatz und Kapitel für Kapitel zu schreiben begann. Da ich in den letzten drei Jahren nur jeweils wenige Wochen zur Verfügung hatte, an denen ich ungestört diese Schreibarbeit leisten konnte, kam mir nicht nur einmal der verführerische Gedanke der Aufgabe in den Sinn, doch ich entschied mich für die Durchführung und Fertigstellung. Als ich mit dem Ausformulieren fertig war, traf ich die für mich schwierigste Entscheidung der Korrektur und des Umschreibens des Kapitels über die Modelle. Mit diesem kurzgefaßten Entstehungsprozeß des Buches möchte ich aufzeigen, daß bis zur Befriedigung, Fertigstellung und Erreichen eines Zieles eine Kette von Entscheidungen zu treffen sind, die, zum günstigsten Zeitpunkt angesetzt, als weiterführende Impulse zum bewußten Handeln betrachtet werden können.

3.3.1.1. Allgemeine Entscheidungskategorien

Um uns Hilfen für die Entscheidung dienlich zu machen, müssen wir diese genauer untersuchen und Abgrenzungen finden.

Man kann Entscheidungen allgemein in drei Kategorien einteilen:

a) bewußte Entscheiungen
b) automatisierte Entscheidungen (bewußt initiiert)
c) "unbewußte Entscheidungen"

Von bewußten Entscheidungen sprechen wir dann, wenn

1. Auswahlmöglichkeiten, Alternativen bestehen
2. eine Auswahl, Festlegung oder Vereinbarung als Entscheidung getroffen wird
3. diese Entscheidung offen deklariert und benutzt wird.

Als automatisierte Entscheidungen bezeichne ich sichtbare Aktionen, Gegebenheiten oder Abläufe, die bewußt initiiert bzw. in Gang gesetzt worden sind bzw. jederzeit bewußt korrigiert werden können. Atmen, sitzen, gehen, essen, arbeiten, schlafen, sehen, hören usw. sind Beispiele für solche automatisierte Entscheidungen.
Der Langläufer entscheidet sich für eine Laufstrecke — er setzt sich also bewußt in Bewegung. Die meisten seiner Schritte jedoch sind automatisiert, reflexhaft, instinktiv gesetzt. Die Entscheidung, wo er den nächsten Schritt hintut, ist also eine automatisierte Entscheidung. Der Autofahrer bremst und schaltet aufgrund von situativen Gegebenheiten des Verkehrs und trifft nicht bei jedem Bremsvorgang, bei jedem Gangwechsel eine bewußte Entscheidung.

''Unbewußte Entscheidungen'' sollte man besser als Geschehnisse, Fügungen oder willkürliches Tun bezeichnen. Früh getroffene Lebensentscheidungen spiegeln sich in diesen ''unbewußten Entscheidungen'' wider, es treten Verhaltensmuster auf, die nicht auf bewußte Entscheidungen zurückgehen, aber als ein Produkt früherer Erlebnisse, Eindrücke oder Lebensentscheidungen erklärbar sind.

Zwei Beispiele dazu:

a) Eine Mutter wird jedesmal krank, wenn ihre Tochter verreisen will. Die Tochter ist gezwungen, die alleinstehende Mutter zu pflegen. Man kann der Mutter nicht unterstellen, daß sie bewußt krank wird, um die Abreise der Tochter und damit ihr Alleinsein zu verhindern. Hier wird eine unbewußte Entscheidung wirksam — ja sie ist sogar so wirksam, daß sie sichtbare Auswirkungen auf die körperliche Gesundheit hat.

b) Ein Mitarbeiter ist sehr bemüht, alles richtig und verläßlich auszuführen, was ihm aufgetragen wird. Bei der Kontrolle seiner Arbeiten fällt jedoch auf, daß immer etwas unvollständig oder fehlerhaft ist. Er ist jedesmal einsichtig, es ist ihm jedesmal peinlich, er nimmt die Schuld auf sich und leidet darunter. Doch so sehr er sich auch bemüht, es besser zu machen, so sehr treten doch immer wieder neue Fehler auf. Es gibt keinen Zweifel, daß dieser Mitarbeiter sein Bestes bis zur Grenze der Belastung gibt und dennoch laufend Störungen produziert. Die unbewußte Entscheidung, die er getroffen hat, ist eine Rebellion gegen den Auftraggeber und gegen die Arbeit.

3.3.1.2. Entscheidungsarten

Von den drei Kategorien der Entscheidung wollen wir uns hauptsächlich mit den bewußten Entscheidungen beschäftigen. Diese wiederum kann man grob folgendermaßen gliedern:

a) Entscheidungen aus einer Gewohnheit heraus

z.B. Mittagspause um 12 Uhr
Die Anrede einer fremden Person mit "Sie"
Als Mann Hosen und nicht Kleider tragen

b) Entscheidungen aufgrund von Erfahrungen

z.B. Alle 3 — 4 Jahre einen neuen Wagen kaufen
Nach ca. 90 Minuten Teamsitzung eine Pause machen
Vorbereitungszeiten vor wichtigen Gesprächen einplanen

c) Entscheidungen durch Entscheidungsträger

Hier wird einzelnen Personen die Entscheidungskompetenz zugeordnet. Diese Entscheidungskompetenz kann jemandem verliehen werden, kann durch Vereinbarung bestimmt werden, kann erworben sein und ist den beteiligten Personen offiziell bekannt. Derartige Entscheidungsträger sind z.B. Funktionäre eines Vereines, Geschäftsführer eines Betriebes, Befehlshaber beim Militär etc.

d) Entscheidungen durch mehrere Personen

Entscheidungen, die von mehreren Personen getragen werden, müssen als ersten Schritt eine Konsens-Entscheidung über den Entscheidungsmodus treffen, d.h. alle müssen darin übereinstimmen, welcher Weg der Entscheidungsfindung gewählt wird, damit alle das Ergebnis anerkennen. Diesen Modus können in bestimmten Situationen aber auch einzelne Personen oder Teile der Gruppe alleine festlegen, wenn sie dazu genug Entscheidungsbefugnisse haben.

Beispiele dafür sind:

— Entscheidungen durch Vereinbarung,

z.B. Zeitabsprachen (Arbeitszeit von 8 bis 12), Preisabsprachen (der Computer kostet so viel ÖS.)

— Entscheidungen durch Konsens (= Übereinstimmung)

Dabei stimmen alle beteiligten Personen offen einer Entscheidung durch Übereinstimmung zu. Dies bedeutet nicht, wie oft irrtümlich geglaubt wird, daß alle gleicher Meinung sein müssen, sondern bedeutet nur, daß in einer begrenzten Zeit zur Erreichung eines bestimmten Zieles, zur Erfüllung eines bestimmten Auftrages, zur Planung oder zur Durchführung einer bestimmten Handlung eine Entscheidung von allen anerkannt wird. Funktionsverteilungen oder die Regelung von Arbeitsbedingungen sind Beispiele für derartige Konsensentscheidungen.

Ich möchte davon unterscheiden die

— Entscheidungen durch Einstimmigkeit

Hierbei stimmen alle beteiligten Personen einer getroffenen Entscheidung zu, wobei jedes Mitglied aktiv verantwortlich für die Entscheidung zeichnet. Bei den Konsensentscheidungen ist dagegen den einzelnen Personen erlaubt, einer getroffenen Entscheidung nur passiv zu folgen.

— Entscheidungen durch Mehrheit

Je größer Personengruppierungen werden und je mehr Zeitlimits vorhanden sind, umso eher wird auf diesen Entscheidungsmodus zurückgegriffen. Wahlen, Volksabstimmungen, Auswahl von Themen in Gruppen etc. werden durch Mehrheiten entschieden.

— Entscheidungen mit Vetorecht

Bei diesem Entscheidungsmodus ist von vornherein festgelegt, daß einzelne Personen oder Interessensgruppen die Entscheidungen abblocken können. Beispiele dafür sind das Vetorecht des amerikanischen Präsidenten gegenüber dem Kongress oder das Vetorecht von Mitgliedern psychotherapeutischer Ausbildungskommissionen bei Ansuchen um Graduierung.

Entscheidungsvorschläge oder Entscheidungen dienen einerseits der Stabilitätsbeibehaltung oder der Herstellung eines instabilen Gleichgewichtes, das zu Veränderung und Entwicklung führt.

Das bewußte Finden und Festlegen von Entscheidungen beinhaltet in der dauernden Wechselwirkung zum Werden hin sowohl den Aspekt des Bleibenden wie des Vergänglichen. Die statische Ausrichtungen hat den gleichen Stellenwert wie die dynamische, unruhige Bewegtheit bei den Entscheidungen.

Jede Entscheidung ist der Eintritt in einen neuen Prozeß des Handelns und der Lebensgestaltung.

3.3.1.3 Elemente für den Entscheidungsprozeß

a) **Entscheidungen gehen immer von einzelnen Personen aus, und Entscheidungsprozesse werden immer von einzelnen Personen eingeleitet.**

Entscheidungen werden oftmals als gottgegeben hingenommen, und der Ausgangspunkt der Entscheidungsfindung wird ignoriert. Entscheidungen treffen sich nicht von selbst, sondern Personen haben diese aufgrund der im Augenblick der Entscheidungsfindung bestehenden Situation (Istwert) und ihrer Zielsetzung (Sollwert) getroffen.

Das Zurückgehen auf den Ausgangspunkt einer Entscheidung kann manchmal heißen, Tote befragen zu müssen. Wir können heute nicht mehr mit den Autoren des Allgemeinen Bürgerlichen Gesetzbuches diskutieren, warum sie diesen Paragraphen so oder so formuliert haben. Wir können die damals getroffenen Entscheidungen nicht mit den Entscheidungsträgern von damals durchdiskutieren und rückgängig machen wollen. Neue Entscheidungen können nur durch Personen in der heutigen Situation angemessen geschaffen werden. Alte und vielleicht heute nicht mehr angemessene Entscheidungen schaffen sich nicht von selber ab.

b) **Entscheidungen sind beeinflußbar und korrigierbar, da Entscheidungen von Personen getroffen werden, die sich weiterentwickeln und sich veränderten Situationen anpassen können.**

Individuen und soziale Systeme befinden sich in einem permanenten Entwicklungsprozeß. Entscheidungen an sich gibt es nicht, sondern für alle Entscheidungen sind Menschen verantwortlich.

c) **Jede getroffene und durchgeführte Entscheidung ist als gegeben zu akzeptieren.**

Entscheidungen, die bereits Konsequenzen nach sich gezogen haben, sind grundsätzlich zu akzeptieren, da Fakten der Vergangenheit nicht mehr zu ändern sind. Wir sollen uns mit den gegebenen Tatsachen abfinden lernen und nicht eventuelle Fehler der Vergangenheit bejammern. Nicht Jammern und Wehklagen hilft, sondern nur die Korrektur von alten Entscheidungen, die heute nicht mehr von Nutzen sind, durch neue Entscheidungen.

d) **Entscheidungen haben sich an Grenzbedingungen zu orientieren, die entweder eingehalten oder gewollt überschritten werden.**

Um Entscheidungen Wirkung zu verleihen, müssen die Grenzbedingungen klar erkannt und die Zielsetzung dementsprechend optimiert werden.

e) Entscheidungen müssen eindeutig, klar, verständlich und ausweglos sein.

Entscheidungen, die mehrfach interpretierbar, je nach Gutdünken auslegbar, vage und unkonkret formuliert werden, sind keine Entscheidungen, sondern eher ein Problem. Entscheidungen mögen aus einem Kompromiß resultieren, können aber letztlich nur einen einzigen Standpunkt vertreten.

f) Entscheiden heißt, sich von mehreren Alternativen zu verabschieden und eine ausgewählte Alternative als weiteren Handlungsimpuls zu nutzen.

Eine getroffene Entscheidung bedeutet den Verzicht auf die Freiheit einer weiteren Wahlmöglichkeit.

g) Entscheidungen sind auf die Durchführung und das gewollte Ergebnis ausgerichtet.

Entscheidungen um der Entscheidung willen sind wie ein Ausblasen des Windstoßes. Entscheidungsfindungen sollten Hilfen sein, durch bewußtes Tun zu gewollten Ergebnissen zu kommen.

h) Entscheidungen sind in einem Rückkoppelungsverfahren immer neu zu überprüfen.

Der Mensch lenkt durch seine Entscheidungen — nicht die getroffenen Entscheidungen sollten den Menschen lenken.

3.3.2. Der Entscheidungsprozeß

Der Entscheidung soll der Prozeß gemacht werden.
Der Prozeß bedingt die Entscheidungen.
Die Bedingungen des Prozesses führen zu den Entscheidungen.
Wem wird der Prozeß gemacht?
Der Entscheidung. Ein sachlicher Modellfall der Prozeßführung. Ohne Ergebnis. Ohne Menschen.

Der Mensch entscheidet sich. Rasch, spontan und intuitiv. Über diesen Prozeß kann nicht berichtet werden, da ein Geheimhalteabkommen der unbekannten Geheimdienste unbewußt besteht, nichts außer irreführender Kodierung und Spekulationen verlauten läßt.

Endlich will eine Person, zwar verzögert und bedächtig, bewußt eine Entscheidung treffen, mit den ganzen Konsequenzen von der Entstehung bis zum gelungenen Ende. Noch weiß sie nicht, wieviele Entscheidungen sie trifft, wenn sie Entscheidungen trifft.

Dieser Unkenntnis wird der Prozeß gemacht. Beginnen wir unverfänglich als unanklagender Klagender, der im Schlußplädoyer das Urteil als Entscheidung anficht, da Prozesse an sich selbst Prozesse sind.

"Ich war noch nicht als Entscheidung geboren, wurde ich als Ideen-Fötus bereits genährt, herumgetragen, unsichtbar und stolz gezeigt, unberührbar ertastet und im Dunkeln gelassen. Meine Eltern, IST und SOLL, hatten vor meiner Zeugung nur die üblichen Wünsche und Bedürfnisse im Sinn und lange Zeit keinerlei Motivation, sich überhaupt in irgendeiner Abhängigkeit zu sehen. Bis sie sich trafen, verbrachten sie die meisten Musestunden in der Hängematte des SOLLTE SEIN und den unsichtbaren Verließen einer scheinbaren Wirklichkeit der Sicherheit und Geborgenheit.
Ich war damals noch ein Nichts, als ich noch nicht war. Ein Mensch, der sich zufällig nach einem fallengelassenen Zollstock bückte, hob durch eine plötzliche Erkenntnis meine Eltern, IST und SOLL, getrennt auf und vereinigte sie. Ich war gezeugt, aber nicht geboren. Die Zeit des Ausgetragen-Werdens schien mir unendlich lang.
Der Mensch war tätig untätig.
Ich fiel ihm ein, sooft ich konnte, bis eines Tages der Bruch des Zollstockes ihn mir nahebrachte.
Ich wurde von der Idee zur Entscheidung.
Ein Maßband, statt ein Stock,
eine neue Möglichkeit, statt einer alten Gewohnheit.
Ich brachte diesen Menschen zum Fortschritt.
Er schritt hin und her und plante.
Schließlich schritt er hin und verwandelte mich in ein konkretes Ding.
Ich war ein glänzendes, biegsames Stück, bis ich rostig und liegen gelassen wurde.
Falls er mich so fallen läßt, wie meinen Vorgänger, den Zollstock, werde ich ihm als unangeklagter Kläger den Prozeß der Prozesse machen.
Jede Entscheidung ist ein Maß des Urteils.
Ich als Maßband war endlos im Einsatz der Genauigkeit. Als ausgewähltes, neues Ding, als Gebrauchsartikel brauchte es nur ein wesentliches Partikelchen der Beeinflussung, und auch ich war, nach einer neuen Entscheidung, ein nostalgisches Altertum.
Es tut weh, nicht mehr ausschließlich gebraucht zu werden, jüngeren Entscheidungen Platz zu machen, als eingerolltes Maßband herumzuliegen, da die elektronischen Fötalmesser meine Generation abgelöst haben, — ich war nützlich."

Diese ellenlange Geschichte über einen Prozeß des linearen Maßes sprengt hoffentlich die Dimension des vernünftigen Aufbaus von Entscheidungsprozessen als Maß aller Dinge. Gehen wir dennoch, Schritt für Schritt, einen möglichen hilfreichen Prozeß durch.

Nehmen wir die allereinfachste Konstruktion.

Irgendein Bedürfnis. Irgendein Mensch.
Er hat Hunger.
Er schreit und plärrt.
Ist er klein genug, ein lieber Säugling mit Mutter und einer sozial eingestellten Umgebung, ist die Wahrscheinlichkeit groß, daß der Hunger gestillt wird.

Ist er schon groß genug, ein lieber Mensch mit Mutter und einer sozial eingestellten Umgebung, ist die Wahrscheinlichkeit klein, daß sein Hunger nach Nahrung beachtet wird, vielmehr wird sein Verhalten diskutiert und analysiert.

Ist er schon sehr alt, ohne Mutter mit einer sozial eingestellten Umgebung, wird er wahrscheinlich bald in einem Altersheim landen, bestens aufgehoben und abgeschoben.

Der Stoff, aus dem die Entscheidungsprozesse ihre Nahrung beziehen, sind Ziele und Aufgaben. Der Antrieb sind die Wünsche und Bedürfnisse des Menschen.

Vom Überblick her schauen die einzelnen Phasen des Entscheidungsprozesses folgendermaßen aus:

Ablauf einer Entscheidungsphase		mit Beachtung
Zielsetzung Problemstellung ↓		
Informationserhebung ↓		IST-Wert-Kontrolle (= Situationsanalyse)
Sichtung der Entscheidungsmöglichkeiten ← ↓		
Entscheidungskriterien ev. festlegen u. 1. Bewertung ↓	→	Rahmenbedingungen Ziel
Auswahl der brauchbaren Alternativen ↓		
2. Bewertung ev. verbleibender Alternativen Konsequenz — Analyse ↓	→	Planungsüberlegungen Durchführbarkeit
(ZIEL)- ENTSCHEIDUNG		

Bei einer systematischen Entscheidungsvorbereitung muß die Zielsetzung und Problemstellung zuerst genau definiert werden.
In der Situationsanalyse werden die faktischen Gegebenheiten der Situation, ihre Gründe und Ursachen, die Erfahrungen mit ähnlichen Situationen, Bedürfnisse, Motive und Erwartungen durchleuchtet. Die Sichtung der Entscheidungsmöglichkeiten besteht aus einer Ideensammlung und Auflistung sämtlicher Varianten, die denkbar und undenkbar sind.

Das Festlegen von Entscheidungskriterien und Bewertungsmaßstäben ist naturgemäß oft sehr subjektiv gefärbt. Daher ist es gerade in diesem Punkt notwendig, sich über unbewußte Wünsche, Motive und Bedürfnisse im klaren zu sein und, soweit es möglich ist, meßbare Kriterien zu benutzen oder auch externe Berater einzuschalten. Entscheidungskriterien und die Bewertungsmaßstäbe für die Alternativen stehen in einem Zusammenhang zu den Rahmenbedingungen und Zielsetzungen. Nach der Auswahl der brauchbarsten verbleibenden Alternativen erfolgt im zweiten Bewertungsschritt eine Art Konsequenzenanalyse als Test für die Planungsüberlegungen und die Durchführbarkeit. Die abschließende Entscheidung ist eine konkrete, jederzeit überprüfbare Formel, ein Entschluß, der zu einem Ergebnis drängt.

Ich möchte als Beispiel den Vorgang der Entscheidung über ein neues Automobil näher beleuchten.
Zielsetzung: Ich will mir innerhalb der nächsten vier Monate ein neues Auto kaufen.
Informationserhebung:

a) Situationsanalyse
   Besitz eines drei Jahre alten Autos, das ca. 100.000 S
   wert ist.
   Steuerliche Überlegungen,
   Preiserhöhungen sind zu erwarten etc.
b) vorhandenes Kapital und Geldmittel
   (Preislimit)
c) derzeitiges Marktangebot (Fachzeitschriften,
   Empfehlungen)

1. Sichtung der Entscheidungsmöglichkeiten: PKW
Kombi
Jeep
Vorderradantrieb
Hinterradantrieb
Farbe
PS usw.

Entscheidungskriterien:	Wertigkeit	E-Kriterium
	10	PKW
	2	Jeep
	1	Kombi
	10	Vorderradantrieb
	3	Hinterradantrieb
	10	europ. Auto
	5	japan. Auto
	1	Exote
	0	Kabrio
	8	Preis
	7	PS
	7	Spritverbrauch
	5	Geschwindigkeit

Auswahl der brauchbaren Alternativen:

Audi
VW
Lancia

2. Bewertung

Konsequenzenanalyse: Nähe des Händlers, Empfehlung einer Werkstatt? etc.

Entscheidung: Ich werde in vier Monaten einen Audio 100 gekauft haben.

Bei allen Entscheidungen sind kurz zusammengefaßt folgende Fragen zuerst zu klären:

a) Wer muß (sich) entscheiden?
b) Was muß entschieden werden?
c) Wieviel Zeit steht zur Verfügung?
d) Wie gewichtig ist die Entscheidung?

Als Kurzschema eines Entscheidungsprozesses können die Antworten zu den nächsten Fragen dienen:

a) Was ist mir bekannt?	IST-Wert (Situation)
b) Was soll ich tun?	SOLL-Wert (Ziel)
c) Was kann ich tun?	ALTERNATIVEN
d) Was werde ich tun? Was will ich tun?	ENTSCHEIDUNG

Diese zweimal vier Fragen sind gut geeignet zum Üben von bewußten Entscheidungsvorgängen. Die genannten Entscheidungshilfen bzw. das vorher geschilderte, ausführliche Entscheidungsmodell handelte rein auf der sachlichen Ebene. Über Entscheidungsmodelle auf anderen Ebenen wird auf den nächsten Seiten eingegangen.

3.3.3. Entscheidungsmodelle

Bei Entscheidungen wird von Personen aus vorliegenden Handlungsmöglichkeiten eine bestimmte Alternative ausgewählt und als Impuls genützt. Die logische und psychologische Grundfrage bei den Entscheidungsmodellen ist: Wie wählt die Person, die in der Entscheidungssituation steht, zwischen den verschiedenen Handlungsalternativen aus? Anzunehmen ist, daß man die Alternative wählt, die den größten Nutzwert verspricht und die persönlichen Bedürfnisse am meisten befriedigt. Dieser Nutzwert kann etwa sein: Geld, höheres Einkommen, Profit, Prestige, Macht, Anerkennung, Zuwendung, Applaus. Die meisten Entscheidungsmodelle in der Literatur setzen auf der sachbezogenen Ebene an, indem die vorhandenen Alternativen auf ihre Vor- und Nachteile untersucht werden. Gefühle, Intuition, Selbstreflexion und Glauben werden meist mit keinem Wort erwähnt. Noch weniger wird das Phänomen behandelt, daß Personen schon längst und eindeutig Entscheidungen getroffen haben, aber oft jahrelang nicht den Mut haben, sich dazu zu bekennen oder diese Entscheidung den betreffenden Personen mitzuteilen.

Die Kunst, Entscheidungsmodelle brauchbar anzuwenden und zu vermitteln, besteht in der Fähigkeit, mehrere Ebenen und Schichten des Entscheidungsgeschehens zu analysieren und zu bewerten. Ein Betriebsleiter erzählte mir von einem Freund, den er selbst bei sich im Betrieb eingestellt hatte. Von der gebotenen Leistung her hätte er ihn schon nach kurzer Zeit entlassen müssen. Er behielt ihn. Der Freund und Mitarbeiter wurde krank und praktisch arbeitsunfähig. Er hatte eine behinderte Frau und vier halbwüchsige Kinder. Von der gesetzlichen Seite her hatte er die Möglichkeit, diesen Freund zu kündigen, von der betrieblichen Seite her hätte er das schon vor zwei Jahren tun sollen. Aber auf der zwischenmenschlichen Ebene sah es anders aus. Er hatte Tränen in den Augen, als er von ihm erzählte.

Die meisten Entscheidungsschwierigkeiten liegen nicht auf der sachlichen Ebene, sondern ergeben sich aus der Vielzahl der mitbeeinflussenden Ebenen, die den Entscheidungsträgern in ihrer Komplexität zu schaffen machen.

Herr X hat auf der sachlichen Ebene das Ziel, in den nächsten Monaten ein Seminar zu besuchen. Auf der emotionalen Ebene ist Herr X eher ängstlich, was dort mit ihm geschehen könnte. Sowohl von der Familie als auch vom Betriebsgeschehen her spürt er den dauernden Druck, mehr anwesend zu sein. Seit zwei Jahren hat Herr X auf den Urlaub verzichtet. Bei Gesprächen über diese Art von Seminaren hört er Kommentare von "super" bis zu "sinnlos". Seine Mitarbeiter können nicht verstehen, daß er sich fortbilden will. Sein eigenes Zögern geht ihm auf die Nerven. Die Zielsetzung, einen Seminarbesuch zu konkretisieren, ist mit so vielen Ebenen und Beteiligten verwoben, daß es leicht wäre, sich davonzustehlen. Auf den verschiedenen Entscheidungsebenen sehen die Entscheidungsbegründungen jeweils ganz anders aus.

In diesem Beispiel:

Sachbezogene Ebene: Weil mir das Seminar "offene Interventionstechnik" von meinem Freund und Geschäftspartner wärmstens empfohlen wurde, habe ich mich bereits angemeldet.

Gefühlsbezogen: Weil ich so ängstlich bin und zögere, sagt mir mein Gefühl, daß es für mich gut sein könnte, in einem Seminar auftanken zu können.

Gewohnheitsbezogen: Ich gehe einmal im Jahr auf ein Seminar.

Delegierte Entscheidung: Wenn meine Frau will, daß ich auf ein Seminar gehe, dann werde ich gehen.

Ich nenne diese vier Entscheidungsmodelle noch einmal in einer Zusammenschau:

1. Sachbezogenes Zielorientiertes Leistungsspezifisches	Entscheidungsmodell
2. Gefühlsbezogenes Bedürfnisorientiertes Beziehungsbezogenes	Entscheidungsmodell
3. Gewohnheitsbezogenes Erfahrungsbezogenes Sicherheitsbezogenes	Entscheidungsmodell
4. Delegierendes	Entscheidungsmodell

Diese Entscheidungsmodelle kommen selten unvermischt vor. In der Regel verfließen sie ineinander, insbesondere bei der Bewertung der Alternativen werden Motive und Nutzwerte aus allen Ebenen einbezogen.

Wie eine Person Entscheidungen trifft, hängt von verschiedenen Fakten ab.

a) von der Persönlichkeitsstruktur des Entscheiders (= Charakter- oder Überlebensstruktur)
b) vom Einfluß der beteiligten Personen
c) von der Erfahrung, mit Entscheidungen und Entscheidungsprozessen bewußt umzugehen (= Entscheidungsmodelle)
d) von den Bedürfnissen, Motiven und Nutzwert des Entscheiders und der beteiligten Personen
e) von den Wünschen und Gefühlen der beteiligten Personen
f) von der Funktionsverteilung
g) von der Fähigkeit, ziel- und ergebnisorientiert vorzugehen
h) von der Bereitschaft des Entscheiders, Hilfe anzunehmen
i) von der Handlungsbereitschaft

Je bewußter uns das "Wie" des Entscheidungstreffens als Person ist, umso leichter können wir die Ausrichtung der Entscheidungsmodelle definieren. Die Fragestellung nach der Ausrichtung der Entscheidungsmodelle sollte der erste Schritt beim Eintritt in den Entscheidungsprozeß sein.

Einige klärende Fragen dazu:

1. Soll die Entscheidung zur Stabilität (Anpassung) oder zur Instabilität (Bewegung) führen?

2. Ist die Entscheidung eher auf der sachlichen Ebene oder auf der Beziehungsebene angesiedelt?

3. Betrifft die Entscheidung eine Einzelperson oder mehrere Personen?

4. Braucht die Entscheidungsfindung eine externe Bezugsperson (Berater)?

5. Welche Konsequenzen hat das Aufschieben der Entscheidung?

Die Beantwortung dieser Fragen ermöglicht eine Einschätzung der Wichtigkeit der Entscheidung und hilft, eines der Entscheidungsmodelle auszuwählen.
In aller Einfachheit sind Entscheidungsmodelle eine Plattform, die zu einem deutlichen "Ja" zu jemanden, zu etwas Bestimmten führen.

3.3.4. Über Entscheidungen

Entscheidend bei den Entscheidungen ist das Finden eines brauchbaren Hinweisschildes für einen gangbaren Weg. Hinweisschilder haben immer richtige Inschriften, aber häufig stehen sie an der verkehrten Stelle oder sind verdreht worden. Ähnlich ist es mit den Entscheidungen. Sie sind als getroffene Entscheidungen im Moment immer richtig gewesen, aber im Rückblick erscheinen sie oft fehlerhaft. Die Gefahr der Vergangenheitsbewältigung liegt in der Illusion, ohne Abschied auszukommen. Entscheidungen sind Verabschiedungen von Möglichkeiten, die man auch mag, sind Bekenntnisse zum einen ohne dem anderen. So entscheiden wir uns scheinbar aus Angst vor Fehlern nicht und entscheiden uns statt dessen für die Verzweiflung, Enttäuschung und verpaßte Gelegenheit. Die Resignation bleibt als Folge der Illusion, mit dem Blick zurück in die Vergangenheit.

Eine Entscheidung, wie ein Abschied, tut weh. Ohne Schmerz fehlten die Hingabe, das Engagement und das echte Einlassen. Entscheidend ist der Weg, der liebevoll und mit Schmerzen gegangen wurde, hin zur Selbständigkeit.
Leben heißt sich entscheiden. Viele entscheiden sich nicht für das bewußte, eigenständige Leben und entziehen sich dieser Verantwortung, weil sie ihr Leben abwarten. Sie warten auf den Zufall, das Glück, den Prinzen, die Prinzessin und die Fee, auf andere Zeiten und werden nicht gewahr, daß sie sich für die Illusion entschieden haben.

Neulich entschied ich mich, als ich stolperte, ein Vogel zu sein. Ich flog und fiel hin. Gut, daß ich Arme hatte, mich aufzufangen, und nicht ausgebreitete Flügel.

Manches Mal können wir uns nicht entscheiden und wollen es partout tun.
Meist dürfen wir uns entscheiden und vermeiden die Qual der Wahl, um gequält zu verweilen, um Schuldsprüche zu verteilen.
Entscheidungen als Gesetze, Erlässe und Regeln haben uns in ihre Gewalt gebracht, und wir vergeben sogar die Freiheit, Entscheider zu sein, und werden ungeduldige Dulder.
Wir leben in und mit Entscheidungsmodellen und spielen Modell, statt mit Modellen zu spielen.
Entscheiden ohne Tun ist wie ein Urteil ohne Folgen.

3.4. Modelle des Handelns

Unsere Persönlichkeit ist teilweise das Produkt der vorausgegangenen Handlungen. Die Persönlichkeit formt sich bis zu einem gewissen Grade wirklich selbst aktiv, das heißt, ein großer Teil der Prägung wird durch das freie Handeln der Person selbst vollbracht. Wir tragen die Geschichte unseres Tuns körperlich, geistig und seelisch gespeichert mit uns herum und können modellhafte Zugriffe tätigen, um neue Situationen zu bewältigen.

Handeln nach einem Modell benötigt Strukturen, Konfliktbewältigung, Entscheidungen und Zielsetzungen. Natürlich sprechen wir hier vom bewußten Handeln, da es ein Nicht-Handeln im allgemeinen Sinn nicht gibt. Ein bewußtes Unterlassen von Handlungen, in Bezug zu einem Objekt oder Ziel, kann man jedoch annehmen. Handeln ist Bewegung oder die Einstellung (Anhalten) der Bewegung. Man kann dem Hund Heu und dem Esel Knochen geben, beide werden das angebotene Futter verweigern. Man wird dieses Handeln einstellen, anders handeln und dem Hund Knochen und dem Esel Heu geben.

Ein selbstbewußt handelnder Mensch steht in einem Austauschprozeß zur Natur und seiner Wahrnehmungsfähigkeit. Er nimmt und gibt mit Liebe und läßt nicht die Handlung zum Selbstzweck werden. Er ist bewegt und beweglich, kräftig, dynamisch und energiegeladen bei seinem Tun und Handeln — für sich und andere. In der theoretischen Betrachtung des Handelns haben wir Unterschiede zwischen einem umfassenden Tun und einem individuellen Tun zu machen. Üblicherweise sind wir geneigt, eher auf das individuelle Handeln zu achten. Angenommen eine Anzahl von Personen baut ein Haus. Einige graben, mauern, zeichnen, schreinern, machen die Elektroinstallationen, setzen einen Ofen und einiges mehr. Sie alle haben Anteil an einem umfassenden Tun, auch wenn der einzelne ganz in seinem individuellen Tun aufgeht. Für den Bau des Hauses zählt das Tun der gesamten Gruppe.

Dieser Aspekt des individuellen und umfassenden Handelns ist von hoher Bedeutung bei den Modellen des Handelns. Man muß Handlungen und somit auch das Leben, sowohl als Gesamtheit erfassen und andererseits im individuellen Teil bewegten Impuls zum Tun folgen können. Die Einstimmung auf die Gesamtheit des Handlungsaspektes und die Berücksichtigung der individuellen Eigenständigkeit und Autonomie des persönlichen Tuns schützt uns vor den Gefahren der zwischenmenschlichen Gewalt, Begierde und dem Machtmißbrauch.

3.4.1. Definitionen des Handelns und Tuns

Beim Handeln ist die Hand im Spiel.
Wir tun und handeln ununterbrochen, solange wir leben. Ich schreibe eigenhändig und handle somit. Sie lesen und halten mit den Händen das Buch, also handeln Sie auch.

Ein Nichts-Tun und Nichts-Handeln gibt es nicht.

Bewegte Bewegung.

Das Liegen im Liegestuhl ist eine der aufwendigsten Handlungen, die ich kenne. Liegen, wenden, mit Sonnencreme einreiben, wenden, liegen. Handeln ist ein bewußter Akt, der einen Entschluß (eine Zielentscheidung) auf ein Ende, ein Ergebnis, hindrängt. Wir müssen uns das Tun und das Handeln in einem Kontext oder sich gegenseitig bedingter Rückkoppelung genauer anschauen. Hierbei ergeben sich für das Handeln, im Sinne von durchführbar machen, Voraussetzungen, die definiert werden können.

a) In der Folge eines Strukturwandels,
einer Konfliktbewältigung
einer Entscheidung
einer Abweichung
sind Handlungen als durchführbare Maßnahmen zu erwarten.

b) Das Tun und Handeln ist abhängig von der Wahrnehmungsfähigkeit der Personen und der Berücksichtigung der betreffenden Situation.

c) Das Handeln ist immer bedürfnis- oder zielgerichtet auf ein Objekt zu sehen, auch wenn das Objekt die eigene Person ist.

d) Das Handeln ist ein fließender Prozeß des bewußten Werdens und nicht ein Zerstören, Stören oder Vernichten.

Eine wichtige Voraussetzung und Bedingung für das konstruktive Handeln sind dazugehörende, frühzeitig deklarierte Informationen.

Zwei Menschen pflanzten einen Baum. Sie pflegten und hegten ihn jahrelang. Eines Tages hatte der eine von den beiden genug. Er handelte und schnitt ihn um, ohne seinen Partner vorher zu informieren. Er handelte willkürlich. Die Partnerschaft starb wie der Baum.

Unser soziales Tun und Handeln ist in einen Kommunikationsprozeß eingebettet: Informationen der beteiligten Personen werden verwertet und benützt. Aufgrund von Macht- und Entscheidungsbefugnissen können einzelne Personen andere in ihrem Handeln bestimmen.

3.4.2. Information und Handlung

Im Zusammenhang mit dem Handeln möchte ich die Informationen unterteilen in unverbindliche und verbindliche Informationen. Unverbindliche Informationen dienen der Kontaktfindung und der Beziehungserhaltung. Verbindliche Informationen erfordern ein Beziehungsgefüge, den Kontakt und die Absprache von

Rahmenbedingungen (Ziele, Aufträge, Zeit und Funktionsverteilung). In Form von Beurteilungen, Entscheidungen, Anleitungen, Vereinbarungen und Maßnahmen werden verbindliche Informationen gegeben und geholt. Sie dienen dann dazu, Handlungen und Aktionen verantwortlich durchzuführen.

Die Erfahrung zeigt, daß für den unverbindlichen Informationsaustausch meist mehr Zeit aufgewandt wird als für den verbindlichen Informationsaustausch. Es braucht im zwischenmenschlichen Bereich viel Zeit für die Findung und Pflege des Kontaktes, für das Abstimmen von Sender und Empfänger einer Information. Konstruktives Handeln im sozialen Gefüge setzt Takt und Kontakt voraus.

3.4.3. Modelle des Handelns

Neueren Strömungen nach werden philosophische und phänomenologische Ansätze mehr verfolgt, die die Unterschiede des Bekannten, Erkennbaren und Unerkennbaren gelten lassen.

Wissen, im Sinn von Weisheit, braucht das ungewisse Nicht-Wissen und das Nicht-Erkennbare.

Das allgemeine und spezielle Wissen führt zu rasch in gewohnte und geprägte Abläufe des Verhaltens und des Handelns.
Die Verzögerung durch eine Ungewißheit, Neugier oder Staunen schafft ein anderes Wahrnehmungsfeld der Beachtung.
Modelle des Handelns brauchen Verzögerung, Pausen, Krisen und Lücken, damit eine Handlung nicht geschieht — weil in jedem Fall ein Tun geschieht —, sondern ein schrittweises, wirksames Handeln entsteht, das sich einem vorbestimmten Endpunkt hinzu entwickelt.
Das ''Nicht-Tun'' in den Philosophien bezieht sich auf die Dehnung dieser Pausen, auf das Still-Werden und In-Sich-Ruhen.
Modelle des Handelns sollten auch Modell für die Entwicklung zur vertieften, menschlichen Bewußtheit sein. Persönlich meine ich, daß die meisten Menschen nicht wissen, was wie wollen und wie sie handeln.

Einleitend möchte ich die Grundlemente für die Modelle des Handelns aufzählen:

1. **Berücksichtigung der Bewußtheitsschichten beim Handlungsvorgang**
2. **Einfluß der Lebenseinstellung**
3. **Einbettung in einen Kommunikationsprozeß (Informationssystematik)**
4. **Wahrnehmungsfähgikeit**

5. **Verbindungen des Handelns zum**
   — **zielorientierten Vorgehen**
   — **Ausrichten auf Ergebnisse und zur**
   — **Funktionsverteilung mit der Abgrenzung der Tätigkeiten**
6. **Wertschätzende Akzeptanz gegenüber allen beteiligten Personen und der Natur.**

3.4.3.1. Informationen als Grundlage des Handelns

Verbindliche Informationen führen zu Handlungen und Aktionen. Verbale und schriftliche, aber auch nonverbale Informationen beinhalten häufig mittelbar oder unmittelbar einen Anspruch auf eine Handlung. Die Aufforderung ''Legen Sie jetzt dieses Buch zur Seite'' ist auf eine Handlung ausgerichtet. Genauso wie die erhobene Hand eines Polizisten als ''Bleiben Sie stehen'' verstanden wird. Manche Informationen wirken auch ohne direkte Aufforderung als Impuls für eine Handlung, wenn beispielsweise ein Theater Freikarten vergibt oder vor einem Großmarkt Freibier ausgegeben wird.

Verbale Interventionstechniken wie Zielformulierung, Aussprechen von Forderungen, Zeitstrukturen abklären, Feedback oder Anweisungen geben sind konkrete Hilfen für das Zustandekommen eines Handlungsimpulses.

3.4.3.2. Machtverteilungen als Grundlage des Handelns

Die Verteilung von Macht in unserer sozialen Wirklichkeit erfolgt durch

a) bestimmte aufgezwungene Außeneinflüsse
b) Absprachen, Gesetze, Vereinbarungen
c) Phantasie und Gefühle.

Anders ausgedrückt, ist sie vorbestimmt, festgelegt, erworben bzw. verliehen. Untersuchungen in Gruppen haben gezeigt, daß der Mensch dazu neigt, Macht anzustreben, und Gelegenheiten der Machtannahme kaum verweigert.

Angebotene Machtbefugnisse werden fast immer angenommen.

Paradoxerweise steht die Ohnmacht häufig im Dienst der Machtverleihung an andere Personen. Wer sich ohnmächtig fühlt oder in seiner Phantasie unbewußt seine Winzigkeit erfindet, leistet dadurch einen Beitrag zur Machtverteilung.

Machtverteilungen dürfen nicht zum Selbstzweck werden oder zum Instrument, auf dem pathologisch Machtbesessene ihre Gefühle austoben. Die Machtverteilung soll den Menschen helfen, leichter das Zusammensein zu gestalten und Tun und Handeln miteinander abzustimmen. Machtverteilung muß wandelbar, situations- und personenbezogen sein.

Die Verteilung von Machtbefugnissen ist günstig, wenn es um zwingende, notwendige Entscheidungen geht und die Handlungsfähigkeit erhalten bleiben soll. Einzelne Personen werden in Staat, Institutionen, Betrieben und sozialen Gemeinschaften für das Ausüben von Machtbefugnissen ausgewählt bzw. gewählt. Sie erhalten das Recht, Entscheidungen zu treffen und andere Personen zu Handlungen anzuleiten. Die Machtverteilung dient dazu, zeitgerecht, zielorientiert, planend und durchführend ein Leistungssoll zu erbringen bzw. in Krisenzeiten oder bei Konflikten arbeitsfähig zu bleiben und gegenüber Verhandlungspartnern chancengleich zu sein.

Aus vielerlei Gründen verschiebt sich nach der Machtverteilungen der Akzent vom sozialen Nutzen einer Machtverteilung hin zu einem Macht-haben-Wollen einzelner.
Die Machtbefugnisse bei diesem Modell sind nur dienlich, wenn wichtige Entscheidungen einem befriedigenden Ergebnis zugeführt werden bzw. notwendigen Handlungsimpulsen Nachdruck verliehen wird.
Ein Modell des Handelns, das nur die Macht zum Ziel hat, bewegt sich in Richtung der Mißhandlung, Ausbeutung und Knechtung von Menschen. Beispiele gibt es genug.

3.4.3.3. Autorität und persönliche Fähigkeiten als Grundlage des Handelns

Ein Mensch, der seine persönlichen Fähigkeiten nutzt, ist Autorität. Wir haben ein bestimmtes Potential an persönlichen Fähigkeiten zur Verfügung, über das wir autonom verfügen können. Diese persönlichen Fähigkeiten oder die Autorität, die wir sind, liefern uns eine Grundlage für ein ganz spezifisches Handeln.

Eine natürliche Autorität fördert das Wachsen und Reifen des Menschen und steigert die Kompetenz seiner Handlungen. Eine entfremdete Autorität stützt sich auf Machtmißbrauch, auf Unterdrücken und Herrschen durch Bedrohung.

Autorität und persönliche Fähigkeiten hängen sowohl vom einzelnen Individuum wie auch von der Umwelt und zwischenmenschlichen Beziehungen ab. Jemand kann aufgrund seiner Fähigkeiten in einer Gruppe eine natürliche Autorität sein und in einer anderen Gruppe aufgrund der gleichen Fähigkeiten als unerwünschter Außenseiter verstoßen werden.

Natürliche Autorität beruht aber nicht alleine auf der Fähigkeit, eine bestimmte gesellschaftliche Funktion zu erfüllen, sondern ist in der Persönlichkeit des Menschen begründet. Wer ein hohes Niveau an wertschätzender Akzeptanz und Integration erreicht hat, kann auch ohne Machtausübung wirkungsvoll und erfolgreich sein. Die Frage, wie man eine natürliche Autorität wird, ist falsch gestellt, denn es kommt nicht auf einstudierte äußerliche Verhaltensweisen an, sondern auf die innere Haltung. An folgenden Merkmalen erkennt man eine natürliche Autorität:

1) Akzeptanz von IST-Werten
(das Geltenlassen, wie es ist, und nicht, wie es sein sollte)

2) Wertschätzen der eigenen Person und anderer Personen, ohne zu harmonisieren

3) Fähigkeit, verschiedene Ebenen zu entmischen
(z.B. Leistungsebene, Beziehungsebene, Ebene der Ideale ...)

4) Kenntnis seiner Bedürfnisse, Interessen, Wünsche, Ziele und Motive
Informiertheit über die Bedürfnisse und Ziele von anderen Personen

5) Fähigkeit der Zeitstrukturierung

6) Sinnliche Wahrnehmung

7) Reflexionsvermögen

8) Konfliktbewußt sein und im Konfliktgeschehen handlungsfähig bleiben

9) Mit Unsicherheiten den eigenen Weg gehen

10) Situationsgerecht geduldig oder ungeduldig sein

11) Gelassenheit, die sich zwischen Weisheit und Unwissenheit bewegt

12) Ausdrucksfähigkeit

13) Mut zu Risiko und Experiment

14) Wagnis der Abweichung von der Norm

15) Verfügbare Erfahrungen haben

16) Eher finden als suchen

17) Vision haben

18) Körperbewußt sein

19) Kontaktfähig sein — von der Zuwendung bis zur Anerkennung

Nur wer folgen kann, kann auch führen.

20) Folgen und führen können

21) Ausstrahlung von Kraft, Dynamik und Energie

22) Ein Mensch mit der Bewußtheit eines ganz gewöhnlichen Lebens, aber dem Wissen von außergewöhnlichen, wirkungsvollen Plätzen.

Leider gehen die meisten Menschen lieber den bequemen, äußerlichen Weg des Machterwerbs, statt in ihrem Inneren auf dem abgesteckten Pfad ihrer persönlichen Fähigkeiten zu einer Autorität zu reifen.

3.4.3.4. Folgen und Führen als Grundlage des Handelns

Nur wer folgen kann, kann auch führen.

Derjenige, der führt, muß die Verantwortung für das Folgen und die Folgen tragen. Ein Führer, der nicht ein eindeutiges Folgen gelernt hat, kann kaum beurteilen, ob das Folgen wirklich erfolgt. Führen und Folgen sind zwei sich gegenseitig bedingende Rollen. Folgen heißt nicht, seine Persönlichkeit verleugnen oder aufgeben und den untergeordneten Untergebenen zu spielen. Folgen heißt, sich mit seinen ganzen Fähigkeiten, mit seinem Wissen, Denken und Fühlen führen und leiten zu lassen.

Echte Führer wiederum entwerten nicht ihre Gefolgsleute, sondern achten sie. Wertschätzende Akzeptanz kann gerade beim Führen besonders deutlich werden. Führer, die auf ihre Macht pochen, herrschsüchtig und selbstgefällig sind, zerstören mit der Zeit die konstruktive Beziehung zu den ihnen Folgenden und ersetzen sie durch destruktive Modelle der Furcht, Bedrohung, des Hasses, der Demütigung und der Gewalt. Folgen und Führen braucht keine "Oberen" und "Unteren".

Ich behaupte, daß nur wenige Personen gelernt haben, aufmerksam und eindeutig zu folgen. Lernen, aufmerksam wahrnehmen und bewußt, aktiv folgen sind wichtige Elemente für die persönliche Selbstfindung. Die meisten Personen erklären sich bereit zu folgen, aber verbinden die Bereitschaft mit einer Kette von Bedingungen, die zu erfüllen sind:

- — Ihre Bedürfnisse sollen befriedigt werden.
- — Unlust und Schmerz müssen wegfallen.
- — Sie wollen entlohnt werden (Geld, Anerkennung, Ware).
- — Der Führer, Lehrer oder Leiter muß ihrer Vorstellung entsprechen.
- — Die Aufgabenstellung darf nicht zu schwierig sein.

Wirkliches Folgen aber ist bedingungsloses Folgen.

Denn mit dem Stellen von Bedingungen geht ein Rollenwechsel vor sich, der häufig übersehen wird: Scheinbar folgt man, offensichtlich führt man aber den Führer durch die gestellten Bedingungen.

Führen und Folgen kann durch eine klare Funktionsverteilung als methodische Hilfe erleichtert werden. Die Rollen des Führens und Folgens können auch situationsbedingt gewechselt werden. Ein Lahmer und ein Blinder können sich im Wechselspiel des Führens und Folgens wunderbar ergänzen. Dieser Rollentausch kann zusätzliche Kräfte für das Handeln freimachen. Wenn Personen nur führen oder nur folgen wollen, werden die Handlungsalternativen enorm beschränkt. Eine kraftlose Einbahn-Statik ist die Folge der Fixiertheit auf eine einzige Rolle. Sei es beim Sprechen und Zuhören, beim Geben und Nehmen, im Schreiben und Lesen, beim Helfen und Helfen-Lassen, beim Lehren und Lernen — jede Kommunikation und Interaktion in einer Gemeinschaft lebt vom Wechselspiel des Führens und Folgens.

Verdeckte Kommunikations- und Interaktionsmodelle, die manipulativ angelegt sind, verwenden das Führen und Folgen gerne mit der Vorsilbe "ver-" und operieren mit Verführern und Verfolgern.

Lehren und Lernen ist eine spezielle Art des Führens und Folgens.

Der lernende Lehrer und sein Schüler bewegen sich in einem Feld, wo eine Vorbereitung auf das eigenständige Handeln eingeübt wird. Der wirkliche Lehrer folgt und führt seinen Schüler, indem er sich als erfahrene Bezugsperson eine begrenzte Zeit zur Verfügung stellt. Ähnlich wie in der analytischen Beratungssituation sollte, bildlich gesehen, der Lehrer sowohl einen (Entwicklungs-)Schritt voraus wie auch einen Schritt hinter dem Schüler gehen. Mit der Voraussetzung einer wertschätzenden Haltung bedeutet das Lehren eine emotionale Hingabe, ein Führen und Hinführen zu einem vertieften Wissen und Bewußtheit. Ein wirklicher Schüler hat in erster Linie das Folgen zu lernen, sonst wird sein Lernen nur ein Anhäufen von Wissensinhalten. Erst wenn er dem Lehrer folgt, kann ihn dieser führen. Folgen-Lernen heißt nicht, brav, devot und unmündig sein, sondern ist ein freiwillig gewählter Weg zur Selbsterkenntnis und Selbstfindung.

Um Irrtümern vorzubeugen, geht es mir hier nicht um Lehrer und Schüler in derzeitigen Schulsystemen. Meine Aussagen beziehen sich auf die einzelne Person des Lehrers und Schülers, die lernend bereit sind, über vorbildhafte Modelle des Handelns ihre Selbstbewußtheit zu vertiefen.

3.4.3.5. Bewegtheit und Bewegung als Grundlage des Handelns

Jedes Handeln erfordert innere Bewegtheit oder sichtbare Bewegung. Handeln ist ein Umgestalten und Wandeln aus der Bewegung heraus. Das rationale Handeln orientiert sich an Bewegungsmöglichkeiten, Bewegungen und Bewegungsabläufen, während das intuitive Handeln mehr aus der inneren Bewegtheit kommt. Unsere Kultur bevorzugt das rationale Denken, und wissenschaftliche Kenntnisse gelten oft als die einzige Art von brauchbarem Wissen. Daß es ein intuitives Wissen gibt, wird eher als lästig angesehen. Gefühlsmäßige Bewegtheiten aber sind dauerhafte Impulsgeber für das Handeln.

Im Lauf der Jahre wurde mir bewußt, daß ein konstruktives und zielorientiertes Handeln nicht allein über das Trainieren und Verbessern von Verhaltensweisen zu erlernen ist. Das Einbeziehen der körperlichen Haltungen und Bewegungsmöglichkeiten brachte mich mit der Zeit zu einer ganzheitlichen Sicht über uns als handelnde Lebewesen.

Das Naheliegende wird häufig übersehen: Für das Handeln brauchen wir Energie, Kraft, Dynamik und Bewegung. Es mag jemand die besten Gesprächstechniken beherrschen, wenn er sich im Gespräch kraftlos fühlt oder seine Energien einsetzt, um mit irgendwelchen Ängsten fertig zu werden, werden seine Lippen etwas formulieren, was nicht ankommt. Ein Tennisspieler kann genau wissen, wie ein bestimmter Schlag auszuführen ist, und hat dennoch Schwierigkeiten in der praktischen Anwendung. Erst wenn sein theoretisches Wissen koordiniert wird mit den körperlichen Energien, den richtigen Bewegungen, den dauernd wechselnden Situationen auf dem Platz, dann wird der eingeübte Schlag zu einer zufriedenstellenden Handlung. Ich möchte diese Gedanken in einigen Thesen zusammenfassen:

a) Bewegungen und Anstöße gehen immer von einzelnen Personen aus.

b) Personen, die ihre innere Bewegtheit spüren, können leichter zu Bewegungsimpulsen kommen.

c) Körperhaltungen und innere Einstellungen können natürliche Bewegungen hemmen oder fördern.

d) Der Ansatz für erweiterte Bewegungsmöglichkeiten liegt nicht allein in der Verbesserung von Verhaltensweisen, sondern in der Mobilisierung freier Kräfte. Dies kann in guter Weise über die Körperarbeit erfolgen.

e) Personen, die gefühlsmäßige Bewegtheit spüren und statt Verspannung das Prinzip der Spannung und Entspannung wählen, können aus dieser natürlichen Beweglichkeit heraus leichter handeln.

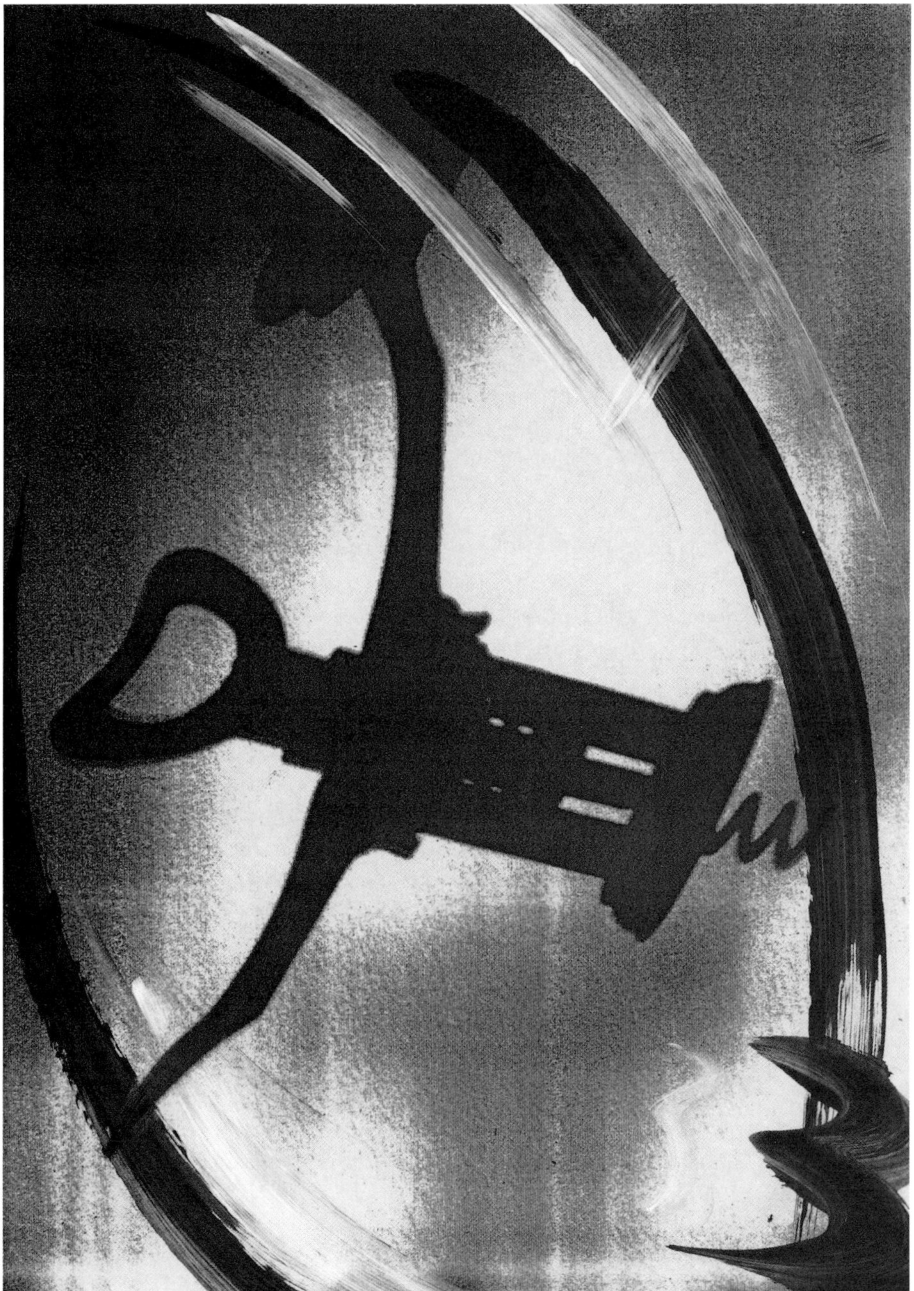

Schlüssel in meiner Hand.

Solange ein Organismus existiert, ist Leben und Bewegung in ihm. Wir können das Pulsierende, Schwingende und Bewegte in uns nutzen oder Anstöße weiterführen in unseren Handlungen.

3.4.4. Über das Handeln und Tun

Das Handeln liegt zwischen der Entscheidung und dem vollzogenen Wandel — etwas müde geworden durch das Tun. Entscheidungen liegen auf der Lauer, um das Handeln anzutreiben. Der Wandel stolziert im Kreis, läßt sich bewundern, obwohl er sichtlich altert, wie es die Tradition befiehlt. Die Abweichung als exotischer Exponent gibt dem Handeln einen Fingerzeig. Seiner Müdigkeit gerecht werdend, blickt sich das Handeln händelsuchend um, ob tatsächlich etwas ungetan bleibt. Die Abweichung versteckt sich und schreit laut um Hilfe.

Langsam geht das Handeln seine Modelle durch, überprüft die Informationen, würgt die Mächtigen, bis diese ihre Machtgelüste ablegen, küßt den Zauberring einer Autorität, folgt jeden Tag seinem Führer und stolpert bewegt zum Endpunkt seines Wirkungsbereiches. Die Abweichung hüpft kichernd flink über eine unsichtbare Schwelle und verschwindet in ihrem doppelbödigen Land.

In der Ferne geht der Wandel gebeugt noch immer im Kreis und nimmt Huldigungen entgegen, die dem Handeln gebühren.

Die Abweichung kann warten, denkt sich das Handeln. Es könnte nicht schaden, wenn sie in ihrer doppelten Moral einmal steckbrieflich gesucht wird, damit der Wandel endlich seinen Stern der Innovation anbehalten darf. Müde seufzend und leise fluchend murmelt das Handeln noch den Satz:

"Und wenn uns die Abweichung keinen Streich spielt, beginnt alles wieder von vorne."
Aktiv, wie es seinem Image entspricht, dreht sich das Handeln um und bereitet sich auf die nächste Begegnung mit der schon wartenden Entscheidung vor.

3.5. Abweichungen als Möglichkeit für Entwicklung oder: Die Widerstandsarbeit

Eine abgeschlossene Handlung befriedigt und entspannt. Gleichzeitig aber baut sich eine neue Spannung auf, die auf eine Wiederholung der gleichen Handlung oder zu einer neuen Handlung (= Innovation) drängt. Die Gestalttheorie zeigt, daß in jedem abgelaufenen Prozeß der Ansatz zu einem neuen Prozeß steckt. Schematisch bieten sich für die Fortführung von Handlungen drei Variationen an:

a) Die Wiederholung

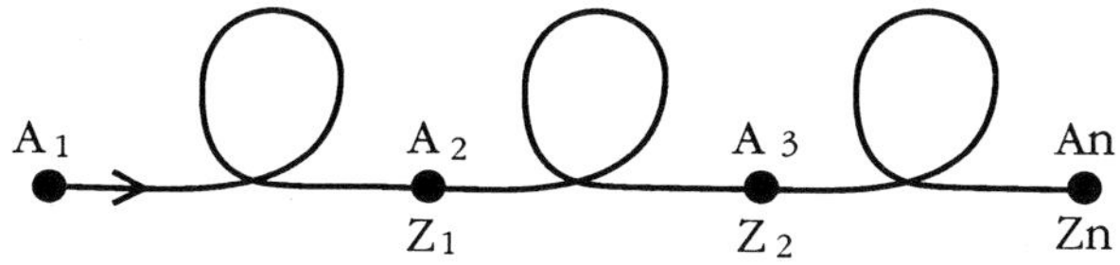

Das Ende eines Handlungsablaufes wird zum Beginn eines gleichen Handlungsablaufes. Die Bedingungen für die Durchführung sind gleichgeblieben, die Zielsetzungen und grundlegenden Entscheidungen werden beibehalten. Ein Beispiel: Ein Angestellter geht fünfmal in der Woche (Montag bis Freitag) von 8 — 17 Uhr zur Arbeit. Montag bis Freitag von 12 — 13 Uhr sitzt er am gleichen Tisch mit den gleichen Kollegen in der Werkskantine.

b) Der neue Impuls oder die veränderte Situation

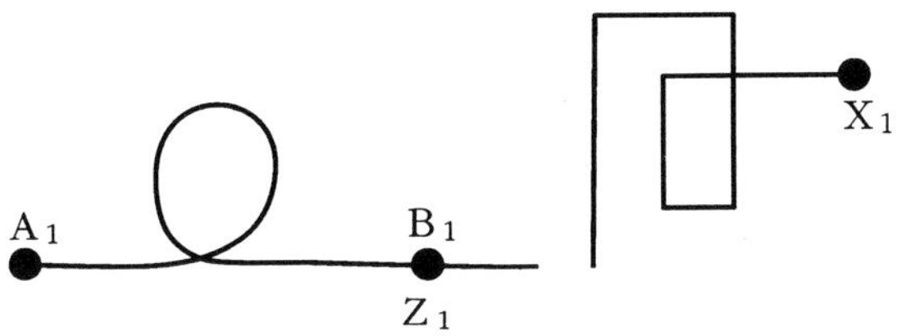

Zum Abschluß einer Handlung verändert sich die Situation gravierend, oder es wird ein neuer Impuls gegeben. Der Handlungsablauf muß neu gestaltet werden. Beispiel: Eine Zuglinie von A nach B wird stillgelegt. Die Pendler müssen sich nach einer neuen Möglichkeit umsehen, um zur Arbeit zu kommen.

c) Verhinderte Wiederholung

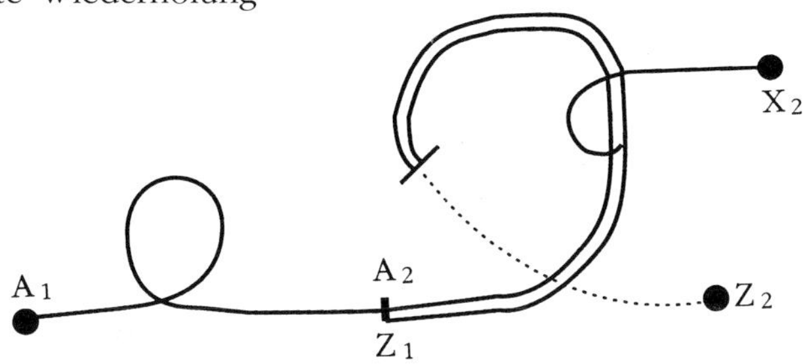

Eine Wiederholung ist vorgesehen, aber durch unerwünschte Abweichungen oder Behinderungen ist keine geradlinige Fortführung möglich, sondern eine Änderung (Innovation) wird erzwungen. Beispiel: Für den Bau eines Hauses in einer bestimmten Größe ist eine Million Schilling vorhanden. Die eingeholten Kostenvoranschläge ergeben aber Mindestkosten von 1,3 Millionen. Die Durchführung genau dieses Hausbaus ist nicht möglich.

Abweichungen verursachen Mühe, sie zwingen zu Anpassungen, aber können auch neue Entwicklungen auslösen.
Das Interessante und zugleich Verhängnisvolle bei den nicht geplanten und nicht beabsichtigten Abweichungen liegt in ihrer zweideutigen Funktionalität.

Jede Abweichung ist als ein Widerstandsphänomen zu betrachten, aber gleichzeitig kann darin bereits eine Möglichkeit für eine innovative Entwicklung stecken.

Abweichungen können der Motor für den Fortschritt sozialer Systeme sein und sind positiv, wenn sie helfen, erstarrte Normen und Regeln lebensnäher zu machen. Sie zwingen zur Überprüfung unserer Wahrnehmungen, Situationsanalysen, Zielsetzungen und Entscheidungen.

3.5.1. Der Exponent oder: Über Personen, die Abweichungen verursachen.

Personen, die sich trauen, von etwas Gängigem, Gewohntem, Alltäglichem oder Vorgeschriebenem abzuweichen, werden relativ rasch als unangenehme Außenseiter bekämpft oder isoliert. Das Bedürfnis nach Sicherheit wird durch solche "Abweichler" in Frage gestellt.

Das Bild des Außenseiters ist in unserem Sprachgebrauch vielfältig besetzt. Ob er nun als Exponent oder Gegner, Extremist oder Volksfeind, Sündenbock oder schwarzes Schaf bezeichnet wird, bedarf es immer eines zwischenmenschlichen Bezugssystems oder einer Wertskala, die diese Bezeichnungen erlaubt. Alle gesellschaftlichen Gruppen stellen Verhaltensregeln auf und versuchen, diese durchzusetzen. Wenn sich diese Regeln einmal eingebürgert haben, werden Menschen, die davon abweichen, schnell als Außenseiter und Exponenten abgestempelt. Jeder Exponent hat aber auch in Extremfällen immer noch Kontakt zu den Mitgliedern seines Bezugssystems. Er muß aus diesem Grund im Spannungsfeld und Tätigkeitsbereich seiner Bezugsgruppe bleiben, um überhaupt als solcher bezeichnet werden zu können.
Diese Einengung der Benennung scheint mir wichtig zu sein, da ansonsten Betrachtungen zu den Modellen der Abweichung auf der personenzentrierten Ebene orientierungslos verlaufen würden.

Obwohl Exponenten und "Abweichler" in der Regel ein negatives Image begleitet, sei hier vorweg gesagt, daß die Eigenschaft einer Person, sich oder andere zu exponieren, abzuweichen oder etwas in Frage zu stellen, ein wichtiges Merkmal für alle die ist, die lehren oder innovativ sein können.

Schauen wir uns die Wirkung eines Exponenten in seiner Bezugsgruppe an, so wird diese Gabe in seinen Äußerungen, Verhaltensweisen und Handlungen sichtbar:

A) Der Exponent verzichtet auf eine Bedürfnisbefriedigung auf der Motivationsebene der Sicherheit und erreicht eine (in der Regel negative) Zuwendung von seiten der Gruppenmitglieder.

B) Der Exponent sorgt für eine Erhöhung des Spannungspotentials.

C) Der Exponent heizt latente Konflikte soweit an, daß diese bearbeitet werden können.

D) Der Exponent garantiert einen dynamischen Verlauf des Gruppenprozesses.

E) Der Exponent stellt sich oder andere Mitglieder seiner Bezugsgruppe in Frage.
Dies gilt für: Themenaussagen, Zielsetzungen, Entscheidungen,
Regeln und Normen, Verhaltensweisen,
Einstellungen und Haltungen, Funktionen, Rollen

F) Der Exponent löst in den meisten Fällen eine neue Rollenverteilung aus.

G) Der Exponent leistet einen Beitrag zum zeitgerechten und angebrachten Zusammenhalt (Kohärenz) der Gruppe.

H) Der Exponent reguliert das Spannungsfeld zwischen dem Zentrum(Mittelpunkt) und der Periferie der Gruppe.

I) Dem Exponenten gelingt häufig eine Überprüfung des Normen-Werte-Systems der Gruppe.

J) Der Exponent funktioniert nur durch sein "Nichtfunktionieren". Sobald er als Exponent erkannt und angegriffen wird, wird er zum Mittelpunkt.

Gerade der letzte Punkt verdient eine besondere Beachtung: Der Exponent mag vielleicht — wie wir alle — das Bedürfnis haben, in den Mittelpunkt zu kommen, aber sein Anliegen ist nicht primär darauf ausgerichtet. Gerade sein Abweichen, sein Nicht-funktionieren-Wollen macht die Dynamik seiner Rolle aus und bewirkt Ansätze für Neustrukturierung.

Im Rollenwechsel können sich eingeschliffene Modelle und Methoden der Personen verändern. Die Gruppe als andere Ganzheit bietet dem einzelnen Mitglied neue Möglichkeiten einer Entwicklung an, die in einer Vertiefung des Bewußtseins oder einer Erweiterung seines Handlungsspielraumes liegen kann.

Die Qualität eines Exponenten, wie auch die einer Führungskraft oder eines Beraters besteht in seiner Eigenschaft, "eine Frage mehr" als erlaubt zu stellen, und in seinem Beharrungsvermögen, eine Antwort zu finden. Innovatoren als Entscheidungsträger oder Berater müssen immer wieder zum Exponenten werden.

Innovatoren als Entscheidungsträger oder Berater müssen an sich immer wieder zum Exponenten werden, wenn sich in ihrem Wirkungsbereich keine Exponenten finden lassen.

3.5.2. Modelle der Abweichung

Vergeblich wartet der Liebhaber mit einem Strauß roter Rosen auf seine Geliebte. Sein Blick auf die Uhr sieht ihren Zeiger unbarmherzig weiterdrehen, ohne ein Anzeichen von der Unruhe, die er spürt. Seine fünfmal wiederholte Terminvereinbarung geht ihm durch den Kopf, aber nach 66 Minuten Verspätung muß er die Abweichung als Sitzengelassener eingestehen. Er steht damit alleine da.

Ein Abteilungsleiter hat einen Termin mit einem Kunden vereinbart. Sein Vorgesetzter hält die Boss-Sitzung und verlangt die Anwesenheit des Abteilungsleiters, obwohl der Kunde wartet. Eine Abweichung ist in diesem Fall unvermeidbar.

Diese Beispiele zeigen, daß es zu Abweichungen nur kommen kann, wenn zuvor Personen Strukturen durch

— Rahmenbedingungen,
— Vereinbarungen oder
— per definitionem

festgelegt haben.

Das Strukturieren war als Hilfe gedacht, um mit einer komplexen Wirklichkeit leichter fertig zu werden, aber es kam zu Abweichungen. Stark vereinfacht gibt es drei Voraussetzungen, die zu Abweichungen führen:

A) Die Persönlichkeitsstruktur der beteiligten Person;
B) die veränderte Situation;
C) die Strukturen waren nicht genug personen- und situationsbezogen bzw. standen zueinander im Widerspruch.

In der Arbeit mit Abweichungen und Widerständen hat es sich als nicht sinnvoll erwiesen, nach Ursachen für Abweichungen zu forschen oder auf Begründungen einzugehen. Jeder findet für Abweichungen immer Gründe, Erklärungen und

Entschuldigungen. Der Akzent kann nur auf den Fragestellungen beruhen,
wie, wann, wo abgewichen wurde,
was diese Abweichung für Konsequenzen nach sich zieht,
wie die nächsten Schritte — (Fortschritte!) — bewußt zu setzen sind.

Es hat sich bewährt, bei der Arbeit mit Abweichungen folgende Systematik zu berücksichtigen:

- Beschäftigen mit den Widerständen
- Erkennen von Entscheidungsmöglichkeiten
- mit einer Verzögerung neue Impulse zum Strukturwandel geben.

3.5.2.1. Die Widerstandsarbeit

Abweichungen sind immer ein Zeichen für Widerstand. Aber auch viele andere Situationen deuten auf Widerstände hin:
Wenn

- durch Unlust Arbeiten aufgeschoben werden
- Konflikte vermieden werden
- ungeklärte Situationen nicht geklärt werden
- Spannungen ausgewichen wird
- bestimmte Themen offensichtlich ausgelassen werden
- bei Problemen sofort Lösungen verlangt werden (aber nur im Sinn von Durchführungsmaßnahmen)
- sich Stimmungen wie Langeweile und Sinnlosigkeit einschleichen
- wichtige Informationen unterschlagen werden
- Interpretationen, Rechtfertigungen, Schuldzuweisungen, Vorwürfe, Erklärungen, Deutungen und Entschuldigungen ein Gespräch dominieren
- offene Geheimnisse nicht mehr thematisierbar sind
- psychosomatische Beschwerden plötzlich (wieder) auftauchen
- phantasierte Aussagen als reale Fakten auf der sachbezogenen Ebene dargestellt werden (Trübungen)

Die Arbeit eines Leiters oder Beraters besteht in hohem Maße aus Widerstandsbearbeitung. Als Impulsgeber, Beweger und Entscheider soll er anderen ermöglichen, Widerstände und Hindernisse zu überwinden. Für jede Entwicklung ist es äußerst wichtig, daß Probleme bewußt wahrgenommen werden und daß man sich vom Dogma löst, es müsse alles in Ordnung sein und es dürften keine Probleme auftauchen. Hindernisse sollen als Chance für ein Wachstum angenommen werden.

Probleme erkennen und haben ist meist ein Beginn für eine Widerstandsarbeit, die eine Rückkehr zur Situationsanalyse und den Zielsetzungen verlangt. Die Erfahrung zeigt uns allerding auch, daß gerade Probleme und Widerstände eine natürliche Verzögerung des Handlungsablaufes bewirken. Die beteiligten Personen werden veranlaßt, einen anderen Takt und Kontakt zu wählen, um zum Ziel zu gelangen. Ein Problem durchschauen oder einen Widerstand zu einem Tatbestand machen, befähigt Menschen, bewußter und erfolgreicher zu werden.

Widerstände sind oft wie ein Wintermantel, der wegen der Schönheit oder der Gewohnheit auch im Sommer noch getragen wird. Wir haben uns so sehr an das Leben mit Widerständen, mit Barrieren und psychischen Sperren gewöhnt, daß wir zu träge sind, sie wegzulassen, wenn sich die Umstände geändert haben.

Zur Widerstandsbearbeitung gehört eine riesige Portion Mut zur Erlaubnis und Konfrontation.

Eine Änderung
- der Wahrnehmung
- der Einstellung
- des Fühlens und Spürens
- des Denkens
- des Handelns

wird gewährt, und Krisen werden mit Konfrontationen und Ent-Täuschungen noch forciert. Das hilft zu neuen Wahrnehmungen und Bildern von der Wirklichkeit und ermöglicht Fortschritt und Entwicklung.

Ein Bildnis scheint mir für die Widerstandsarbeit sehr treffend zu sein. Ein Mensch befindet sich in einem großen Raum mit unzähligen Türen. Er hat diesen Raum durch eine dieser Türen betreten und anschließend seine ganze Zeit damit verbracht, diese eine Tür vielmals zu kopieren. Lauter gleiche Türen. Als er den Raum verlassen will, versucht er sich vergebens an seinen imitierten Türen und bleibt ein Gefangener. Erst ein Außenstehender, der eintritt, kann ihm die wirkliche Tür wieder öffnen.

Im Widerstand sind wir Gefangene unserer selbstgeschaffenen Wirklichkeit.

Außenstehende Personen können die subjektiv verfärbten Wirklichkeiten enttrüben und neue, reichere Sichtweisen ermöglichen. Auch das Überwinden von Täuschungen (das Ent-Täuschen) gehört dazu. Diese Bezugspersonen stehen in der Fuge zwischen einer alten und einer neuen Wirklichkeit. Sie sind Wechselagenten (change agents) und Impulsgeber, die nicht traditionell eingreifen, sondern Kräfte für Bewegung mobilisieren. Sie helfen als Impulsgeber, Beweger, Berater und

Die äußere Wirklichkeit.

Exponenten den Mitmenschen, selbst entscheidungsfähiger zu werden und ihren Handlungsspielraum zu erweitern. Sie sind eine Art Katalysator, der sich nach Beendigung des Prozesses wieder aus diesem Bezugssystem löst. Der change agent hat die Aufgabe, Widerstand erkennbar zu machen, genügend Spannung aufzubauen und damit der Gruppe ein eigenständiges Handeln zu ermöglichen, damit alternative Wege zum gewollten Ziel gefunden werden. Es gibt eine Reihe von Ansatzpunkten, wo Entwicklung erfolgen kann:

1. Neuerlich Situationsanalyse
2. Zielsetzung (genaue Formulierung)
3. Rahmenbedingungen (Zeit, Ziel, Funktion, Ort)
4. Planung (Zeit, Personen, Mitglied)
5. Bisherige Vorgangsweise
6. Problemdefinition
7. Funktionsverteilung
8. Entscheidungsebenen
9. Aufgaben und Tätigkeiten der beteiligten Personen
10. Nutzwert der Abweichungen
11. Einstellung und Haltung der beteiligten Personen zum gestörten Handlungsablauf
12. Informationen bezüglich der Sachebene und der Beziehungsebene
13. Hinzunahme der Reflexion über die momentane Situation bei der Bearbeitung

Sehr häufig wird der Fehler gemacht, bei Abweichungen den Widerstand rasch zu brechen, was aber im weiteren Prozeß noch mehr Widerstände provoziert.

Bei der Widerstandsbearbeitung gibt es eine paradox klingende aber sehr brauchbare Grundregel:

Immer einen „Daumenbreit neben“ dem Widerstand und der Störung bei der Arbeit ansetzen.

Mit diesem "Daumenbreit daneben" sind die vorher angeführten Ansatzpunkte gemeint, die es dem change agent erlauben, im Handlungsfeld eine gemeinsame Rundschau zu veranstalten, bis der Widerstand aufgegeben oder überwunden wird. Direkte Interventionen, ein Einreden oder Ausreden, Druck und Bedrängnis können Widerstand noch verstärken. Ein direktes Bekämpfen ist daher in der Regel kontraproduktiv. Es lohnt sich, mit einer wertschätzenden Haltung ein Vertrauensverhältnis zueinander aufzubauen und den betreffenden Personen, die Widerstände haben, beizustehen, selbst einen Weg der Lösung zu finden.

Jedes Wachstum ist von Krisen, Widerständen und Abweichungen begleitet, die sich manifestieren können und oft als Vorläufer einer neuen Entwicklung anzusehen sind. L.J. Peter und R. Hull beschreiben in ihrem Buch "Das Peter-Prinzip" sehr eindrucksvoll, wie Personen einen Widerstandskult ausleben können.

3.5.2.2. Abweichung als Motor der Entwicklung

Abweichungen sind auffällige Kennzeichen einer Entwicklung. Erst wenn wir Unterschiede bewußt feststellen können, lassen sich Entwicklungsphasen ablesen. Sehen wir vom natürlichen Wachstumsprozeß in Organismen einmal ab, so ergeben sich für bewußte Erweiterung des Entwicklungspotentials vier Anhaltspunkte:

1. Jede Abweichung vom Gewohnten oder die Veränderung als Modell.

Jede Abweichung von einem gewohnten Tun und Handeln, Denken oder Wahrnehmen gibt Personen die Chance, sich innerlich und nach außen gerichtet anders einzustellen. In der Abweichung werden Veränderungen eingeführt, die den Personen Entwicklungen abverlangen, die bis zu diesem Zeitpunkt nicht nötig waren. Wir haben tagtäglich unzählige Möglichkeiten, mit kleinen und großen Änderungen zu experimentieren: barfuß im Büro sitzen, Mittagessen streichen, irgendwo fremde Leute grüßen, tanzen gehen, Alkoholgenuß streichen, reisen abseits von Tourismusrouten, malen, Steine zählen, Theaterstücke schreiben, vier Wochen nur eine karge Wohnzelle benützen, Körperübungen machen, Fernseher umdrehen etc. sind Veränderungen, die gar nicht schwer auszuführen sind, aber vielleicht enorme Entwicklungsschritte zur Folge haben.

Nicht jede Abweichung oder Veränderung bedeutet Weiterentwicklung, Abweichungen und Veränderungen können auch die Entwicklung verzögern oder stören.

2. Die Krise als Folge von Abweichungen und die Möglichkeit, sie für die Entwicklung zu nutzen.

Besonders in Organisationen geschieht der Wandel im Wechselspiel von Krisen und Konsolidierungen. Jeder Wachstumsprozeß hat als wichtigstes Merkmal den Wechsel zwischen evolutionären und krisenhaften Veränderungen in sich. Ein Management mit Gespür für Entwicklung und krisenbedingten Abweichungen kann frühzeitig Vorkehrungen treffen, wachstumsfördernde und wachstumshemmende Kräfte für die nächste Entwicklungsphase mitzuberücksichtigen. Krisenmanagement kann somit auch ein Management für ungenützte Entwicklungspotentiale darstellen.

Jede Abweichung ist eine Krise.

Die Wachstumsphasen einer Organisation in Richtung Größe, Dauer, Qualität der Arbeit, der Produkte, der Ergebnisse sind gekennzeichnet durch Krisenzeiten und Nutzung von Fähigkeitspotentialen.
Krisen entstehen durch:

- — ungeeignetes Potential
- — Machtstreben statt Entscheidungsverantwortung
- — bedrückende statt bestätigende Kontrolle
- — Isolation von Personen und Abteilungen
- — Bürokratie oder gewaltsame Verwaltung
- — Alibihandlungen
- — Vermischung von Ebenen (Sach- und Beziehungsebene, wirtschaftliche — politische Ebene, Vergangenheit — Zukunft)

Krisen können Energien freisetzen oder kreative Ideen hervorbringen, die im normalen Handlungsverlauf unangetastet bleiben.

3. Die Nachahmung als Entwicklungshilfe bei Abweichungen.

In den meisten Fällen scheinen die Nachahmungsmodalitäten krisenfrei zu sein, da sie sich ja nur auf repräsentative, abbildende Phänomene beziehen. Das Lernen durch Nachahmung wird propagiert und ein außerordentlich wichtiger Aspekt des innewohnenden Konflikts gerne verdrängt.
Es mutet seltsam an, daß viele Lernmodell nie Nachahmung in den Vordergrund rücken und zugleich hohen Wert auf eine gewisse Originalität des Subjektes legen. Der Konflikt oder die Krise, die Nachahmungen mitbringen, werden übersehen und weggelassen.
Das Imitieren eines Vorbildes macht aus dem Nachmacher ein Double, das selbst Vorbild werden möchte. Ein Sohn, der seinen Vater nachahmt, wird letztlich zum engsten Rivalen seines Vaters. Die Nachahmung führt hier wahrscheinlich zu einer kämpferischen, gewalttätigen Auseinandersetzung oder zu Tabus und Verboten. Es ist wirklich nur über die Paradoxie zu erklären, daß ein geohrfeigter Jugendlicher in seiner Wut genauso zurückschlagen will. Ein gedemütigter Mitarbeiter will seinen Chef demütigen. Was einerseits abgelehnt und verurteilt wird, findet in der Folge durch die gleiche Person einen Nachahmer.

4. Die Disziplin als Boden für Entwicklungsmodelle nach Abweichungen.

Scheinbar widersprechen sich die Disziplin und die Abweichung. Disziplin setzt voraus, daß Abweichungen nicht eingeplant werden. Die Abweichung kann daher keine Vertraute der Disziplin sein. Liegen jedoch Abweichungen vor, ist die Rückkehr zu disziplinären Maßnahmen eine Möglichkeit, um weitere Entwicklungsschritte einzuleiten.

Kunst und künstliche Entdeckung.

Es ist eine Art Wiederaufgreifen einer strukturellen Hilfe, ein neuerliches Fußfassen nach einem Ausgleiten. Die Disziplin als Ordnungsprinzip erlaubt rascher eine Rückkehr zu einer eigenverantwortlichen Handlung, ohne lange die Tretmühle des Geschehenlassens anzutreiben.

3.5.3. Über Abweichungen

Jahrelang baute er an seinem Haus der Ordnung und Strukturen. Er unterzog sich einer Erziehungsprozedur, wo ihm andere erzählten, was richtig oder falsch sei. Er besuchte Schulen, Universitäten und Museen, um genügend Wissen für sein Bauen zu erwerben. Er bildete sich bis zur Verbildung und wurde nach und nach fast eingebildet auf sein Bauwerk. Alles war Struktur und Ordnung geworden. Jeder bezeichnete ihn als ordentlichen Menschen, und er gefiel sich in seinem Stolz. Kein Erdbeben, kein Feuer und keine Fluten brauchte er zu fürchten, da sein Werk ein Kunstwerk der Absicherung war. Der Denkmalschutz hat bei ihm schon angeklopft, und die subventionierten Kulturvereine boten ihre Dienste an, um sein Haus zu verewigen.

Es war unnachahmlich, auch wenn viele es versuchten zu kopieren. Sein Geheimnis der Bauweise blieb trotz genauester Untersuchung ein Rätsel. Philosophen, Naturwissenschaftler, Psychologen und Architekten beschäftigten sich in zahlreichen Forschungsvorhaben, mit dem Ziel, das Neuartige dieser Bauweise zu entdecken.

Sein Haus der Ordnung war so perfekt, daß er selbst zu einer vorbildhaften Kultfigur wurde. Er schien unerreichbar bei seinen Ordnungsprinzipien zu sein, und dennoch strebte bald jeder diesem Ideal zu. Parteien und Sekten wurden gegründet, die Gesetze und Vorschriften mußten seine Unterschrift haben, um Gültigkeit zu erlangen. Nach einigen Jahrzehnten war die Welt klar strukturiert und in Ordnung. Er und sie waren fast tot. Einsam mit seinem Geheimnis lag er wie so oft auf seinem Sterbebett und sann zurück. Er hörte sich als Kind schreien, lachen und schluchzen, er spürte noch einmal, wie damals der letzte Funke Freude erlosch und Menschen zu Marionetten und Robotern wurden. Er fühlte den schwächer werdenden Herzschlag bei jedem Baustein, der der Ordnung geopfert wurde. Er merkte, wie die Sinne sinnlos wurden und die Bewegungen mechanisch. Sein Geheimnis erschien ihm plötzlich wie eine Bürde, die untragbar ihn ins Dunkel zog. Der Ordnung zuliebe hatte er die Liebe und alles Weiche aus seinem Leben eingemauert. Das Weiche wurde hart, die Abhärtung verdrängte die Abweichung. Sämtliche Widerstände wurden durch Verbote und Gebote vernichtet, Veränderungen und Entwicklungen erklärte man als Hirngespinste von Verrückten. Es gab nichts Ungewöhnliches mehr, die Neugierde war als Perversion sofort dem Ordnungsamt zu melden, und das Staunen wurde mit

Strafe geahndet. Das Rätsel seines Grundelements der Ordnung war nichts Neues, sondern das Gewöhnliche, die Forscher blieben erfolglos, weil sie das Außergewöhnliche suchten und das Gewöhnliche übersahen.

In seinem Ordnungsstreben fühlten sich die Nachahmer von ihm als außergewöhnlich, obwohl sie nur äußerst ordentlich waren.

Wie er so lag in seinem Haus kurz vor seinem Tod, ging er im Geist nochmals seine Baupläne durch. Er hatte keinen Ausweg gelassen, und es gab keine andere Möglichkeit für ihn, als auch noch ordentlich zu sterben. Sein Wunsch, als Mensch zu sterben oder bis zum Tod zu leben, verdichtete sich sofort zu einer Entscheidung, die sich im Besitz der Ordnungsstruktur befand.
Er war hoffnungslos gefangen.
Er begann zu schreien.
Je mehr er schrie, umso mehr spürte er wieder seinen Körper und nicht das umgebende Haus der Ordnung. Er weinte, und das Verlangen, einfach gehalten zu werden, wuchs. Er tat etwas, oder es geschah mit ihm, als er aufstand und mit Tränen in den Augen auf die sauber gekehrte Straße ging. Seine Augen glänzten. Er hörte Vögel, und der Wind strich durch sein schütteres Haar. Er ging barfuß in einem Rasenfeld und ließ sich vom Verbotsschild nicht irritieren. Ein Polizist ermahnte ihn und erschrak, als er ihn erkannte. Passanten schüttelten die Köpfe, als er niederkniete und am Boden roch. Wieviel Mühe hatte es ihn gekostet, eine Ordnung zu schaffen, um endlich abweichen zu können. Er verschenkte sein Haus und ging nach Süden. Sein berühmter Name wurde aus den Geschichtsbüchern gestrichen. Er ging den Rest seines Weges an der Außenseite seiner Ordnung, und wenn er jemandem etwas schenken durfte, bedankte er sich mit einer Demut, die an Fröhlichkeit grenzte.

3.6. Modelle der Innovation

Die Besonderheit der Innovationsmodelle ergibt sich aus der Überlegung heraus, daß sämtliche bisherigen Modelle aus der Innovation oder der Impulsgebung zum Wandel zugerechnet werden können.
Man kann die Innovation als die Spinne im Spinnennetz ansehen, wo die Spinne das Fangnetz zuvor an den anderen Modellen befestigt.
Gleich, von welcher Seite das Netz betreten wird, es ergeben sich für Entwicklung, Veränderung und Wandel immer wieder modellhafte Verbindungen hin zu Innovation. Die Innovation besitzt selbst Modellcharakter, ist aber als Impulsgeber für die anderen Modellbereiche unentbehrlich. Wenn wir beim Vergleich bleiben, liegt die Spinne in ihrem Spinnennetz auf der Lauer, Nahrung für die Entwicklung zu besorgen. Die Fäden und Netze sind für sie ein selbstgeschaffenes Produkt und Weg. Modelle sollen nicht Selbstzweck sein, sondern Erfahrungs- und Entwicklungshilfen zum natürlichen Werden und Wandel.

Ein Spinnennetz, ohne Spinne als Benützer, wird mit der Zeit trotz seiner Schönheit und Funktionalität verstauben und verfallen.

3.6.1. Definition und Abgrenzung der modellhaften Innovation.

Organismen und Organisationen stehen in ständigen Wechselbeziehungen zu ihrer Umwelt. Ihr erfolgreiches Überleben und Leben hängt von ihrer Fähigkeit ab, auf Umweltveränderungen mit adäquaten Umstrukturierungen und Leistungen zu reagieren. Wenn wir von Innovation sprechen, beschränken wir uns auf die Veränderungen, die die Wechselbeziehungen von Personen mit ihrer Umwelt betreffen. Der Begriff der Innovation kann vielfältig verstanden werden: Als

Erfindung und Entdeckung
Ansatz für neue Entwicklungen
Potential für Problemlösungen
das Neue, andere
gesamter Änderungsprozeß
Phase des Änderungsprozesses
Umstrukturierung
Wandel des sozialen Verhaltens
Wirkungs- oder Leistungskomponente

Wir verwenden den Innovationsbegriff für alle Änderungsprozesse, die bei Organismen und Organisationen zu einer neuen erkennbaren und beschreibbaren Entwicklung führen.

Innovation geschieht in vier Bereichen:

1. Forschung
   - Erkennen
   - Anwenden
   - Vermitteln

2. Entwicklung
   - Planung und Herstellung von Entwicklungskonzepten
   - Herausfinden aus Krisen, Konflikten, Problemen

3. Enttrüben
   - andere Wahrnehmungsmöglichkeiten fördern
   - Demonstrationen und Konfrontationen
   - Hilfen und Unterstützung
   - Handlungsaufforderungen
   - Beratung

4. Anpassung
— Versuche und Experimente
— Integration im Gesamtsystem

Das Wesen der Innovation liegt darin, daß wir das Ergebnis noch nicht kennen. Innovation kann nicht "gemacht" werden, denn wenn wir genau wüßten, was sein soll, müßten wir geradlinig und zielorientiert vorgehen. Innovation ist immer ein Aufbrechen in Unbekanntes und Neues. Bei der Innovation wird der Prozeß zum Ziel erklärt.

3.6.2. Der Innovator oder der bewegt-bewegende Berater

Im Mittelpunkt des Änderungsprozesses in allen Innovationsmodellen steht immer die Person als Beweger oder Initiator. Wo Innovation gewünscht wird, geschieht oder sich anbahnt, findet man ganz bestimmt Personen, die aus einem persönlichen Anliegen heraus Kräfte für Neuerungen mobilisieren können. Diese sind in der Lage, bestehende Strukturen und Systeme soweit zu beeinflussen, daß ein Entwicklungsprozeß stattfindet, der von außen wahrnehmbar ist.

Personen, Gruppen oder Organisationen wählen als Innovatoren häufig außenstehende Berater, da systeminterne Innovatoren aus vielfältigen Gründen mehr Widerstände vorfinden. Einige dieser Gründe sind:

— Rivalität
— Verdacht auf Eigennutz
— Verdacht, sich zusätzliche Entscheidungskompetenz zu verschaffen
— Karrierebestreben
— Angst vor Veränderung des bestehenden Systems
— Neid und Eifersucht
— Vermutung von Manipulationen

Für die Innovation selbst spielt es keine Rolle, ob sich der Innovator innerhalb oder außerhalb des Systems befindet. Wegen der vorher genannten Gründe dürften sich allerdings bezüglich des methodischen Vorgehens Vorteile für eine außenstehende Person ergeben. Innovatoren sind von ihrer Wirkung her gesehen neue Orientierungspunkte. Eine andere Fremdperson wird auffälliger wahrgenommen. Die Innovatoren werden aufgrund von unterschiedlichen theoretischen Hintergründen und geschichtlicher Traditionen sehr verschieden benannt:

Innovator, change agent, change catalyst, pacemaker (Beschleuniger),
Beweger, Impulsgeber, Interventionist, Promotor, Initiator,
Berater (Prozeßberater)

Wichtiger als die Bezeichnung scheint die funktionale Abklärung der Tätigkeiten zu sein, wobei sich die Beratung durch einen Außenstehenden mit den Rahmenbedingungen Zeitdauer, Funktion (beraten) und Honorar meist als die günstigste Funktion für die Innovation erweist. Der Berater hat als change agent dabei die Zielsetzung, einen Prozeß des Wandelns zu begleiten. Er ist in der Zeit des gewünschten Wandelns

a) begleitend anwesend
b) hilft und konfrontiert
c) bewegt und bewegend
d) autonom

und schafft durch das Arbeitsübereinkommen mit dem Klienten die Möglichkeit einer reflektierten Umstrukturierung. Der Berater arbeitet mit seinen Auftraggebern zusammen, ohne sich selbst in das System zu integrieren. Er handelt nach dem Prinzip der Aktivierung von Kräften, die zum Wandel führen können, und macht sich selbst gegen Ende seiner Tätigkeit unmerklich entbehrlich. Innovatoren tun gut daran, ihr Hauptaugenmerk auf die Person zu richten, da entscheidende Impulse zum Wandel immer von den einzelnen Personen ausgehen oder bestimmt werden.

3.6.3. Die Persönlichkeitsentwicklung als Innovationsmodell

Der personale Ansatz in der Organisationsentwicklung legt logischerweise bei den Innovationsmodellen den Schwerpunkt auf die Persönlichkeitsentwicklung. Die innovatorischen Fähigkeiten sind eng an das Entwicklungspotential der Persönlichkeitsstrukturen geknüpft. Es ist beispielsweise kaum ein neuer Impuls von Personen zu erwarten, die eher starr sind und ihre persönliche Entwicklung als abgeschlossen betrachten (die "Fertigen"). Zur Innovation braucht es eine persönliche Risikobereitschaft und die Fähigkeit dazuzulernen.

Die Entwicklung jeder Persönlichkeit vollzieht sich nicht nur im Organismus selbst (Evolution), sondern ist auch durch die Wechselwirkungen mit der sozialen Umwelt bedingt. Eine zusätzliche Stimulanz auf Organismen, Lebewesen und lebendige Gemeinschaften läßt eine mögliche Innovation erwarten. Anregende Impulse gehen immer von etwas aus, speziell von Personen. Die Persönlichkeitsentwicklung wird insbesondere von Personen bewirkt, die sich in Beziehung zueinander befinden und durch

a) Erlaubnisse und Gewährungen
b) Veränderungen und Entscheidungen
c) Beeinflussungen und Interventionen
d) Verhaltensweisen, Haltungen und Einstellungen

aufeinander wirken.

Zwei Beispiele aus meinem persönlichen Leben:

Als mein Vater meinem Bruder und mir nicht mehr vorschrieb, wann wir abends zu Hause zu sein hatten, verloren das Ausgehen und Wegbleiben eine Zeitlang ihren Reiz. Die Erlaubnis zwang uns, den Zeitpunkt der Rückkehr selbst ausfindig zu machen, und war damit ein Stimulanz zur Entwicklung meiner Selbstbestimmung und Verantwortlichkeit.

Ein Umzug von einem Ort zum anderen brachte eine Reihe von Veränderungen mit sich. Die Entscheidung, uns durch den Umzug zu verändern, war im Ergebnis vielfältiger, als wir annahmen. Meine Frau fuhr plötzlich wieder selbst Auto, nachdem sie sich zwölf Jahre geweigert hatte, es zu tun. Ich selbst konnte für mehrere Wochen ohne Reisen auskommen, genüßlich zu Hause bleiben, was mir früher undenkbar schien.

Entwicklung braucht ungebundene Energien und Kräfte.

Energien für die Entwicklung können wir konkret auf der körperlichen Ebene gewähren, ändern und beeinflussen. Über den Körper können wir bewußt und gezielt Blockaden und Verspannungen lösen: z.B. durch vertiefte Atmung, Bewegungserweiterungen und eine spürbare Kontaktaufnahme zum Boden. Wir gehen davon aus, daß dadurch gleichlaufend ebenso im geistigen wie im seelischen Bereich Innovationen auf der bewußten und unbewußten Ebene möglich sind. Ein großer Prozentsatz von Energien wird verbraucht, um frühere Haltungen und Verhaltensweisen beibehalten zu können, Störungen zu stabilisieren, Verspannungen zu verkraften und die mögliche Lebendigkeit zu drosseln. Rein dieses Potential der gebundenen Kräfte reicht aus, eine Fülle von neuen Impulsen herzugeben. Ein kraftvoller Mensch mit Ausstrahlung hat nicht nur auf der körperlichen Ebene Energien frei zur Verfügung, sondern wirkt auch durch seine Geistigkeit und einfühlsame Intuition.

3.6.4. Familien, Gruppen, Organisationen und Gesellschaftssysteme als lebendiges Spielfeld für Innovation

Es gibt sie.
Gehaßt und geliebt, verachtet und verleugnet begegnen wir diesen sozialen Systemen, weil wir durch sie als Persönlichkeit geformt wurden. Sie ziehen uns auf, erziehen und prägen uns, und dennoch wollen wir uns häufig der Mitgliedschaft entziehen. Wir sägen am Zweig, auf dem wir selbst sitzen, meinen, unseren Stammbaum abschneiden zu können. Wir wachsen und gedeihen in diesen Systemen.

Gleichzeitig schrumpfen und darben wir entfremdet dahin, irgendwelchen Idealen und Illusionen folgend.

Als Teile oder Mitglieder des Systems sind wir selbst das System, das uns formt.

Mit unseren Energien und Kräften entwickeln wir uns und gleichzeitig das System, in dem wir uns befinden. Wir wählen Personen aus oder werden ausgewählt. Wir schaffen uns Rahmenbedingungen und unterwerfen uns Regeln im Zusammenleben. Wir schließen Arbeitsverträge ab und verteilen Funktionen. Wir bemühen uns und strengen uns an, Leistungen eigennützig und für andere zu bringen. Wir verändern uns gegenüber der Gemeinschaft, und die Gemeinschaft ändert uns. Auf der anderen Seite schnüren wir uns selbst ein durch Regeln und Normen, willkürliche Machtverteilungen, Neid und Begierde, Gewalt und Besitz und lassen uns beherrschen durch das, was wir uns selbst erdachten. Wertschätzende Kontakte in unseren Gemeinschaftssystemen öffnen den einzelnen Personen eine Spielwiese der Entwicklung, wo Innovationen wie Blumen wachsen.

3.6.5. Über den Zauber der Innovation.

Eine Bewegung entstand.
In mir, oder war es das Blatt, was sich im Wind bewegte? Ich versenkte mich meditativ in die Stille und erreichte sie nicht. Ich blickte umher und wurde von der Fülle der Gedanken ganz leer. Aus dieser fast lähmenden Leere entstanden wieder Bilder, Worte, die nach Sätzen hechelten, fließende Strukturen, die nach Ordnung verlangten.
Wie von einem Zauber berührt, erschien ein Impuls als Punkt verkleidet. War es der Angang oder das Ende einer Linie? Er begann zu tanzen, putzte sich die Nase und schleuderte seinen rechten Schuh in die Ecke. Eine Ecke im endlosen Raum konnte nicht wahr sein. Hatte der Schuh die Ecke gemacht oder spielt mir meine Phantasie einen Streich? Was ist, kann man nicht streichen, sagte mir meine Logik, auch wenn ich in diesem Zustand jeglichen Besitz ablehnte. Der Schuh lag in der Ecke. In meinem verständlichen Unverständnis zog ich mich auf das nächste Podest meiner Gefühle zurück. Das Podest war blank geputzt, während die Gefühle verstaubt durch die Gegend wirbelten. Ich mußte husten und erzeugte eine solche Farbenpracht, daß ich vergaß und spürte.
Der Zauber des Vergessens macht Platz für neue Bilder, Farben und Bewegungen. Ich selbst begann zu tanzen, sang, bis der Atem Klang wurde, und fand einen glühenden Punkt des Bewußtseins in meiner Mitte. Aus diesem Zentrum heraus wurde der Staub zum Kosmos. Schnell machte ich mich aus dem Staub, verblaßte in meiner Stimmung und begann Modelle zu basteln.

Bewegte Haltung.

Modelle, die der Anfang vom Ende sind.
Modelle, die den Weg frei machen.
Modelle, wo der Schuh im imaginären Eck einen Fuß findet, der im Raum einer Spur folgt, die sich in der Unendlichkeit verliert.
Dort, wo die Bewegung entstand.

4. Konstruktive Koexistenz

Ein methodischer Ansatz für Personen, die in und mit Organisationen, Gruppen und Einzelpersonen arbeiten

Welche Verhaltensweisen braucht man, um in einer konstruktiv zusammenlebenden Gemeinschaft wirkungsvoll, erfolgreich und überzeugend zu sein? Diese Frage stellte ich mir in meinen langen Lehrjahren, und es war mein Bestreben, meine Erfahrungen und Erkenntnisse zu systematisieren. Mein Anliegen dabei ist es nicht, ein Rezept für richtiges Verhalten auszuteilen, sondern Ihnen, lieber Leser, Impulse und Anregungen zu geben, Ihr eigenes Verhalten zu beobachten und zu prüfen.

Der methodische Ansatz, den ich hier gewählt habe, um anhand des Menschenbildes Hilfen für einen Weg zu gehen, basiert — durch meine eigene Geschichte — vor allen Dingen auf einem analytischen und gruppendynamischen Gedankengut. Ein wesentlicher Zusatz kommt jedoch aus den Erfahrungen der jüngeren humanwissenschaftlichen Strömungen: Der Schwerpunkt liegt zugleich auf einer phänomenologischen beschreibenden und überprüfbaren Vorgangsweise.

Die Ideologie und Idealisierung unseres Menschenbildes hängt verständlicherweise

a) eng mit unserer Auffassung der Wirklichkeit zusammen,
b) muß die unterschiedlichen Bedürfnisse berücksichtigen,
c) bezieht sich durchwegs auf eigene Erfahrungs- und Entwicklungsmodelle,
d) ist auf ein bewußtes Normen- und Wertsystem zurückzuführen,
e) integriert methodische Hilfen und
d) resultiert auf der Fähigkeit expressiven Verhaltens.

Dieser methodische Ansatz, wie Personen in Organisationen, Gruppen und Partnerschaften zusammenleben können, hat überblicksmäßig folgende Merkmale:

Merkmale	Themenbereiche
Wertschätzende Akzeptanz	Einstellung + Haltung
Situationsbewußtheit Funktionsbewußtheit	Erkenntnis Benützbarkeit

Merkmale	Themenbereiche
Rollenbewußtheit Rollenflexibilität	Beweglichkeit/Motion Bewegtheit/Emotion
Disziplin	Existenz Koexistenz
Reflexionsbereitschaft	Lehren Lernen
Fähigkeit, Ebenen zu erkennen einzuhalten zu wechseln, um die Komplexität der Realität zu reduzieren und wieder aufzurichten	Analyse Synthese
Zielorientiertheit Ergebnisorientiertheit	Leistungsbezogenheit Sachbezogenheit
Körperbewußtheit	spüren sich und andere wahrnehmen
Handlungsbereitschaft Risikobereitschaft	Tun
Instrumente erarbeiten Raster, Schemen, Techniken als unterstützende Maßnahmen	Strukturen Systeme
Bildung von Theorien Modellen Methoden Techniken persönlichen Konzepten	Entwicklung Anpassung

4.1. Wertschätzende Akzeptanz als Einstellung und Haltung

Die wertschätzende Akzeptanz als menschliche Einstellung und Haltung möchte ich mit dem Baum der Erkenntnis vergleichen, dem noch kein Apfel fehlt. Würden alle Menschen diese Einstellung und Haltung ihr Eigen nennen, dann lebten wir in einem paradiesischen Zustand vor der Vertreibung. Keine Sünde, Schuld, Scham, Konsum, Besitz, Angst, Geburt, Tod, kein Fehler und keine Entwertung. Das Sein ist genug. Vielleicht hatte der Baum der Erkenntnis keine Äpfel, dann konnte auch kein Apfel genommen werden. Vielleicht war der Baum der Erkenntnis fruchtlos und daher jede Erkenntnis fruchtlos.

In der wertschätzenden Akzeptanz steckt eine ähnliche Paradoxie wie beim fruchtlosen Baum, dessen Früchte Erkenntnis waren.

Die wertschätzende Akzeptanz als Haltung des Menschen bezieht sich auf das Seiende, Bestehende, Werdende und auch auf das, was nicht ist. Es ignoriert nicht nur etwas, das für wahr und wirklich gehalten wird, sondern läßt auch Fehler, Defizite und Mängel als Ergebnisse des Seienden und Werdenden gelten. Die Begriffe sind im Kontext austauschbar, weil eine Haltung und Einstellung angesprochen wird, die nach Werten strebt, aber nicht Entwertungen setzt. In der Konsequenz bedeutet dies, daß auch Entwertungen zu akzeptieren sind, aber die Einstellung nicht auf Entwertung-Machen abzielt. Die wertschätzende Akzeptanz als selbst erworbene menschliche Grundeinstellung beinhaltet die Liebe und das Brauchen ohne zusätzliche Verpflichtungen und Bedingungen. Sie ist als Haltung SELBST-bezogen und SELBST-los zur gleichen Zeit. Sie ist nicht abhängig von Situationen, Handlungen und Verhaltensweisen, sondern ist eine Lebenseinstellung, die lebenslang geübt und praktiziert wird. Ähnlich wie im ZEN kann diese Haltung nicht gelernt, erzwungen oder erzogen werden, sondern es werden Lernschritte aufgezeigt, Aufgaben gestellt und Disziplin verlangt, wo als Ergebnis irgendwann, einer Erleuchtung gleich (Satori), das tiefe Wissen und Spüren um die Wertschätzung eintreten kann. Das Ich hat dann seine schützenden Hüllen verloren, und ein gläubiges Selbst geht den Weg des Herzens.

Es geht bei dieser Haltung nicht um reine Harmonie, oder "es soll doch allen gut gehen", sondern es ist einfach ein Akzeptieren des Bekannten, Unbekannten und Unerkennbaren. Jemand ist, wie er geworden ist, er darf etwas beibehalten oder auch verändern, von sich aus mit und ohne Beeinflussung. Personen können jammern, und es wird akzeptiert, daß sie jammern, sie können sich freuen, und es wird akzeptiert, daß sie sich freuen. Wichtig ist jedoch, daß immer eine Relation zur eigenen Person, zur eigenen persönlichen Einstellung vorhanden ist und nicht losgelöst wird in Allgemeinaussagen.

Menschen, denen die Ausstrahlung einer wertschätzenden Einstellung innewohnt, haben es nicht mehr nötig, sich durch Schutz- und Abwehrmaßnahmen ein Überleben zu sichern, sondern sie haben über ihre Sinne zum Sinn gefunden. Sie bekennen sich zu ihrer Geschichte und sind wieder ein Teil der Natur geworden.

Die ideologische Seite ist auf eine soziale Kontrolle ausgerichtet und zielt auf eine Anpassung der Personen um jeden Preis. Die gläubige Seite, undogmatisch und unbeherrschbar, kann man eher als einen dienenden Akt betrachten, wo die Bewußtheit den unergründlichen Anteil der Entwicklung mit einfließen läßt.
Einen Menschen mit der Haltung einer wertschätzenden Akzeptanz kann man als strahlend, nicht blendend, energiegeladen, ohne Kraftprotzerei, würdig, ohne aufblicken zu müssen und daher als wirkungsvoll, erfolgreich und überzeugend bezeichnen. Er hat es nicht nötig, für seine Einstellung Beweise zu liefern, sondern er lebt es einfach vor.
Das Paradoxon ist, daß er nicht mehr Kriterien erfüllen muß — die wir später anschauen —, da er sie schon erworben hat, und dennoch sind sie bemerkbar. Von den Persönlichkeiten, die ich kenne und die in der wertschätzenden Akzeptanz ihr Sein und Dasein leben, ist keiner einen leichten Weg seiner Entwicklung gegangen. Sie wurden durch Schicksalschläge fast zerschmettert, Katastrophen und Krisen haben sie gezeichnet, aber in ihren Augen, den Seelenfenstern, in ihrer Haltung ist ein Funkeln und Strahlen, das nicht zu übersehen ist. Sie wirken, ohne auf Wirkung aus zu sein, sie folgen und haben Erfolg, und sie sind Zeugen einer energiefließenden Lebendigkeit, ohne überzeugen zu müssen.
Sie sind Menschen "wie Du und ich" geblieben mit Fehlern und Schwächen, mit Gefühlen und Bedürfnissen, nur ihre Einstellung und Haltung hat einen anderen aktiven, lebbaren Bewußtheitsdrall erhalten, der sie wissend anders in der Natur integriert.

Um die Diskussion zu erleichtern, fasse ich diese Aussagen thesenhaft zusammen.

a) Ein Mensch mit einer wertschätzenden und akzeptierenden Haltung ist erfolgreich, wirkungsvoll und überzeugend in konstruktiv zusammenlebenden Gemeinschaften.

b) Die wertschätzende Akzeptanz als Einstellung und Haltung beim Menschen ist beobachtbar und gefühlsmäßig körperlich spürbar.

c) Sie bezieht sich auf das Seiende, Bestehende und Werdende, aber auch auf Fehler, Defizite, Entwertungen und das, was nicht ist.

d) Sie ist eine erworbene, trainierte menschliche Grundeinstellung der Liebe und des Brauchens ohne zusätzliche Verpflichtungen und Bedingungen.

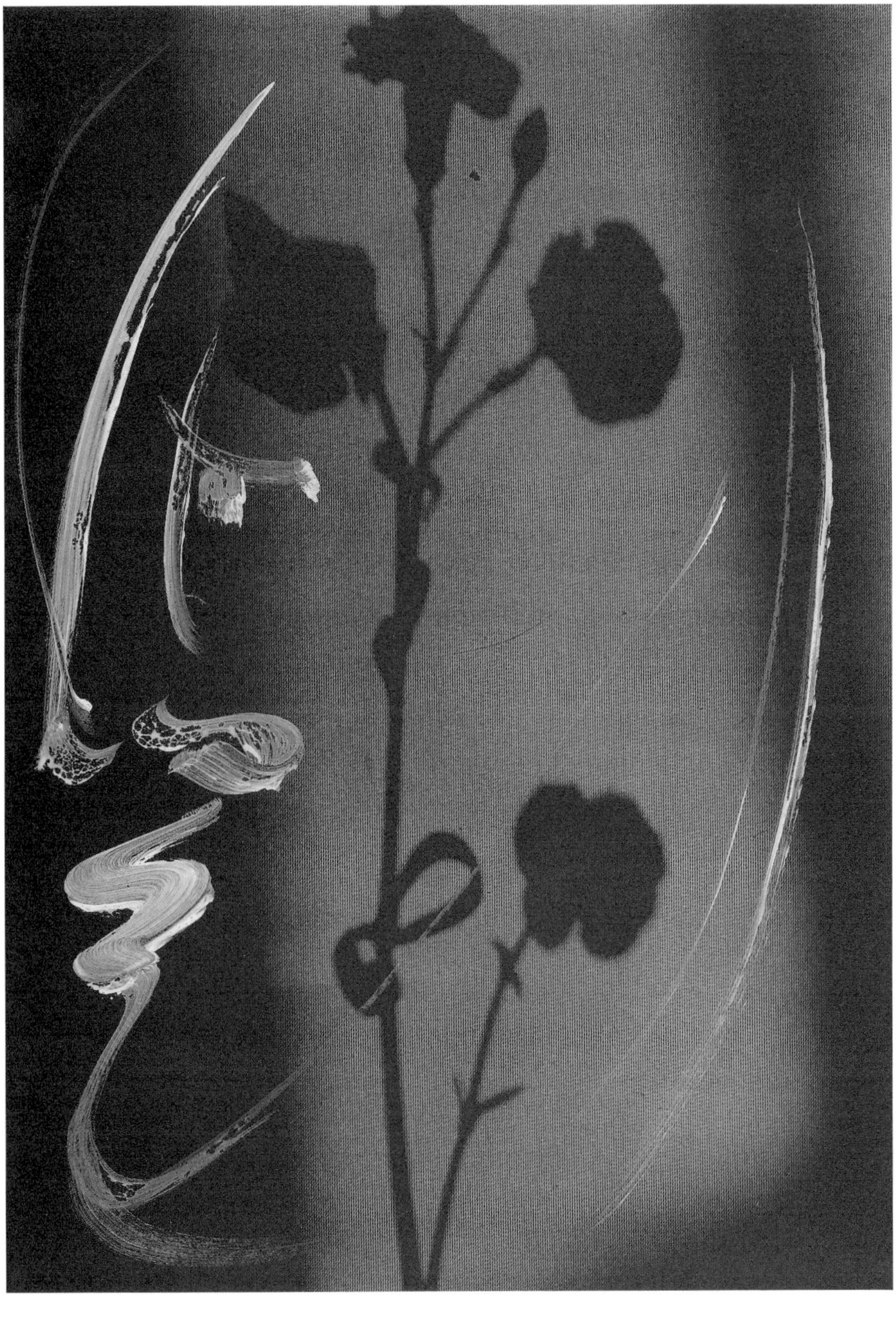

Der Weg des Herzens.

e) Die wertschätzende Akzeptanz als Haltung kann als Ergebnis nicht erzwungen werden, sondern sie ist ein Weg des Lebens, wo das Ich seine abwehrenden und schützenden Hüllen aufgab und das Selbst in den Vordergrund rückt.

f) Sie ist immer an eine Person gebunden, gläubig, undogmatisch und desideologisiert.

g) Ein Mensch in der wertschätzenden Haltung wird als strahlend, energiegeladen, würdig und lebendig erlebt. Er beweist nichts.

h) Ein Mensch in der Haltung der wertschätzenden Akzeptanz ist elitär in seiner Bewußtheit dem Sein gegenüber, lebt aber wie "Du und ich".

i) Die wertschätzende Akzeptanz ist eine Gescheitheit der Weisheit, nicht der Intelligenz.

j) Sie ist kein Ergebnis, sondern ein Weg, der nicht endet.

k) Es gibt methodische Hilfen für eine Haltung der wertschätzenden Akzeptanz — derjenige, der sie erworben hat, braucht sie nicht mehr, sondern er lebt sie.

4.2. Situationsbewußtheit und Funktionsbewußtheit

4.2.1. Situationsbewußtheit

Situationsbeschreibungen beziehen sich auf das Hier und Jetzt, vermitteln Fakten der absprechbaren "objektiven" Wirklichkeit sowie Impressionen der unabgesprochenen "subjektiven" Wirklichkeit, die erst durch das Ausdrücken und Darüber-Kommunizieren ein Bestandteil der gemeinsamen Informationsbasis werden.
Es ist in der Regel eine irrige Annahme zu glauben, daß Personen in der gleichen Situation den gleichen Informationsstand haben. Es ist eine Erfahrungstatsache, daß bestimmte Personen in bestimmten Situationen, in denen sie sich gleichzeitig aufhalten, verschiedene Situationsbeschreibungen liefern. Untersuchungsrichter, Staatsanwälte und Kriminalisten wissen davon ein Lied zu singen. Wir nehmen durchwegs selektiv wahr. Durch das Mitteilen von "Selbstverständlichkeiten" schaffen wir erst eine beziehungsfähige Basis für jede Kommunikation. Wir können nicht einmal davon ausgehen, daß "objektive" Informationen allen Beteiligten gleich bekannt sind, geschweige denn können wir davon ausgehen, daß unsere Bewertungen, Einstellungen oder auch Phantasien allen anderen gleich gut bekannt sind.

Wenn Sie Lust haben auf ein kleines Experiment der Selbsterfahrung, dann benützen Sie das leere folgende Kästchen und beschreiben Sie in Stichworten möglichst exakt die Situation, in der Sie sich gerade befinden:

In der Praxis erlebe ich, daß die meisten Personen, wenn sie Situationsbeschreibungen geben sollen, sich nicht an die Fakten als auch an Umstände und realen Gegebenheiten halten, sondern dazu neigen, sie zu interpretieren und die subjektive Wirklichkeit darzustellen. Untersuchen Sie Ihre Zeilen, mit denen Sie die Situation beschrieben haben — falls Sie dieses Experiment mitgemacht haben —, und ordnen Sie Ihre Aussagen folgenden Bereichen zu:

a) Fakten (wie Uhrzeit, Geschlecht, Ort usw.), die auch für andere zweifellos einsichtig sind.

b) Fakten (wie biographische Daten, Befindlichkeit, Status usw.), die der Mitteilung bedürfen.

c) Subjektive Stellungnahmen, die sich auf Gefühle, Körpergefühle, Phantasien, Ideen beziehen.

d) Subjektive Stellungnahmen, die gedeutet oder interpretiert werden.

e) Einfälle und Assoziationen, die mit der Situation in Verbindung stehen.

f) Einfälle, die sich nur auf Sie und Ihr Erleben beziehen.

	AUSSAGEN	ANZAHL	%
a			
b			
c			
d			
e			
f			
			100 %

Wie war Ihr Verhältnis von Aussagen zur faktischen Situation und subjektiven Stellungnahmen und Einfällen?

Die Situationsbeschreibung bzw. die Aufforderung zur Situationsbeschreibung ist eine der wirkungsvollsten Interventionstechniken für Leiter, Verhandler, Berater. Denn mit dieser systematischen Informationsbeschaffung wird eine Basis für gemeinsame Bewertungen, Entscheidungen und überprüfbare Ergebnisse erarbeitet.
Die gemeinsame Informationsbasis ist auch die Voraussetzung dafür, Rahmenbedingungen einzuführen und gemeinsam Ziele, Aufgaben und Planungen formulieren und ausführen zu können.

4.2.2. Funktionsbewußtheit

Funktionen und Rollen werden vielfach verwechselt. Daher zunächst zwei Definitionen:

Unter Funktion verstehe ich eine erworbene, verliehene, vereinbarte oder festgelegte Rahmenbedingung in einer sozialen Gemeinschaft, die an beidseitig abgesprochene Tätigkeiten gebunden ist.

Eine Rolle hingegen ist ein eigenes oder durch Fremderwartung gewähltes Verhaltensmuster, das abgesprochen oder unabgesprochen in der sozialen Gemeinschaft ausgeübt wird.

Im folgenden möchte ich zunächst eine schematische Darstellung der Funktionen, Tätigkeiten und Rollen geben:

FUNKTION (Situationsbereiche)	TÄTIGKEITEN	ROLLEN
LEISTUNG	bewerten, beurteilen entscheiden anleiten, leiten kontrollieren	Führer Initiator usw.
BERATUNG	beraten / Zeitstruktur! pers. Ber. Fach-Ber. beraten \ Funktion! Prob.Ber.	Beobachter
VERHANDLUNG	fordern, wünschen verhandeln Standpunkte klären Übereinstimmungen, Ergebnisse, Abweichungen } festhalten	Idealist Koordinierer
(gewünschte) MITGLIED TEAM PARTNERSCHAFT GRUPPE ORGANISATION STAAT	Bereitschaft zur Zusammenarbeit festzustellen Situationsbeschr. u. Mitteilung Ziele festlegen planen (V) durchführen weiterleiten	Exponent Angepaßter Rebell Fachmann Hofnarr

Diese Einteilung der Funktionsbereiche mit den entsprechenden zugeordneten Tätigkeiten ist in ihrer konsequenten Handhabung im Alltag als Hilfsmittel zu verstehen, leistungsorientiert und Bedürfnisse berücksichtigend, um zu Ergebnissen, einem Gelingen in der Zusammenarbeit zu kommen. Jede Vermischung und ungenaues Einsetzen der Tätigkeit führt zu Verwirrungen, die situative Verfremdungen zur Folge haben.

4.2.2.1. Leitung

Die Funktion der Leitung ist

1. **erworben, verliehen, festgelegt oder vereinbart**
2. **an bestimmte Tätigkeiten gebunden und**
3. **den beteiligten Personen bekannt.**

Die Tätigkeit des Leiters ist abhängig von seiner Fähigkeit

a) Kontakte einzugehen, um auf der Beziehungsebene Kommunikation zu ermöglichen.

b) Informationsstrukturen nutzbringend zu installieren.

c) Eigene Standpunkte zu vertreten und zu erweitern (= Auseinandersetzungen eingehen).

d) In Konflikten mit Entscheidungen so einzugreifen, daß zielorientiertes Handeln stattfindet.

Die Fähigkeit des Leiters setzt nicht nur hohe fachliche Kompetenz voraus, sondern ein großes Maß an psychologischem Verständnis und Einfühlungsvermögen. Häufig wird der Mangel an personalem Know-how durch Ränkespiel oder Machtspiele kompensiert. Leider ist es in der Praxis oft so, daß für den Aufstieg in Leitungsfunktionen nur die fachliche Qualifikation als maßgeblich betrachtet wird. Im Ausbildungs- und Fortbildungsangebot für Führungskräfte kommt die personale und psychologische Seite in der Regel zu kurz.

Die wesentlichen Aufgaben eines Leiters sind nach meinem Verständnis:

a) **Beurteilen (Bewertung, Diagnose, begleitende Diagnose, Analyse)**

b) **Entscheiden**

c) **Leiten (Anleiten, Anordnen, Aufträge erteilen, Anweisungen geben, Instruktionen, Handlungsaufforderungen aussprechen)**

d) **Kontrollieren**

Der Leiter muß, um seiner Fuktion gerecht zu werden, Situationen, Zielsetzungen, Informationen, Personen, Mittel und Vorgangsweisen, Planungen und Durchführungen bewerten und beurteilen. Erst dann ist er in der Lage, optimale und effiziente Entscheidungen zu treffen. Diese Entscheidungen als Steuerungsmaßnahmen werden auf dem personalen Sektor durch Anleitungen, Anweisungen, Instruktionen und Handlungsaufforderungen getroffen. Sie lösen ein Handeln aus, das in jedem Fall auf das Ergebnis hin zu kontrollieren ist.

Die Kontrolle stellt dabei die Auftragserfüllung oder -abweichung fest. Leider ist die Tätigkeit des Kontrollierens vom Wort her negativ gefärbt. Auch wenn nur Fehlerhaftes und Mängel durch Kontrolle angesprochen werden, erfolgt eine ungewollte Erziehung zur Störungs- und Krisenorientierung. Nur der erhält Zuwendung — negative Zuwendung —, der Fehler macht, der gute, willige und konstruktive Mitarbeiter wird oft nicht beachtet. Kontrolle sollte nun nicht nur als Kritik, sondern als Zuwendung betrachtet werden, die der Leiter den Angeleiteten gibt. Richtig verstandene Kontrolle gibt dem ein positives feed-back, der die Aufträge richtig erfüllt hat, und zeigt Abweichungen auf, wo dies nicht der Fall ist. Die Wichtigkeit einer konstruktiven Kontrolle und einer als Zuwendung verstandenen Kritik für die Funktion des Leitens kann nicht hoch genug eingeschätzt werden.

Um der begrifflichen Klarheit willen möchte ich die Funktion der Leitung vom Rollenverhalten "Führung" trennen. Während für das Leiten klar abgesprochene Rahmenbedingungen (Funktionsbeschreibung, Zeitbegrenzung, Verträge) vorhanden sind, ist das Führen eine Rolle, die nicht abgesprochen sein muß, sondern die von Situation zu Situation verschieden ausgeübt wird. Ein Leiter einer Arbeitsgruppe muß nicht immer Zugpferd, Initiator und Antreiber sein, sondern diese Rolle können Teammitglieder abwechselnd nutzen. Bei einem Rettungseinsatz im Hochgebirge muß der Einsatzleiter nicht unbedingt die Seilschaft führen und anführen. Das Führen als Rolle kann und soll sehr flexibel angewendet werden, während das Leiten als Funktion in einem langfristigen, stabilen Rahmen steht.

4.2.2.2. Beratung

Ratschläger sind häufiger anzutreffen als Artisten, die ein Rad schlagen, ohne ein Fahrrad zu berühren. Die Vehemenz und Raschheit, mit der einzelne Personen zum Ratschlag ausholen, ist vergleichbar mit einem Schlag, der unvermittelt trifft. So ist fast jeder Ratschlag ein Schlag in die Wunde, die zum Belecken angeboten wurde.

Ich habe im Privaten, in Ausbildungssituationen und bei Seminaren bei "Beratung" immer wieder feststellen müssen, daß es meist dem Berater darum ging

a) sein Wissen verschleiert loszuwerden,
b) dedektivische Spurensicherung zu machen,
c) Fehler aufzuzeigen,
d) sich mit dem Problem zu identifizieren, um es übernehmen zu können (was unmöglich ist),
e) Verständnis vorzuspielen, um selbst Verständnis zu erhalten,
f) das Problem zu übernehmen, um sich zu übernehmen,
g) letztlich eine Einstellung und Verhaltensweisen zu zeigen, die einem enttäuschenden Status-quo den Ehrendoktor verleiht.

Hinter einer Bugwelle von Fragen wie

''Haben Sie schon bedacht ...?''
''Warum haben Sie nicht ...?''
''Wie wäre es ...?''
''Können Sie sich vorstellen ...?''

werden, statt auf Antworten und Aussagen zu hören, Lösungen früher oder später schlüsselfertig frei Haus geliefert, ohne einen Bebauungsplan, Material und Finanzierungsmittel für den Hausbau zu haben. ''Beratungen'' dieser beschriebenen Art sind daher häufig Gesellschaftsspiele, die es erlauben, auf Schleichwegen versteckte Bedürfnisse zu befriedigen.

Die Funktion der Beratung verlangt von den beteiligten Personen folgende Rahmenbedinungen:

1. **Eine klar abgesprochene Funktionsverteilung (Berater, Klient etc.)**
2. **Eine festgelegte, vereinbarte Zeitstruktur**

Beraten ist eine Synonym für da sein, dabei sein, anwesend sein, präsent sein und gleichzeitiges Reflektieren des Gegenübers. Die Tätigkeit des Beratens läßt dem Berater den Spielraum, in ein System einbezogen zu werden, ohne in das System einzusteigen. Die Haltung der wertschätzenden Akzeptanz ist für den Berater ein unbedingtes Erfordernis. Er sollte käuflich sein in bezug auf die Zeit, die er zur Verfügung stellt, aber unkäuflich im Hinblick auf seine Ziele, seine Ehrlichkeit und seine Objektivität.

Der funktionale Berater funktioniert, weil er nicht funktioniert.

Geplanter Wandel, Veränderung und Entwicklung sind primär Aufgaben des Klienten, des Beratenen. Berater dürfen keinen Einfluß nehmen oder bestimmte Entscheidungen forcieren, weil sie sonst ihre Funktion überschreiten und Abhängigkeiten züchten. Für den Berater ist das Bild eines Katalysators ein zutreffendes. Er tritt in ein System ein mit der Absicht, sich möglichst bald wieder überflüssig zu machen. Die Einsichten, Entscheidungen, Veränderungen und Entwicklungen sind ausschließlich das Verdienst des Beratenen. Der Berater gibt dem Klienten Anstöße zum Wandel und zur Entwicklung durch seine wissende, unterstützende, demütige und konfrontierende Geduld. Der Berater hat keine Leitungsfunktion und ist kein Teil der Entscheidungsebenen, sondern hat einen Standort außerhalb des Systems.

Die Kunst des Beraters ist die richtige Distanz zum Beratenen zu finden, die es ihm erlaubt, mit der Zeit entbehrlich zu werden. Für das Distanzhalten braucht der Berater methodische und technische Hilfen und gelebte Selbsterfahrung, um nicht von den Problemen und Systemen, die ein neues Gleichgewicht brauchen, verschluckt zu werden.

In der Praxis treten in der Regel drei unterschiedliche Beratungssituationen auf:

a) Fachberatung
In der Fachberatung stellt der Berater sein Wissen einfach zur Verfügung. Es ist ein Lehren und Lernen, Auffrischen, Instruieren und Vermitteln von Fakten und Methoden. Es werden Erfahrungen und Erkenntnisse vermittelt mit dem Ziel, daß der Ratsuchende diese in Zukunft selbst anwenden kann.

b) Persönliche oder personenbezogene Beratung
In der persönlichen und personenbezogenen Beratung steht der Klient als Mensch im Mittelpunkt. Das fachliche Wissen mag mitbetroffen sein, aber der Ansatzpunkt ist die Person des Beratenen mit seinen Fähigkeiten und Widerständen.
In dieser Beratungsform geht es um das Erweitern der Fähigkeitspotentiale des Klienten. Die beiden bilden für begrenzte Zeit ein persönliches Lehr- und Lernsystem, um mit gewissen Situationen in der Zukunft leichter fertig zu werden.
Hier wird vom Berater auch eine Befähigung zur Widerstandsarbeit verlangt — er muß in der Lage sein, auch krisenhafte Konfrontationen mit der Person des Klienten herbeizuführen. Auch muß er durch unterstützende Erlaubnisse dem Beratenen zu neuer Aktivität Mut machen können. Diese Beratungsform stellt den Klienten in den Mittelpunkt seiner eigenen Lebensdrehscheibe und hilft ihm dadurch, intensiver bestimmte Situationen seines Alltags zu reflektieren und neu zu planen.

c) Problem bzw. Konfliktberatung
Die schwierigste Beratungsform ist die Problem- oder Konfliktberatung. Alleine darüber ließe sich ein dickes Buch schreiben. Für die Problemberatung werden an den funktionalen Berater extrem hohe Ansprüche gestellt, sodaß dieser nur

mit einer ausgeprägten wertschätzenden Akzeptanz diese Funktion wahrnehmen kann. Er muß als außenstehender Orientierungspunkt für die systemverhafteten Personen neue Blickwinkel für das Bestehende aufzeigen und Veränderungsstrategien einleiten. Profunde Kenntnisse in dem Bereich der Organisationpsychologie und Gruppendynamik ermöglichen es dem Berater, als Externer Vorgangsweisen und Techniken zu entwickeln, die aus der Patt-Stellung eines problemverhafteten Systems herausführen können. Eine Problem- und Konfliktberatung erfordert vom Berater eine hohe Spannungstoleranz, weil sonst die Gefahr besteht, daß er sich selbst in das verkrampfte System stürzt.

Eine Problemberatung lebt von der Spannung und Betroffenheit bei den beteiligten Personen. Am Ende einer Problemberatung sind nicht alle Probleme verschwunden, aber klare Situationsanalysen, Ziele und Planungsschritte sind an den Tag getreten und destruktive Mechanismen der Problemverewigung zumindest zu einem Teil erkannt und beseitigt worden.

4.2.2.3. Verhandlung

Die Verhandlung ist die Ouvertüre für ein gemeinsames Handeln und Entscheiden. Verhandeln ist ein Handeln vor der Planung und Durchführung. Es ist ein kommunikativer Akt, wenn die beteiligten Personen bereit sind, unterschiedliche Wünsche Forderungen, Interessen, Bedürfnisse und Ziele so abzuklären, daß Ergebnisse miteinander festgehalten werden können. Grundelemente jeder Verhandlung sind:

a) Forderungen, Ziele, Wünsche formulieren und aussprechen
b) Standpunkte klären
c) Übereinstimmungen festhalten

Fehlen diese Elemente, entsteht Verwirrung. Oftmals wird in Verhandlungen auch gar nicht mit dem Willen gegangen, Ergebnisse zu erzielen, sondern diese werden nur zum machtstrategischen Hilfs- oder Erziehungsmittel verwendet. Statt verhandeln wird behandelt, um unausgesprochene Forderungen, Wünsche und Ziele durchzusetzen.

Menschen, die nicht wissen, was sie möchten oder wollen, verstecken nur ihr immenses Bedürfnis nach Liebe und Zuwendung hinter der Fassade des unschuldigen Nicht-Wissens, um anderen gefügig zu sein oder diese fügsam zu machen.

Erst wenn ich weiß, was ich will, bin ich ein ernstzunehmender Verhandlungspartner. Verhandler müßten in der Lage sein, Wünsche, Ziele und Forderungen eindeutig zu formulieren und offen auszusprechen. Eine Grundformel für jede Verhandlung ist die Frage, wer

will

was

von wem?

Viele Personen haben es im Laufe ihrer schmerzhaften eigenen Geschichte verlernt, Forderungen direkt auszusprechen. Kinder und auch Erwachsene haben wegen konkreten früheren Erfahrungen die Angst, daß die Ablehnung einer Forderung, eines Wunsches gleichzusetzen ist mit der Zurückweisung der eigenen Person. Die Person (in der Sprache der Psychoanalyse: das Objekt), an die ich mich wende, verweigert mir etwas, also mag sie mich nicht. Die konkreten Erfahrungen waren Aussagen von geliebten Bezugspersonen, die Wünsche und Bitten mit dem Mögen in ein ambivalentes Bedingungssystem setzten und eine unauflösbare Konfusion zustande brachten.

"Wenn Du jetzt nicht schlafen gehst, mag ich Dich nicht mehr!" "Wenn Du jetzt nicht gleich brav bist, dann magst Du mich nicht!" "Du ißt nicht auf, weil Du mich (und mein geliebtes Essen) nicht magst!" "Wenn Du mich wirklich gerne hast, dann bleibst Du zu Hause!"

Dies sind einige Sätze, die als mögliche Resultate bei einer Person dazu führen, Wünsche und Forderungen besser zu vergessen, um die Liebe nicht zu verlieren. Das Vergessen und später Verdrängen von eigenen Wünschen hinterläßt Spuren, die als neurotische oder psychosomatische Symptome einen psychisch-körperlichen Ausgleich für das frühere Konfliktgeschehen schaffen.

Wir haben bereits als Kinder gelernt, perfekt zu manipulieren, und nützen häufig dieses Vermögen zum Versteckspielen bei Forderungen und Zielen. Die grobe Struktur einer Verhandlung beruht jedoch auf dem Prinzip des Aushandelns von unterschiedlichen Forderungen, Standpunkten und Ansichten.

Folgendes Schema soll die grobe Struktur der Verhandlung verdeutlichen:

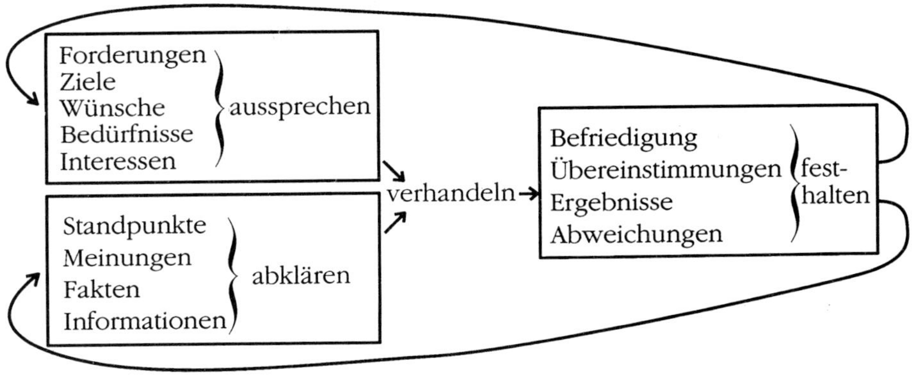

Häufig ist es sinnvoll, in einer ersten Stufe der Verhandlung noch nicht mit Forderungen zu operieren, sondern zuerst Standpunkte, Meinungen, Fakten und Informationen abzuklären und danach erst die Forderungen und Ziele zu formulieren.

Das eindeutige Geschick des Verhandlers ist es, mit klar aussprechbaren Zielsetzungen gut vorbereitet in eine Verhandlung einzutreten. Ohne aktives Zuhören und Herausfinden, welche Zielsetzungen der Verhandlungspartner hat, verflacht die Verhandlungsrunde, und echter Erkenntnisfortschritt für beide Partner wird verhindert.

Eine wertschätzende Akzeptanz, das Respektieren der Person und der Anliegen der Verhandlungspartner macht aus Gegnern Partner und aus Partnern mit der Zeit Freunde.

4.2.2.4. Funktionales Mitglied

Wir sind alle Mitglieder von sozialen Gemeinschaften. Partnerschaften, Familien, Gruppen, Institutionen, Betrieben, Vereinen, Parteien und Gesellschaften sind soziale Systeme, in die wir zum Teil hineingeboren oder zugeordnet werden bzw. in die wir durch eigene Entscheidung eingegliedert werden. Mitglied zu sein scheint etwas so Selbstverständliches, daß es einer Beschreibung nicht bedarf. Mitglied sein ist jedoch mehr, als nicht die Funktion des Leiters, Verhandlers oder Beraters zu haben. Die Funktion "Mitglied" auszuüben heißt, eine gemeinschaftliche Struktur anzuerkennen und darin tätig zu sein. Diese scheinbar so selbstverständliche Funktion ist uns meist nicht bewußt, und daher lege ich sehr viel Wert auf eine ausführliche Beschreibung dieser Funktion. Die Tätigkeiten für die Funktion "Mitglied" sind breit gefächert:

a) **Ein Feststellen der Bereitschaft zum Zusammenleben und Zusammenarbeiten**
b) **Über Situationsbeschreibungen und deren Mitteilungen minimale verbindliche Rahmenbedingungen schaffen**
c) **Ziele festlegen**
d) **Planen (dabei ist manchmal ein Funktionswechsel zur Verhandlung zwischendurch notwendig)**
e) **Durchführen**
f) **Weiterleiten**

ad a) Die Frage nach der Bereitschaft zur Zusammenarbeit bzw. zum Zusammenleben ist nur mit einem JA oder NEIN zu beantworten. Auf diese Frage erhalte ich in der Praxis aber sehr oft eine Reihe von Ausflüchten oder an Bedingungen geknüpfte Zusagen. In der Arbeit mit Gruppen und Partnerschaften ist das Herausarbeiten und das unterschiedliche Deklarieren der Bereitschaft zum Zusammensein und Zusammenleben eine enorm wichtige Phase. Offensichtliche und verdeckte Bedürfnisse und Motive können dabei publik werden und dadurch Intimität besser möglich machen. In der Arbeit mit Gruppen ist es oft günstig, zu einem frühen Zeitpunkt über die Bereitschaft zum Zusammensein zu sprechen. Widerstände, Schutz- und Abwehrmechanismen werden so frühzeitig erkannt. Jedes Ausweichen, jedes Vermeiden eines klaren JA oder NEIN ist ein Hinweis, daß noch keine echte Basis für die Zusammenarbeit besteht — was wieder die Ursache für mannigfaltige Konflikte ist.

ad b) Die Beschreibung der Situation, in der sich Mitglieder befinden, und die Kommunikation darüber erlauben es, ein minimales Rahmengeflecht zu entwickeln. Das Mitteilen subjektiver Situationsbeschreibungen hilft, eine abgesprochene, gemeinsame Wirklichkeit herzustellen. Erst diese gemeinsame Wirklichkeit ist eine konstruktive Grundlage für gemeinsames Handeln bzw. das Formulieren gemeinsamer Ziele.

ad c) Ziele prägnant zu formulieren, halte ich für eine der schwierigsten Tätigkeiten in sämtlichen Funktionsbereichen und erfordert ein dauerhaftes, langjähriges Üben. Um Ziele optimal abzustecken, ist es daher oft empfehlenswert, sich beraten zu lassen.
Wir vermeiden häufig, uns auf Ziele festzulegen, da wir dadurch unserem Bedürfnishunger scheinbar durch eine Sachorientiertheit einen Maulkorb umhängen. Wir haben die Neigung, uns durch Wünsche und Gefühle bedürftig zu halten, wollen geliebt werden, Zuwendungen und Anerkennung bekommen und halten es daher für einen vergeudeten Luxus, uns selbst etwas zu holen.

Mitglieder, die nicht bereit sind, Ziele zu formulieren und diese anzustreben, haben das unbewußte Ziel, unzufrieden und bedürftig zu bleiben.

Diesen Personen geht es um die symbiotische Beziehung, wo Bezugspersonen nicht anders können, als sich zu sorgen und zu kümmern. Die Leistung ist eine Fehlleistungskette, um des Geliebt-Werden-Wollens. Eine Zusammenarbeit ist mit Personen, die keine Zielsetzung angeben wollen, unmöglich.
Ich bezeichne die Arbeit mit den individuellen Zielformulierungen in Seminaren als Knochenarbeit, da sie durch Mark und Bein geht und schmerzhaft die Realität der Beziehungen in den Gruppen sichtbar und spürbar macht.
Die Zielformulierung als funktionale Tätigkeit in Partnerschaften, Gruppen und Organisationen ist auf die Einzelperson bezogen, da die gemeinsame Zielfestlegung eine Verhandlungsrunde einzuschalten hat.

ad d) In der Planungsphase wird darüber verhandelt, welches Ziel mit welchen Personen in welcher Zeit und mit welchen Mitteln, Verfahren und Vorgangsweisen zu erreichen ist. Insbesonders die kreative Ideenfindung für die Mittel, Verfahren und Vorgangsweisen verlangt vom Mitglied eine hohe Fähigkeit an Intuition.

ad e) In der Durchführungsphase leistet jedes Mitglied einen aktiven Beitrag zum Erreichen vorgegebener Aufgaben oder selbsterarbeiteter gemeinsamer Ziele. Die Verantwortung für die Zielerreichung und das Ergebnis tragen im Idealfall alle Mitglieder. Gerade das ist aber ein Punkt, in dem oft Störungen auftreten: Die Verantwortung wird einzelnen Mitgliedern durch Schuldverschreibungssysteme zugeschoben, oder es kommt zwischen gleichrangigen Mitgliedern zu Machtspielen. Für eine aufgaben- und zielorientierte Vorgangsweise bedeutet dies aber ein Vermeiden von Arbeit und eine Regression auf eine frühere Bedürfnisebene.

Ein Mitglied, das zur Zusammenarbeit bereit ist und bei der Durchführung von Aufgaben tätig ist, hat Bedürfnisse, kann diese aber für die Zeit der Durchführung zurückstellen. Das erfolgreiche Abschließen einer Handlung bringt die Erfahrung einer Einheit im Ergebnis, und gemeinsame Erfolgserlebnisse tragen eine stark verbindende Kraft in sich.

ad f) Die Gefahren von gut funktionierenden Partnerschaften, Abteilungen und Gruppen ist ein überschwengliches und euphorisches Wir-Gefühl, das andere ausschließt. Man ist sich selbst genug und bildet inselhafte Zellen ohne Durchlässigkeit nach außen. Da dies aber für die Gesamtorganisation äußerst negative Folgen haben kann, ist das Weiterleiten von Informationen und Berichten über erzielte Ergebnisse eine wichtige Tätigkeit im Gesamtrahmen der Organisation. Ein Zurückhalten von Informationen mit dem Standpunkt "die sollen sich doch das holen, wenn sie es brauchen" ist ein Zeichen von Regression und die Ursache von Reibungen innerhalb eines sozialen Gefüges.

Um die Funktionsbewußtheit für das erfolgreiche, wirkungsvolle und überzeugende Sein in Gemeinschaften leichter faßbar zu machen, fasse ich einige Schwerpunkte nochmals thesenhaft zusammen:

1) **Die Einteilung in Funktionsbreiche macht die komplexe Anordnung einer bestimmten Situation überschaubar.**

2) **Die Funktionsebene (L,B,V,M) ist durch erworbene, verliehene, festgelegte und vereinbarte Abmachungen den beteiligten Personen offiziell bekannt.**

3) **Jede Funktion, wie Leiter, Berater, Verhandler und Mitglied, ist an gewisse festgelegte Tätigkeiten gebunden.**

4) **Diese Tätigkeiten machen die funktionale Benützbarkeit für die soziale Gemeinschaft aus.**

5) **Jeder unartikulierte Wechsel in einen anderen Funktionsbereich trägt zu einer Konfusion bei, die regressiven, projektiven und infantilen Wünschen Beistand leistet, Tätigkeiten werden zum Untätig-Werden bezüglich gemeinsamer Ziele und Handlungen.**

6) **Sind Funktionen bildhaft die Haut des Menschen, so sind Rollen die Kleider, die er trägt.**

4.3. Rollenbewußtheit — Rollenflexibilität

Als Rolle bezeichne ich eine Verhaltensweise im zwischenmenschlichen Bereich, die selbst gewählt oder durch die Erwartungshaltung anderer angenommen wurde. Wir erleben Rollen und spielen Rollen in unserem Dasein, wir passen uns in unserem Rollenrepertoire an Wünsche und Vorstellungen an. Theaterstücke, Opern und Filme geben nur verdichtet eine rollenbestückte Wirklichkeit wieder als Abbild der Geschichte und Erfahrungsgut der Menschheit. Die Verdichtung erfolgt nicht nur durch die Raffung der Ereignisse, sondern auch durch die Festlegung der Rollen, die gespielt werden.

Einige Thesen zum Rollenverhalten:

1. Personen, die sich ihrer Rolle bewußt sind, diese akzeptieren und annehmen, können in den gegebenen Situationen diese Rollen auch autonom und wirkungsvoll wechseln.

2. Je mehr Rollen eine Person zur Verfügung hat, umso höher ist ihr Entscheidungs- und Handlungsspielraum im Alltagsgeschehen.

3. Das bewußte Rollenverhalten im Sinne von annehmen und wechseln mit einem flexiblen Rollenrepertoire steigert das Argumentationsvermögen und somit die Fähigkeit der partnerschaftlichen Verhandlung.

4. Viele funktionale Leiter, Berater, Verhandler und Mitglieder geben in kritischen und unbequemen Situationen ihre Funktion ab und nehmen eine Rolle an, die ihrer Funktion inadäquat ist, aber einen höheren emotionalen Nutzwert hat. Dieses Verhalten ist nicht dienlich zur zielorientierten Aufgabenerfüllung und bewirkt Verwirrung.

In unserem Rollenverhalten greifen wir fast durchwegs auf gelebte und erlebte Rollen zurück. Wir spielen sie oder leben sie abhängig von der Situation, den umgebenden Personen, den Stimmungen, den Gefühlen und unserer Vorstellung oder Einbildung. Im Hintergrund wacht unsere Charakterstruktur und Haltung, damit das Rollenverhalten den Grundkonflikten immer genug Nahrung zuwirft. Ein

Mensch, der sich von seiner Grundhaltung "oben" hält, mächtig sein will, keine Schwäche zeigen kann, wird kaum in die Rolle eines Mauerblümchens, eines reuigen Sünders oder bescheidenen Kollegen schlüpfen. Ein Mensch, der sich anhalten möchte, wird nicht Rollen übernehmen, die ihn isolieren, sondern flehentlich, klebrig, sanft, nett und hungrig sein Auftreten so variieren, daß er immer jemanden bei sich hat.

Unser Rollenverhalten ist oft ein Schutzmantel über unser verletzliches Ich. Es liegt an uns, unsere Rollen zu akzeptieren, um damit ein Stück unserer Lebensgeschichte anzunehmen. Erst dieses bewußte Annehmen, uns zur Verfügung haben, gibt uns im Miteinander die Möglichkeit, Situationen zu nutzen. Je weniger wir zu unserem Rollenverhalten stehen, es verleugnen oder entwerten, umso häufiger kommt es zu Verunsicherungen, Verwirrungen, Störungen.

Übertriebene Rollenstarrheit auf der einen Seite und Rollenunsicherheit auf der anderen Seite sind weitere Quellen von Störungen im zwischenmenschlichen Bereich. Eine Mutter, die in sämtlichen Lebenssituationen nur ihre Mutterrolle zur Verfügung hat und damit keine anderen Verhaltensweisen ausüben kann, die penetrant und fürsorglich und aufopfernd ihre Umgebung drangsaliert, hat sich zu einseitig auf eine Verhaltensweise fixiert und verhindert dadurch lebendige und flexible Formen des Zusammenlebens. Der verknöcherte Beamte, der zügellos auf Paragraphen reitet und sogar seine Jause nach Vorschrift einnimmt, ist ein Beispiel für eine Rollenstarrheit, die bis zur Unmenschlichkeit führen kann.

Gleicherweise störend sind die permanenten Rollenspringer, die in ihrer übertriebenen Rollenflexibilität und Rollenunsicherheit für Konfusion sorgen. Kaum gefallen sie sich im jammernden Weltschmerz, machen sie einen Rollensprung und klagen den nächstbesten als Schuldigen für ihre Trübsal an. Sie wechseln die Rollen, die Ich-Zustände und die Ebenen nach ihrem Belieben auf Kosten der anderen. In der Transaktionsanalyse wird dieses Verhalten als Springen im Drama-Dreieck eindrücklich beschrieben. Der Preis, den sie zahlen müßten, ist nach einiger Zeit ein Umgebungswechsel, ein Gruppenwechsel und hypomanische Aktivitäten. Eine Gemeinschaft erträgt nur für begrenzte Zeit die Überflexiblen.

Das Rollen-Beherrschen, das zur Verfügung-Haben von verschiedenen Rollen erhöht die Argumentations- und Mitteilungsfähigkeit und läßt einen großen Spielraum für Entscheidungen und Handlungen. Es ist die Fähigkeit damit verbunden, sich auf wechselnde Situationen und Personen adäquat einzustellen und sowohl auf der Leistungs- wie auf der Beziehungsebene Nutzen zu erbringen.

Mir erscheint es wichtig, in Ausübung der Funktionen Leiter, Berater, Verhandler und Mitglied auch in krisenhaften Momenten seine Funktion nicht zugunsten eines unpassenden Rollenverhaltens aufzugeben. Das Geschick, die vereinbarten

Funktionen deutlich aufzuzeigen und sein Verhalten ausschließlich an seinen Funktionen zu orientieren, verkürzt die Zeitdauer von Krisen und verbessert die Qualität des Zusammenarbeitens. Ein Vorgesetzter als Leiter, der auf seine Mitarbeiter aufgrund der eigenen Angst, seine Position zu verlieren, Druck ausübt, spiegelt in seinem Rollenverhalten seine eigene Verwirrung wider, die sich dann mit Sicherheit auf seine Untergebenen überträgt.

Ein alter Zenmeister hat mich einmal darauf aufmerksam gemacht, daß Manager in der westlichen wie östlichen Hemisphäre ihre Funktion als Leiter allzugerne mit einem mütterlichen, fürsorglichen Rollenverhalten umhüllen, statt eher väterlich streng (als Rollenverhalten) ihre Funktion einsetzen, um mit der beinhalteten Prägnanz der Einteilung, Abgrenzung und Kontrolle den Konfusionen entgegen zu wirken. In den Betrieben und Organisationen laufen viel zu viele fürsorgliche, verständnisvolle und helfende Personen umher, sodaß kein Bedarf ist, auch die Leiter und Führungskräfte dafür einzuspannen.
Eine gut handhabbare Rollenverteilung, die bewußt angenommen und flexibel zu verstehen ist, gibt den beteiligten Personen für gewisse Zeiten Sicherheit, Ruhe und Stabilität.

Der Schritt der Veränderung und der Entwicklung braucht für den Abdruck in die Bewegung eine feste Grundlage.

4.4. Disziplin

Wer keine Disziplin hat, lebt nach seinen Bedürfnissen und Triebregungen. Eine soziale Gemeinschaft verlangt aber von ihren Mitgliedern ein gewisses Maß an Disziplin, um die Existenz und Koexistenz der darin lebenden Menschen abzusichern.
Disziplin ist ein methodisches Hilfsmittel, erfolgreich und wirkungsvoll zu sein. Es erfordert die Einsicht und Bereitschaft, Handlungen und Aufgaben eigenverantwortlich durchzuführen. Disziplin haben heißt somit, sein Sein, seine Existenz und Koexistenz mit anderen Personen abzusprechen und zu strukturieren, um das Leben und Zusammenarbeiten leichter zu gestalten.
Disziplin haben beschreibt eine menschliche Verhaltensweise, die soziale Gemeinschaft achtet, die unterschiedlichen Bedürfnisse verschiedener Personen berücksichtigt und vorgegebene Aufgaben, Bedingungen und Regeln einhält.

Viele Personen sind diszipliniert im Sinne von Neujahrsvorsätzen, die am 31. Dezember gemacht werden und am 2. Jänner wieder vergessen sind. Personen, die keine Disziplin haben, vermögen meistens reichlich Gründe zu nennen, weshalb es sinnlos, nutzlos und unvernünftig gewesen wäre, dieses und jenes konsequent zu tun. Begriffe wie Freiheit, Autonomie, Kreativität, Selbstverwirklichung und Ungeist werden sehr leicht als Hintertüre benützt. Wie oft habe ich mit Freunden, Teilnehmern und Kollegen ausgemacht, am Morgen eines Seminartages zu laufen, wie oft bin ich dann alleine gelaufen, weil es regnete, geschneit hat oder noch zu früh war und der Wecker nicht geläutet hatte usw. Die Vereinbarung war wertlos geworden, die Ausreden waren naiv auf Verständnis ausgerichtet.

Menschen, die Vereinbarungen und Regeln mißachten, haben auch keinen Grad an Selbstdisziplin. Sie schlurfen lieber in den Hausschuhen der Ausreden umher, als die Schuhe auszuziehen und einen Termin einzuhalten. Sie kaufen sich ein Grundstück am See, um sich und den anderen vorzumachen, daß sie jeden Tag im Sommer schwimmen werden. Sie bemerken das Abweichen vom Vorsatz und verschleudern ihren Geist und ihre Energien in betrügerischen Spiegelungen der Wirklichkeit, wenn sie die Badewanne dem See gleichstellen. Sie versprechen sich und der Welt, etwas systematisch, konsequent zu tun, und versprechen sich nicht bei den Gründen, weshalb es nicht geschah.

Wir verbinden mit dem Begriff "Disziplin" oft negative Erinnerungen an unsere Erziehung, an die hinterbliebenen Spuren von Zucht und Züchtigung. Disziplin ist jedoch positiv gesehen ein methodisches Hilfsmittel, etwas, das wir wollen und wünschen, mit einem Ergebnis abzuschließen.

Disziplin als Ordnungsprinzip ist eine Hilfe für eigene Vorhaben und das soziale Zusammenarbeiten und soll nicht als Sanktionsmaßnahme verstanden werden.

Disziplin erfordert eine bewußte Einsicht und Bereitschaft zu einem strukturierten Handeln, das keine Ausreden und Entschuldigungen zuläßt und Abweichungen nicht einplant.

Wer diszipliniert lebt, legt Wert auf
— optimale Vorbereitung
— genaue Zielsetzung
— kreative, begrenzte Planung
— engagierte Durchführung
— Ergebniskontrolle
— Reflexionen des Ablaufes und des Prozesses

Disziplin ist nicht mit Zwanghaftigkeit zu verwechseln. Diszipliniert sein bedeutet situatives, personenbezogenes und aufgabenorientiertes Handeln mit einer wertschützenden Grundeinstellung.
Diszipliniertes Tun erlaubt paradoxerweise die Abweichung, aber die Person plant nicht von vornherein eine Abweichung.

Ich verstehe "Disziplin haben" als ein Annehmen einer selbstgewählten oder aufgetragenen Struktur, in der Absicht, alle Fähigkeiten und Fertigkeiten einzusetzen, um Ziele zu erreichen. Disziplin ist mit einem Sprung ins Wasser zu vergleichen: nur hineinspringen und dann untergehen, oder noch schnell um Hilfe rufen, hat mit Dummheit, aber nicht mit Disziplin zu tun. Vorbereitet hineinspringen, Distanzen abschätzen können, seine Kräfte richtig bewerten und wohlbehalten an einer bestimmten Stelle des Ufers zu landen, erfordert Disziplin, wie ich sie verstehe.

Ich meine mit Disziplin nicht Bestrafung oder zwanghaftes Handeln, sondern ein Nutzen und Nutzbarmachen von vorhandenen, schlummernden Fähigkeiten. Es sind sogar situative Abweichungen erlaubt, wenn sie nicht als Flucht oder Ausweichmanöver von vorneherein geplant waren. Viele sind disziplinlos, weil sie zum konkreten Tun absichtlich widersprechende Alibihandlungen einplanen.

Eine Disziplin, die nur aus Furcht vor Sanktionen besteht, nützt wenig. Sich nur deswegen an Aufträge und Absprachen zu halten, damit es keine nachteiligen Folgen gibt, ist nicht das, wofür ich plädiere. Solche Leistungen sind erzwungen und tausendfach mit Ausreden, Anschuldigungen und zweifelhaften Erklärungen abgesichert.
Disziplin als Tugend erkennt man an den Kleinigkeiten des Tuns bzw. an der Abweichung:

a) Es werden kaum Wörter verwendet wie:
vielleicht, eigentlich
versuchen, bemühen
weiß nicht, schwierig
aber...

b) Aktive Formulierungen sind häufiger als der Konjunktiv:
"ich" statt "man"
"ich will/werde" statt "ich möchte/könnte/würde"

c) Es werden präzise Angaben gemacht:
"Ich bin morgen um 10 Uhr 30 im Büro und habe 20 Minuten Zeit für ein Gespräch mit Ihnen."
Statt:
"Vielleicht könnten wir uns irgendeinmal in nächster Zeit etwas ausmachen."

d) Fragen, die gestellt werden, werden klar beantwortet. Ich stelle die Behauptung auf, daß durchschnittlich nur jede dritte Frage wirklich beantwortet wird. Ansonsten werden Fragen beantwortet, die gar nicht gestellt wurden.

e) Vereinbarungen, Rahmenbedingungen und Absprachen werden eingehalten.

f) Abweichungen werden frühzeitig mitgeteilt und neue Absprachen ausgehandelt.

g) Ergebnisse werden/wurden kurzgefaßt festgehalten.

h) Augenkontakt

i) geregelte Arbeits- und Freizeit.

Eine Disziplinlosigkeit, die mir besonders zuwider ist, ist die von Führungskräften, die, statt auf Disziplin zu achten, nur eigene Machtgelüste befriedigen und fortwährend einseitig Vereinbarungen brechen. Nur wer selbst Disziplin vorlebt, kann richtige Disziplin bei seinen Mitarbeitern erwarten. Durch Druck, Einschüchterung, Schrecken und Gewalt schafft man kein Klima des vertrauensvollen und konstruktiven Miteinander-Arbeitens. Dies ist nur auf der Basis der wertschätzenden Akzeptanz zu erreichen, die sich auch in gelebter Selbstdisziplin äußert.

4.5. Reflexionsbereitschaft und Reflexion

Unter "Reflexionsbereitschaft" verstehe ich ein methodisch bewußtes Nachdenken im Sinne einer systematischen Analyse und Synthese von Gegebenheiten, Situationen und Prozeßen, die jeweils der Vergangenheit, Gegenwart und Zukunft zugeordnet werden. Es ist ein Zurückwenden des Denkens und Bewußtseins auf sich selbst. Wir greifen nochmals auf ein Wissen, ein Erlebnis, eine Erfahrung oder ein Stimmungsbild zurück, betrachten es und stellen einen Bezug zum Selbst her. Dieses Zurückwenden soll aber dem Vorwärtskommen dienen. Das Versinken in der Reflexion kann auch die Flucht in eine unveränderbare Vergangenheit sein, ein Schwelgen in den alten Zeiten oder ein Bejammern des eigenen Schicksals. Der Blick zurück als konstruktive Reflexion gibt einen Impuls für ein Tätigwerden in Gegenwart und Zukunft.

Es ist gut, sich in der Reflexion zunächst mit dem "wie" zu befassen und dann erst das "warum" zu erforschen. Das "wie" beschreibt äußere Umstände, Fakten und Tatsachen und läßt uns auch nachträglich Wahrnehmung und Beobachtungsgabe schärfen. Stellen wir zu früh "warum"-Fragen, so bedeutet das oft Verwirrung und Beibehaltung von Widerständen. "Warum"-Fragen können zu echten Verrücktmachern werden, wenn nicht nach den Ursachen gefragt wird, sondern sie das Existentielle zum Inhalt haben.
"Warum beschäftige ich mich mit "warum"?"
Warum frage ich sie, warum Sie sich mit "warum" beschäftigen ?

Stille und Ruhe.

Warum lesen Sie überhaupt diese Zeilen ?
Wenn Sie jetzt zum Widerspruch neigen oder ich selbst widersprüchlich bin, dann ist es am günstigsten, daß wir es einfach nicht verstehen.
Wir sind in der Reflexion der Gefahr ausgesetzt, daß wir das Denken benutzen, um das Denken zu überdenken. In der denkerischen Reflexion liegt die Gefahr der ewigen Schleifen, weil wir allzugerne zusätzliche Ebenen beimengen oder einfach verschwinden lassen. Die Reflexion braucht einfache Strukturhilfen, um nicht in sich selbst stecken zu bleiben.
Reflexionsphasen werden gerne bei Störungen, Problemen und Schwierigkeiten eingesetzt. Wir vergessen aber oft darauf, die Reflexion auch für den alltäglichen Krimskrams, für Gewohnheiten, Selbstverständlichkeiten und nach Erfolgen gleichrangig einzusetzen. Wir denken so gerne über die "großen" Themen nach und lassen uns wenig Zeit für den vergangenen Tag mit seinen vielen kleinen Erlebnissen, weil wir vielleicht Angst vor ganz banalen Entdeckungen haben.

Seminarteilnehmern empfehle ich, sich pro Tag 30 Minuten Zeit zu nehmen, um nur für sich und die Reflexion des ganzen Tages dazusein. Entspannt sitzen, bewußt atmen und ein weißes Blatt Papier für Notizen vor sich haben, verbunden mit der Bereitschaft, mindestens 30 Minuten auszuharren, schenken immer wieder neue Entdeckungen und Erkenntnisse über unsere Situation.

Personen, die ihr Leben nicht einfach an sich geschehen lassen, sondern in der Reflexion diszipliniert sind, leben bewußter und haben mehr Wirkung. Die Reflexionsbereitschaft ist ein nachgreifendes Akzeptieren von Gewesenem und ein vorausschauendes Aktivieren von Kräften für die Zukunft.

4.6. Die Fähigkeit, Ebenen zu erkennen, einzuhalten und zu wechseln

Um die Komplexität der Realität gelten lassen zu können und dennoch zeitweise den analytischen Mut zur Reduktion und Vereinfachung zu haben, ist es notwendig, Fähigkeiten zu entwickeln, die verschiedenen Ebenen Gültigkeiten zuspielen. Die Fähigkeit bezieht sich auf das Vermögen einer Person, diese Ebenen zu erkennen, einzuhalten oder gegebenenfalls zu wechseln.
Ohne große Mühen springen wir von der Vergangenheit in die Zukunft, stellen Fakten neben Phatasieprodukte und verstehen Unverständliches mit einem Augenzwinkern. Wir sind scheinbar in der Lage, fast gleichzeitig auf mehreren Ebenen zu agieren und zu kommunizieren, und wundern uns, wenn Mißverständnisse zunehmen. Mit Ebenen sind Grundlagen der Verständigungsmöglichkeiten genannt, um im zwischenmenschlichen Bereich Kontakt und berührte Betrof-

fenheit zu erreichen. Die Einführung, Benennung, Abgrenzung und Wechselmöglichkeit von EBENEN stellt eine Fähigkeit dar, ein loses Band von Verständigung, Vereinbarung und Absprachen von Wirklichkeiten aufzuzeigen.

Die Ebenen stehen miteinander in einer Wechselwirkung und können dennoch getrennt betrachtet werden. Dieses Paradoxon, unauffällig und nebenbei beschrieben, ist mit einem Dogma zu vergleichen, das dogmatisch das Dogma abschaffen will.
Mit einem Freund und Kollegen machte ich vor Jahren einen Arbeitsurlaub, um Skripten zu erstellen. Für sechs Tage experimentierten wir als Psychologen und Psychoanalytiker, neben unserem Arbeitspensum eine Ebene des alltäglichen Zusammenseins in Frage zu stellen. Wir gingen von einer Ebene der Verständigung aus, die das Gefühl ausschloß. Es war eine nahezu verrückte Zeit in den Diskussionen, weil wir enorme Schwierigkeiten hatten, die uns vertraute Ebene des Gefühls zu umgehen, zu hintergehen oder sie mit anderen Begriffen zu benennen. Es kam einer Vergewaltigung gleich, das Gefühl zu negieren und somit unser gewohntes System, zu fühlen und zu denken, aufzuheben. Wir verneinten die Ebene des Gefühls und der Beziehung und lieferten umso mehr Beweise, daß wir ohne diese Benennung nicht auskommen.
Mir wurde damals klar, daß jede Erkenntnis aufgrund einer Erfahrung, Selbsterfahrung für die weitere Anwendung und Vermittlung eine Art "Bekenntnis", eine "Stellungnahme" werden muß. Gleichzeitig wurde uns deutlich, daß ein Ausschließen von Fakten, Personen oder Grundannahmen in eine kastrierende Polarisation mündet, während das Gliedern in Ebenen mit ihren Wechselwirkungen ein Aufrechterhalten des Vorgegebenen zuläßt.

Eine genaue Analyse, was auf den verschiedenen Ebenen, die miteinander verbunden sind, geschieht, füllt ein meist mangelhaftes oder vernachlässigtes Informationsnetz mit Fakten auf, wo es leichter wird, situationsangemessene Entscheidungen zu treffen.

Unser Leben und Zusammensein in seiner Komplexität ist mehr als eine kausale Folge von Ereignissen.

Es entwickelt sich auf verschiedenen Ebenen des Bewußtseins, bezieht seine Kräfte aus mannigfaltigen Schichten unseres personalen Seins und korrespondiert nicht unbedingt logisch mit seiner Umgebung. Wir brauchen daher methodische Hilfen, unsere Wirklichkeit als Komplex zu belassen und andererseits als Teil dieser Wirklichkeit eine absprechbare Einteilung zu tätigen, die es erlaubt, uns im Sein zu treffen. Es mag banal erscheinen, wenn man bei kleinsten Aussagen gewahr wird, wie vieldeutig, mehrschichtig und nivelliert unser Eingehen als Wahlmöglichkeit ist. Wenn ich an Ihr Verständnis appeliere und Sie gerade Unverständnis zeigen, dann haben Sie ein anderes Verständnis als ich, und ich bin verständnislos.

Die gemeinsame Ebene ist daher nicht das Verständnis, sondern das Unverständnis oder Verständnis für unser Unverständnis.

Für Führungskräfte, Verhandlungspartner oder Berater liegt in der methodischen Handhabung, Ebenen thematisch zu erkennen, einzuhalten, einhalten zu lassen und zu wechseln, eine unerschöpfliche Fundgrube für ein erfolgreiches Handeln und für wirkungsvolle Vorgangsweisen.

Nehmen wir eine Aussage als Beispiel:

"Ich hätte Sie gestern dringend gebraucht und habe Sie nicht im Büro erreicht!"

Diese Aussage beeinhaltet einen Wunsch (hätte), bezieht sich auf die Vergangenheit, wird in der Gegenwart gesagt, nennt Fakten (gebraucht, nicht erreicht) und gibt doch keine Information über ein Ziel, über Forderungen oder konkrete Wünsche. Die Möglichkeiten der Reaktion auf diese Aussage sind sehr vielfältig. Wird mit einer Erklärung über die Abwesenheit vom Büro geantwortet, dann wird damit indirekt eine Entschuldigung über die Abwesenheit gegeben, und die Sachebene bleibt ausgeklammert.

Informationsfragen oder eine kurze aussagenbezogene Situationsbeschreibung, die bewußt auf einer sach- und zielorientierten Ebene angesetzt sind, erhöhen die Informationsqualität und münden mit Sicherheit in ein kommunikatives Gespräch. Eine Antwort wie die folgende:
"Gestern war ich für Sie nicht erreichbar. Wir haben uns jetzt getroffen — um was ging es gestern, und was kann ich jetzt für Sie tun ?"
macht deutlich, wie einerseits Ebenen (Bedürfnis, Vergangenheit) erkannt wurden und andererseits der Wechsel angeboten wird (Gegenwart, Ziel, Forderung). Steigt der andere auf den Wechsel zu einer ziel- und sachorientierten Ebene ein, so ist das Gespräch in eine kommunikative und konstruktive Bahn gelenkt. Bliebe das Gespräch bei der Ebene "Vergangenheit", so ist fraglich, wie viel Zeit notwendig ist, um zu einem gemeinsamen zielorientierten Vorgehen zu kommen.

Das Einhalten oder Wechseln von Ebenen ist ein nützliches methodisches Vorgehen, vor allen Dingen in kritischen, krisenhaften und verwirrenden Situationen. Personen, die dieses Geschick erlernt haben, wirken überzeugend, weil sie sowohl akzeptierend als auch erweiternd Ebenen benutzen, um eine gemeinsame Verständnisbasis zu schaffen. Das Geltenlassen von Ebenen ist auf einem realistischen Konfliktbewußtsein begründet, mit der Möglichkeit, auch ohne Weglassung, Vermeidung und Kampfesgetümmel in einer konfliktreichen Umgebung zu leben.

4.7. Ziel- und aufgabenorientiertes Vorgehen

4.7.1. Zielorientiertheit

Wir sind von Natur aus bedürfnisorientiert. Bedürfnisse müssen nicht erlernt werden, wohl aber, sie zu bemerken, zu spüren, sie mitzuteilen und sie angemessen zu befriedigen.
Die Ziel- und Aufgabenorientiertheit bedeutet hingegen, unter Berücksichtigung von Bedürfnissen, Wünschen, Motiven und Gefühlen etwas Bestimmtes für sich und andere zu erreichen. Die Schwierigkeit besteht darin, Ziele von den Bedürfnissen abzukoppeln. Ein zielorientiertes Vorgehen setzt in jedem Fall eine bewußte, aktive Bereitschaft zum Handeln voraus, während die Bedürfnisbefriedigung das Warten, die Wünsche und Befürchtungen mit einschließt. Zielorientiertheit und die Ausrichtung von Bedürfnissen sind zwei Ebenen, die sich gegenseitig bedingen, die aber bewußt voneinander getrennt werden sollen. Eine Zielorientiertheit erlaubt es, primäre Bedürfnisse, Interessen und Wünsche zurückzustellen und mittel- und langfristige Vorhaben oder übergeordnete gemeinsame Anliegen einer sekundären Befriedigung und Erfüllung zuzuführen.

Wer rein bedürfnisorientiert handelt, unterläßt in der Regel eine kognitive Ausrichtung seines Handelns, um frühere Überlebensmuster und früh getroffene Entscheidungen der Konfliktbewältigung wiederholend und frustrierend zu bestätigen. Auf der anderen Seite führt ein verdrängter Hunger nach Bedürfnisbefriedigung oft aus Kompensation zu einem überstarken Leistungsdruck. Glückliche und zufriedene Menschen haben ein ausbalanciertes Verhältnis von Wünschen und Zielsetzungen, die beim Zusammenleben einer Erfüllung zugeführt werden können.

Ein Ziel haben heißt, bewußt und richtungsgebunden einen Punkt oder ein Ergebnis anzupeilen, mit der Bereitschaft zum Tun und zum Überprüfen des Erreichten. Jede Zielorientiertheit ist daher in ein methodisches Verfahren eingebunden, das von der Person eine Reihe bewußter, kognitiver Schritte abverlangt. Wer sich die Fertigkeit des zielorientierten Vorgehens erarbeitet hat, also stufenweise Information sammelt, bewußt handelt und seine Ergebnisse kontrolliert, erzielt mehr Wirkung als jemand, der schicksalhaft alles an sich geschehen läßt. Letzlich ist die Zielorientiertheit Grundvoraussetzung für jede offene Interventionstechnik.

4.7.2. Aufgabenorientiertheit

Jede Aufgabe braucht eine Zielformulierung, ein Ziel braucht nicht unbedingt eine Aufgabe. Das Schreiben dieses Buches ist eine Aufgabe, die ich mir selbst gestellt habe. Ein Buch zu schreiben ist ein Ziel. Auch die genaueste Zielformulierung würde noch nicht einer Aufgabenstellung gleichkommen, da es für eine Aufgabenbezeichnung entweder einer anderen Person (z.B. Leiter) bedarf oder Planungseinheiten, wie Zeitbegrenzung, Umfang, beteiligte Personen, mit in Betracht gezogen gehören. Zur Präzisierung will ich an dieser Stelle Ziel und Aufgabe nochmals definieren:

Ziel: Ein Ziel ist das bewußte Festlegen auf ein gewolltes Ergebnis mit
a) der Bereitschaft zum aktiven Handeln
b) dem Offenlegenkönnen der Absicht (= verständlich-machen)
c) der Überprüfbarkeit der Ergebnisse

Aufgabe: Eine Aufgabe, die man sich selbst oder anderen stellt, beeinhaltet außer der Zielformulierung noch konkrete Angaben über die Planung (z. B. Zeitbegrenzung, Ziel, Mittel, Personen).

Aufgabenstellungen scheitern häufig an der unangemessenen Einstellung der Aufgabensteller oder der Beauftragten. Ein wesentlicher Teil für das Gelingen von Aufgabenstellungen ist ein richtiges Verständnis der beteiligten Personen zu den Bereichen Führen — Leiten und Folgen — Gehorchen. Besserwisserei, Zaghaftigkeit und unbewußte Rebellion sowie ein Mangel an wertschätzender Akzeptanz und Disziplin können die schönsten Aufgabenstellungen mißlingen lassen.

4.7.3. Das ziel- und aufgabenorientierte Vorgehen

Ausgangspunkt des ziel- und aufgabenorientierten Vorgehens ist eine Situationsanalyse mit einer möglichst exakten Erhebung des IST-Zustandes. In einer Zielformulierung wird der SOLL-Wert festgelegt, dessen Erreichen überprüfbar sein muß. Die Zielformulierung beschreibt vorweggenommen das Ergebnis, das erreicht werden soll.

Das aufgabenorientierte Vorgehen verlangt vom Empfänger als erste Tätigkeit ein klares Verständnis des Auftrages und eine genaue Analyse das Auftragsinhaltes. Jede Auftragsformulierung erfordert die Festlegung von mindestens einer Orientierungsmarke (Ziel, Personen, Zeit, Mittel, Verfahren, Ort), um eine Kontrolle zu ermöglichen. Die Kontrolle ist wesentlicher Bestandteil jedes ziel- und aufgabenorientierten Vorgehens. Mit der Kontrolle wird dieses Vorgehen abgeschlossen und das Ergebnis bestätigt oder die Abweichung aufgezeigt.

Die Orientierung in diesem strategischen Vorgehen ist an verschiedene Schwerpunkte gebunden, die häufig in der Anwendung zur Verwirrung führen.

1. Akzeptanz der Situation, wie sie ist:
Als Ausgangspunkt bedarf es einer Situationsanalyse mit einer möglichst exakten Erhebung des Informationsmaterials für den IST-Wert oder auch IST-Zustand.

2. Zielorientiert:
Die Zielformulierung legt den SOLL-Wert fest, mit der Bereitschaft zum aktiven Handeln und der Möglichkeit, die Erreichung des Zieles zu überprüfen.

3. Ergebnisorientiert:
Zusammengefaßt beschreibt die Zielformulierung vorweggenommen das Ergebnis, das erreicht werden soll.

4. Stufenorientiert:
Dieses ziel- und aufgabenorientierte Vorgehen legt sich auf eine bestimmte Abfolge von Schritten fest, die entscheidungsgebunden als abgeschlossen zu deklarieren sind.

5. Wegorientiert:
Das Vorgehen hat in der Planungsphase selbst eine methodische Festlegung von Mitteln, Vorgangsweisen und Verfahren zu finden und einzubauen.

6. Überprüfungsorientiert:
Die Durchführung wird mit einer Kontrolle des Sollwertes, des Ergebnisses abgeschlossen.

In der anschließenden schematischen Darstellung möchte ich noch einmal den Unterschied zwischen ziel- und aufgabenorientiertem Vorgehen festhalten:

Vorgangsweise	
Zielorientiert (ZO)	Aufgabenorientiert (AO)
1. Situationsanalyse	1. Auftrag, Ziel
2. Ziel	2. Situationsanalyse
3. Planung	3. Planung
4. Durchführung	4. Durchführung
5. Kontrolle	5. Kontrolle

Liegt kein Auftrag vor, dann hat zuerst die Situationsanalyse zu erfolgen, dann die Zielformulierung mit der anschließenden Planungsphase, der Durchführung und der Kontrolle.

Bei einer Auftragserteilung ist zuerst der Auftrag selbst zu analysieren, und zwar in Richtung
— Verständlichkeit
— Inhalt
— Auftragsbefugnis und
— überprüfbaren Orientierungsmarken.

Meist ergibt sich bereits durch den Auftrag auch die Zielsetzung. Die anschließenden Schritte in der Vorgangsweise bei der Auftragserfüllung gleichen der Reihenfolge beim zielorientierten Vorgehen.

Hauptursache für Schwierigkeiten sowohl beim ziel- als auch beim aufgabenorientierten Vorgehen ist ein Nichteinhalten der Reihenfolge der einzelnen Schritte. Oft werden Phasen übersprungen, was zu einem Operieren mit mangelnder Information führen kann.

Gleicherweise kommt es zu Störungen, wenn die fünf Schritte nicht offen deklariert oder abgespochen durch Entscheidungen voneinander getrennt bleiben.
Beliebte Ausbrechversuche von diesem strukturellen Vorgehen sind das Überspringen der Planungsphase. Kaum werden Auftrag oder Ziel gegeben, tauchen schon die ersten Maßnahmenpakete für die Durchführung auf oder die prozeßhemmenden Unkenrufe, daß es nicht gehen wird. Andere verlieren sich in unendlichen Planungsspielen und vergessen, einen Zeitpunkt der Durchführung ins Auge zu fassen.

Im folgenden möchte ich die einzelnen Schritte in einer Übersicht zusammenfassen:

Zielorientiertes Vorgehen

1. Situationsanalyse (IST)
   a) Situationsbeschreibung
      (Ort, Zeit, Personen, Fakten...)
   b) Gründe des Hierseins
      Zweck der Zusammenkunft
   c) Erfahrung mit solchen und ähnlichen Situationen
   d) Motivation
      Bereitschaft zum Mitmachen, Zusammenarbeiten, Handeln, Angebote und Lücken auf den Motivationsstufen, Abgrenzung
   e) Erwartungen
      Wünsche — Befürchtungen
      Bedürfnisse — Interessen

2. Ziel (SOLL)
   Zielformulierung
   verständlich, aktiv, überprüfbar

3. Planung (WIRD)
   a) welches Ziel
   b) mit welchen Personen
   c) in welcher Zeit
   d) mit welchen Mitteln (Verfahren, Vorgehen, Methoden, Vorgangsweise)

   Die Zielformulierung wird hier für die Durchführung formelmäßig nochmals präzisiert.

4. Durchführung (GEMACHT)
   Maßnahmen, Konsequenzen, aktive Ausführung

5. Kontrolle (GEPRÜFT)
   Festhalten des Ergebnisses
   Überprüfung, ob das Ergebnis dem Ziel entspricht
   Bestätigen oder Aufzeigen der Abweichung

Ich widme der Behandlung des zielorientierten Vorgehens deshalb so viel Platz, weil meine Erfahrung in der Beratung leitender Führungskräfte gezeigt hat, daß Wenige die Fertigkeit einer systematischen, zielführenden Vorgangsweise ausreichend beherrschen.
Ich empfehle Ihnen im folgenden für Ihre eigene Überprüfung eine kleine Übung zum zielorientierten Vorgehen: Testen Sie aus der Selbsterfahrung heraus, aus welchen Stellen im Vorgehen für Sie Schwierigkeiten erwachsen. Füllen Sie die Kästchen stichwortartig aus und besprechen Sie später mit einem Gesprächspartner die Inhalte, sofern sie Gelegenheit dazu haben.

1. Situationsanalyse

a) Beschreiben Sie die Situation, in der Sie sich gerade befinden:

Nennen Sie drei kurzformulierte Gründe für Ihr Hiersein (wo Sie sich gerade aufhalten). Einer dieser Gründe soll geschwindelt sein:

c) An welche Erfahrungen erinnern Sie sich in dieser momentanen Situation, und welche Assoziationen tauchen zusätzlich auf ?

d) Welche Motive sind für Ihr augenblickliches Tun maßgebend, und auf welche Motive spekulieren Sie in nächster Zeit ?

e) Welche Erwartungen, Wünsche und Befürchtungen, Bedürfnisse und Interessen beschäftigen Sie als Person in Ihrer momentanen Situation ?

2. Ziel

a) Formulieren Sie ein langfristiges Ziel in einem Satz, den Sie mit "Ich will" oder "Ich werde" beginnen.

b) Formulieren Sie jetzt ein sich daraus ergebendes kurzfristiges Ziel, das Sie in den nächsten zwei Tagen erreichen bzw. erfüllen werden.

3. Planung (für das kurzfristige Ziel)

a) Welche Personen sind durch ihre kurzfristige Zielsetzung betroffen ? Welche Personen brauchen Sie, um Ihr Ziel zu erreichen ?

b) Wie schaut Ihre Zeitstruktur bezüglich des kurzfristigen Zieles aus, das Sie in etwa zwei Tagen erreichen wollen ?

c) Welche Mittel, Verfahren, Vorgangsweisen und Hilfen wollen Sie einsetzen, um Ihr Ziel zu erreichen ?

So, nun haben Sie bis zum Ausfüllen des nächsten Kästchens zwei Tage Zeit.

4. Durchführung

Wie verläuft bzw. verlief die Durchführung ?
(Protokoll, Bemerkung, Schwerpunkte, Schwierigkeiten)

5. Kontrolle

a) Ziel erreicht ○ JA ○ NEIN

b) Ergebnis = Ziel ? Abweichung:

4.7.3.1. Situationsanalyse

In der Situationsanalyse stellt die saubere Informationsbeschaffung den schwierigsten Teil der Arbeit dar. Von dieser Vorarbeit ist das Abstecken von realistischen und realisierbaren Zielen abhängig. Die Situation wird durch die Brille einer zukünftigen SOLL-Vorstellung oft leicht verzerrt, wenn nicht bestehende Tatsachen, Fakten und Informationen als Grundlage akzeptiert werden.

Ich halte es für günstig, nur dann von Zielen zu sprechen, wenn es sich um meß- und überprüfbare Veränderungs- und Umwandlungsakte auf einer Sach- oder Leistungsebene handelt. Zielsetzungen auf der Gefühls-, Bedürfnis- und Beziehungsebene sind besser als Erwartungen und Wünsche zu bezeichnen.
Wer als Ziel hat,

mehr beachtet zu werden,
mehr verstanden zu werden,
seine Nervosität abzulegen oder
weniger gehemmt zu sein,

äußert damit einen persönlichen Wunsch, der erst einer sachlichen und operationalen Zielsetzung zugeführt werden muß.

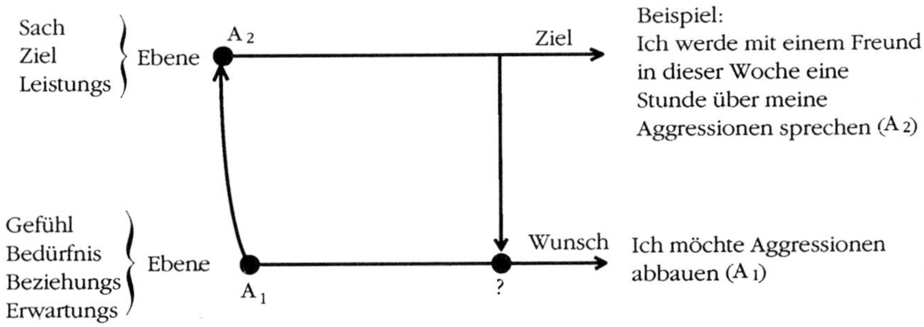

In der Situationsanalyse haben wir die Gelegenheit, verschiedene Ebenen zu entmischen, um sachliche bzw. planbare Handlungsweisen herauszufinden.

a) Situationsbeschreibung

Jede Situationsbeschreibung baut auf eine selektive, subjektive Wahrnehmung auf.

Je mehr wir uns in der Beschreibung auf beobachtbare und einsichtige Fakten beschränken und auch Selbstverständlichkeiten benennen, umso hilfreicher wird die Situationsbeschreibung als Basis für die Zusammenarbeit verschiedener Menschen.
Jeder Mensch sieht anders, empfindet anders und bewertet anders. Eine ausführliche Situationsbeschreibung als offene Interventionstechnik ist daher ein wirkungsvolles Instrument, um Gemeinsamkeiten zu erarbeiten, die für ein Zusammenwirken erforderlich sind.

Situationsbeschreibungen können Aussagen in folgenden Bereichen vermitteln:

1.) Fakten, die für andere zweifellos einsichtig sind (Uhrzeit, Ort, Anzahl, äußere Umstände).

2.) Fakten, die der Mitteilung bedürfen (persönliche Daten, historische Informationen, aber auch die eigene Stimmung).

3.) Subjektive Stellungnahmen, die sich auf eigene Gefühle Phantasien und Ideen beziehen.

4.) Deutungen, Interpretationen, Einfälle und Assoziationen.
Die Situationsbeschreibung als offene Interventionstechnik ist ein wirkungsvolles Instrument, um ordnend und klärend in ein Geschehnis einzugreifen, um Gemeinsamkeiten zu erarbeiten.

b) Gründe des Hierseins, Zweck der Zusammenkunft

Bei diesem Punkt der Situationsanalyse werden vor allem Tatsachen von den Erwartungen, Wünschen, Befürchtungen und Bedürfnissen getrennt. Zum Beispiel gibt die Aussage: "Ich bin hier, weil ich eine Beratung brauche" keine Auskunft über die einzelnen Entscheidungsschritte, die getätigt wurden, um dieses Anliegen an einem bestimmten Ort zu einer bestimmten Zeit an eine ausgewählte Person zu richten. Manch einer kann geschickt worden sein, ist weggeschickt worden, hat einen Auftrag erhalten oder war durch die Aussage eines Bekannten neugierig geworden.
Mit den "Gründen des Hierseins" ist gemeint, solche Fakten zu klären und dadurch Auskünfte über den Weg in die bestehende Situation zu erhalten.

Diese Informationen, die gerne verschwiegen oder ausgelassen werden, geben einen Einblick in die persönliche Geschichte von Personen oder von Gruppenmitgliedern. Die Abklärung dieses Punktes verhindert in der Regel, daß Personen in Erscheinung treten und kurz danach ohne Abschied ihren Platz verlassen und nicht mehr verfügbar sind.

Aussagen wie:

> "Ich bin hierhergekommen, um mein Wissen aufzufrischen, aber eigentlich müßte ich in der Firma sein."
> "Ich habe so viel Arbeit, daß ich gar nicht hier sein dürfte."
> "Hier kann ich es mir erlauben, aber in der Praxis...?"

gaukeln eine doppelbödige Wirklichkeit vor, die es gerne hätte, an zwei Orten gleichzeitig zu sein. In Wirklichkeit ist es eine Entwertung der Kontaktpersonen und ein Stück weit die Verweigerung, in der jetztigen Situation mit seiner ganzen Person anwesend zu sein. Wenn Anwesende eigentlich abwesend sein wollen, wird eine ziel- und sachbezogene Auseinandersetzung sehr schwer. Die Nennung der Gründe des Hierseins wirkt diesem Vorhaben entgegen, weil Entscheidungen offengelegt werden.

c) Erfahrungen mit ähnlichen Situationen

Gemachte Erfahrungen wirken sich auf unsere Wahrnehmung aus, beeinflussen unser Ausdrucksvermögen und unsere Beweglichkeit im Tun und Handeln. Das Austauschen von Erfahrungen mit ähnlichen Situationen ist

1.) ein Anzapfen einer Wissensquelle der früheren Erkenntnisse
2.) ein Enttrüben von projektiven Einflüssen auf die bestehende Situation
3.) eine Abgrenzung der Ebenen
    Real — Phantasie
    Vergangenheit — Gegenwart — Zukunft
    Sachbezogenheit — Beziehungsgebunden
4.) ein Nutzbarmachen von Informationen, die eingesetzt werden können.

Mit dem Einbeziehen von Erfahrungsdaten wird in die Situationsanalse ein Know-how von Modellen, Methoden, Techniken und Konzepten eingebracht, das für die spätere Planungsphase bereits brauchbare Alternativen beinhalten kann. Aufgrund von Erfahrungen können gewisse Eingrenzungen, Gegenüberstellungen und Schwierigkeiten berücksichtigt werden. Die Schwierigkeiten beim Aufstellen des vorjährigen Budgets, die Ergebnisse der letzten Marktuntersuchungen oder die Berichte des letzten Kongresses sind Erfahrungsdaten, die für ein zielorientiertes Vorgehen sinnvoll verwertbar sind.

Wichtig bei der Erhebung von Erfahrungsdaten ist aber das Inkenntnissetzen über eine frühere Situation und alle damit zusammenhängenden Fakten.
Sätze wie: "Das haben wir schon oft probiert, das ist aber nie gegangen" oder "Das war ja immer schon so!" sind keine nützlichen Erfahungsmitteilungen, sondern Phrasen, die Neues verhindern.

Bei der Erfahrungsvermittlung ist es von besonderer Bedeutung, auf die

1. Einstellung und Haltung
2. gefühlsmäßige und affektive Gestimmtheit
3. das genaue Ergebnis der Erfahrung

der betreffenden Personen einzugehen, da eine große Gefahr besteht, daß Systeme, ungewollte, unbewußte Konfliktsituationen von früher, zur Wiederholung angeboten werden. Eine entwertende Einstellung der Vermittlerpersonen kann ungewollt und ungewünscht dazu beitragen, daß entscheidende Fakten übergangen werden oder entgleiten.
Ein affektives Besserwissen, das sich auf frühere Erfahrungen beruft, baut häufig Abwehrmauern bei den Zuhörern auf.
Mit den Erfahrungen ist es wie mit einem Lebensdrehbuch. Wir können es kapitelweise Zeile für Zeile lesen, akzeptieren und neue Abschnitte leben. Wir können das Drehbuch zur Strafe oder zum Stumpfsinn immer wieder abschreiben und uns beklagen, daß nichts geschieht.

d) Motivation

Der Hunger nach Bedürfnisbefriedigung auf den unterschiedlichen Motivationsebenen (siehe Kapitel 2) bestimmt und beeinflußt jegliche Handlung, Entscheidung und Gestaltung im sozialen Zusammenleben. Um Ziele optimal abzustecken, ist die Bewußtmachung der persönlichen Motive der beteiligten Personen sehr sinnvoll. Die Situationsanalyse bezieht sich im Bereich der Motivation auf gefühls- und wertbesetzte Erlebnisfelder, auf Interessensgebiete und ideelle Vorstellungen, die parallel zur Leistungsebene angesiedelt sind und zielführende Kräfte mobilisieren, aber auch verhindern können.

Eine wesentliche Fragestellung bezüglich der Motivation ist die Überprüfung, ob eine Bereitschaft zum Mitmachen, zum Handeln und zur Zusammenarbeit für ein Vorhaben vorliegt.

Jedes zielorientierte Wollen verlangt von den beteiligten Personen die Fähigkeit der Abgrenzung. Es sind Rahmenbedingungen und Regeln aufgrund der bevorstehenden Arbeitsschritte einzurichten, die es den einzelnen Personen ermöglichen, ihre Motive auszusprechen.

Die Einsicht in die Motivation der Person, Gruppen und Organisationen ist mit einem Angebot- und Nachfragekatalog zu vergleichen, wo die einzelnen Mitglieder Verhandlungen führen, um einen Großteil ihrer Motive angestrebt zu sehen. Dies können Verhandlungen über materielle oder ideelle Werte sein, Funktionen, Rollen, Orden, Verdienste und Gewinne, Arbeitszeiten, soziale Versicherungen und Arbeitskleidung.

Erfahrungsgemäß sind in der Situationsanalyse mit der Motivation am meisten Schwierigkeiten zu erwarten. Es sind schon standardisierte Redewendungen geworden, daß man Mitarbeiter motivieren muß, aber Überlegungen, wie man konkret motiviert, versickern in einem überlegenen, hilflosen Grinsen. In Betrieben, sozialen Institutionen und kirchlichen Einrichtungen verläßt man sich auf die zweifelhaften Angebote von Arbeitsplatz, Unterkunft und Geld bei der Motivation und interessiert sich vielleicht noch ideologisch für irgendwelche Pseudoursachen. Es ist ausgesprochen mühsam, sich selbst klar zu werden, nach welchen Motivationsprinzipien gehandelt wird, und es ist geradezu aufopfernd anstrengend, wirkliche Motivationsgrundlagen von anderen zu erhalten. Es wird viel zu vertrauensselig geschwindelt.

Durch die Motivationserforschung mit Personen können sich Anzeichen andeuten, die funktionale Personen für Handlungsimpulse nützen können. Über die verschiedenen Motivationsstufen entdecken wir im Gespräch unbefriedigte Bedürfnisse, die nach Erfüllung schreien. Wenn es gelingt, später Zielsetzungen, Planungen und Durchführungen mit diesen ungesättigten Bereichen zu verbinden, mit der Aussicht auf Befriedigung, dann werden für die Zielerreichung genügend Energien zusätzlich freigesetzt.

Motive erkennen heißt aber auch Kenntnisse über die eigenen Motive besitzen. Was ich nicht kenne, kann ich nicht finden. Viele Menschen gefallen sich aber auch darin, bei anderen Personen Motive herauszulesen, die diese gar nicht haben. Sie halten dadurch ihr selbstgebasteltes Weltbild, sie hätten eine gute Menschenkenntnis, illusionär aufrecht. Hingehen und fragen würde aber bedeuten, in einen echten Dialog einzusteigen und dadurch vielleicht eigene, vorgefaßte Ansichten aufgeben zu müssen. Ich werde immer sehr hellhörig, wenn jemand vom "Motivieren anderer" spricht und wenig Interesse an vorhandenen Motiven des anderen hat.

Im folgenden liste ich eine Reihe von Fragen und Themen zu den fünf Motivationsebenen auf. Anhand dieser Fragen können Informationen herausgearbeitet oder Anregungen gegeben werden, wo und wie Motive angesiedelt sind.

I.	Existentielle Grundbedürfnisse	
	a) Nahrung	Gibt es genügend zu essen bzw. zu trinken ?
	b) Gesundheit	Lebensfähig ?
	c) Spannung	Kann Spannung gehalten werden ?
	d) Liebe	Ist wertschätzende Beachtung vorhanden ?

II. Sicherheit	
a) Sinne	Werden die Wahrnehmungen von den Sinnen oder nur von den Imaginationen her gemacht ?
b) Wissen	Wie steht es um die Anwendbarkeit des Wissens ? Kann Wissen vermittelt werden ?
c) Haben	Unterkunft ? Soziale Absicherung ? Freunde, Familie ? Arbeit ?

III. Zuwendung	
a) Körperempfinden	Wird der eigene Körper beachtet, gepflegt ?
b) Unterstützung	Wird Hilfe gegeben oder angenommem ? Ist ein Zutrauen an eigene Fähigkeiten vorhanden, oder wird moralisch abgewertet ? Wie schaut es mit der Ausgewogenheit von Nähe und Distanz aus ?
c) Kontakt	Kontaktlos ? Kontaktfreudig ? Kontaktfähig ? Kommunikation ? Verpaßte Gelegenheiten ?

IV. Anerkennung	
a) Selbst- und Fremdakzeptanz	Beachtung oder Entwertung ? Leben in einer Gemeinschaft oder isoliert ? Wie steht es mit dem (Be)Streben nach Einfluß, Macht und Status ?
b) Gelingen	Wurde Vorhaben abgeschlossen ? Welches System wird vorgezogen: Zufriedenheit — Unzufriedenheit ? Anpassung ? Rebellion ?

V.	Selbstverwirklichung	
	a) Handlungs- bereitschaft	Eigenverantwortlich ? Selbständig ? Was wird geglaubt ?
	b) Fähigkeit, sich zu entscheiden	Sind Entscheidungen offen deklariert ?
	c) Phantasie, Träumen	Was wird gelesen ? Was ist der Sinn des Lebens ?

Auch bestimmte Lücken geben Informationen über Motive. Eine Aussage: "Mich interessiert nur Geld" gibt Auskunft über eine Nichtbeachtung von Bedürfnissen, die für das Zusammensein notwendig sind. Fixierungen und Überbetonungen einzelner Motive sind deutliche Hinweise, daß durch Kompensation ein scheinbares Gleichgewicht der Kräfte erreicht wurde, aber Energiequellen aus anderen Motivbereichen versickert sind. Schaut man sich die Lebensgeschichte von "Oberhäuptern" an, mit ihrer Verwirklichung des Strebens nach Macht und Einfluß, Anerkennung und Beachtung, dann zeigt sich bei fast allen eine überdurchschnittliche Häufung von den seltsamsten Krankheiten und Spleens, die sie mit der Zeit auch körperlich verfallen ließen. Genau wie die einseitige Ernährung führt die einseitige Befriedigung von Motiven in eine Sackgasse, die man als Krankheit bezeichnen kann.
Mir ist wichtig, daß der komplexe Bereich der Motivation bei der Situationsanalyse wegen seiner unbequemen Sinnhaftigkeit nicht zu rasch abgetan wird, sondern man sich der Mühe stellt, zu erkunden, wo und wie Motive für ein anstehendes Vorhaben genützt werden können.

e) Erwartungen

Neulich stand ich in einer Wartehalle. Die Halle war voller Menschen, und ich war voller Erwartungen. Ich wußte nicht, ob ich erwartet wurde oder ob man mich erwarten wird. Einige Wartende hatten Fahrkarten in der Tasche. Die Fahrkarten waren zum Teil durch eine gemachte Reise schon benutzt und entwertet, andere waren noch frisch zum späteren Vorzeigen. Ich wartete und war allein mit meinen Wünschen und Befürchtungen. Manches Mal interessierte ich mich für Vorbeigehende, spürte Bedürfnisse wie Hunger und Durst, aber ich war passiv unentschlossen. Ich begann die Fahrpläne zu studieren.

Erwartungen sind Wünsche, Befürchtungen und Interessen, die auf unsere Bedürfnisse hin ausgerichtet sind und daher auch mit einer passiven Einstellung angestrebt werden können.
Durch die Abfrage der Erwartungen in der Situationanalyse werden Informationen besorgt, die mögliche Zielvorstellungen beeinhalten können. Erwartungen haben immer etwas mit "Warten" zu tun, mit einer nicht verpflichtenden Passivität, mit Triebregungen und Gefühlen.

Für das Mitteilen von Wünschen und Befürchtungen gilt die Regel, daß jeder Wunsch in eine Befürchtung, aber auch jede Befürchtung in einen entsprechenden Wunsch umgewandelt werden kann. Da in jedem Wunsch eine mögliche Zielsetzung beeinhaltet ist, ergibt sich hieraus ein günstiger Ansatzpunkt für zukünftige Zielformulierungen. Dafür sind Wünsche besser geeignet als Befürchtungen.

Rein sprachlich sind Erwartungen durch absichernde, abwartende und gefühlsbezogene Äußerungen, die ohne aktive Komponente sind, zu erkennen. Beispiele für diese Ausdrucksweise sind:

— Ich möchte ...
— Könnte man ...
— Darf ich ...
— Vielleicht ...
— Versuchen wir ...
— Ich werde mich bemühen, bis ...
— Eigentlich ...
— Es wäre schön, wenn ..
— Ich weiß nicht, ob es geht, aber ...
— Ich würde lieber ...

In der Situationsanalyse sind diese Äußerungen angebracht, weil damit ein Stück persönlicher Wirklichkeit zu Tage tritt. Die Erlaubnis, Erwartungen zu nennen, läßt ein Fenster für Wünsche, Gefühle und Bedürfnisse offen und wirkt einer Verdrängung im emotionalen Bereich entgegen. Ein frühes Nennen von Wünschen und Gefühlen ermöglicht auch eine Rücksichtsnahme darauf bei der Festlegung von Zielen.

4.7.3.2. Ziel- und Auftragsformulierung

Menschen, die kein Ziel nennen wollen, haben nur einen Wunsch: Unzufriedenheit. Dieser eine Wunsch verbirgt das verdrängte Verlangen, sich einmal im Leben geliebt zu fühlen und bestätigt gleichzeitig das vergebliche Bemühen.

Es ist unmöglich, keine Ziele zu haben.

Es ist möglich, sich mit Wünschen zu begnügen, Enttäuschungen zu ertragen oder eigene Zielsetzungen immer wieder zu verleugnen. Unbewältigte, verdrängte Konflikte aus der Vergangenheit eines Menschen können diesem ein aktives Steuern und Gelingen unmöglich machen.

Mit Menschen zusammen zu arbeiten, die keine Ziele nennen wollen, ist praktisch nicht möglich. Wer kein Ziel nennen will, sucht meist sein Heil oder Unheil ausschließlich in der Bedürfnisbefriedigung und bietet keine gemeinsame Basis für eine Kommunikation an. Für den Austausch von Werten und Gütern, für die Lebenserhaltung, das Wohlbefinden und die Weiterentwicklung brauchen Menschen in sozialen Gebilden eindeutige Zielformulierungen.

Zielsetzungen sind vorweggenommene Ergebnisse, die durch aktive Maßnahmen, Handlungen und Methoden in einem Umwandlungs- und Veränderungsprozeß erreicht werden.

Zielsetzungen haben die Absicht, eine Veränderung in einem sozialen System herbeizuführen. Jede Veränderung, jeder Weg von einem "IST" zu einem "SOLL" bedeutet das Überwinden von Widerständen. Das Arbeiten mit klar definierten Zielen hilft, mit auftretenden Widerständen, Problemen und Schwierigkeiten konstruktiv umzugehen und nicht in chaotische Ebenen abzugleiten. So werden offene und transparente Veränderungen möglich.

Eine Zielformulierung beinhaltet das bewußte Festlegen auf ein gewolltes Ergebnis mit

a) **der verständlichen Offenlegung der Absicht**
b) **der Bereitschaft zum aktiven Handeln**
c) **der Überprüfbarkeit des Ergebnisses.**

Zielformulierungen, die unverständlich sind, lassen zuviel Platz für Mißverständnisse, fehlerhafte Auslegungen und damit für Abweichungen. Die genaue Darlegung der Absicht ist zugleich eine Offenlegung einer Entscheidung, die andere Alternativen ausscheidet. Die Festlegung auf ein Ziel ist auch ein Verzicht auf andere Ziele und damit eine Einschränkung der Freiheit. Dies ist jedoch für ein konstruktives Zusammenleben unerläßlich. Zielformulierungen sollen nicht verschachtelt sein, sondern knapp und präzise veranschaulichen, was erreicht werden soll.

Im Gegensatz zu einer Erwartung setzt eine Zielformulierung die Bereitschaft zum persönlichen Handeln voraus. Wer sich ein Ziel setzt, ist bereit, aktive Schritte und Tätigkeiten zu unternehmen, um mit seinen Fähigkeiten und Fertigkeiten auf das

Ziel zuzusteuern. Leider ist das in der Wirklichkeit ein Punkt, an dem sich gerne Störungen einschleichen. Zielformulierungen werden oft mit Ausreden, Alibis und Zweifeln kombiniert, um sich jederzeit bequem zurückziehen zu können. Ziele versinken in der Paradoxie des Wollens, was man nicht will.

Die Überprüfbarkeit des Ergebnisses macht eine Zielformulierung erst wirklich zu einem präzisen Instrument. Jede Ungenauigkeit bezüglich der Überprüfbarkeit rückt ein zielorientiertes Vorgehen in die Nähe fatalistischen Handelns. Um wirklich genaue Zielformulierungen zu erreichen, ist es manchmal sinnvoll, eine erste und zweite Zielsetzung vorzunehmen und eine Planungsstufe dazwischenzuschieben.

Beispiel:

Zielsetzung I:	Ich will während der Tagung Informationen über Quality-Circles sammeln.
Planung:?	(Siehe 4.7.3.3.)
Zielsetzung II:	Ich werde jeden Tag zwei Tagungsteilnehmer für eine halbe Stunde zum Thema "Quality-Circle" interviewen und am Ende der Tagung einen zweiseitigen Bericht anfertigen.

Die Zielsetzung I gibt noch zu ungenau die Überprüfungsmöglichkeit für das Vorhaben wieder. Durch die dazwischen geschaltete Planung kann eine konkretere Zielsetzung II formuliert werden. Zielsetzung II ist dann klar und kontrollierbar.

Je mehr eine Zielformulierung sachliche Orientierungspunkte nennt, umso leichter ist die Planung. Je langfristiger und umfassender Zielsetzungen angelegt sind, umso mehr bedarf es der Zerlegung des Ziels in Teilziele.

4.7.3.3. Planung

Die Planungsphase gibt beim zielorientierten Vorgehen den größten Spielraum bezüglich engagierter Eigenverantwortlichkeit, neuer Ideen und Nutzung der persönlichen Fähigkeiten. In der Planung entsteht ein Gerippe für das Vorgehen, was WIRD. Und letztlich als Abschluß dieser Phase fällt die Entscheidung für die Durchführung. Für die Übersichtlichkeit nennen wir nochmals die Bereiche, mit denen sich die Personen in der Planung auseinander zu setzen haben:

a) Zielsetzung I
   Auftrag

b) Personen

c) Zeit

d) Mittel
   Wege
   Verfahren
   Vorgangsweisen
   Methoden

e) Zielsetzung II
   (als Entscheidungs- und Durchführungsformel)

ad a) Zielsetzung I, Auftrag
Findet die Planung in einer Arbeitsgruppe statt, ist es gut, das gemeinsame Verständnis von Zielsetzung oder Auftrag abzuklären.
Folgende Fragen sind beispielsweise dazu dienlich:

— Welches Ziel soll erreicht werden ?
— Welcher Auftrag soll erfüllt werden ?
— Wie kam es zur Zielformulierung ?
— Wie kam es zur Auftragsformulierung ?
— Gibt es noch übergeordnete Zielsetzungen ?
— Gibt es andere Aufträge, die diesem widersprechen ?
— Welche Gefühle ruft die Zielsetzung oder der Auftrag hervor ?

ad b) Personen
Entscheidungen, Handlungen und Gestaltungen können nicht losgelöst von Personen betrachtet werden. Ohne den Einsatz von Personen ist es unmöglich, Aufträge auszuführen oder Ziele zu verwirklichen.
Fragestellungen können hier sein:

— Wer hat die Zielsetzung formuliert ?
— Wer war der Auftraggeber ?
— Welche Kompetenzen und Funktionen hat der Zielsetzer ?
— Hat der Auftragsteller Anweisungsbefugnisse ?
— War es eine einzelne Person oder eine Gruppe, die für die Zielsetzung und für den Auftrag verantwortlich ist ?
— An wen/für wen ist die Zielsetzung bestimmt ?
— An wen ist/war der Auftrag gerichtet ?
— Welche Personen werden für die Erreichung des Zieles benötigt ?
— Wurden im Auftrag bestimmte Personen genannt ?
— Welche Personen sind von der Zielsetzung betroffen ?
— Welche Personen braucht man bei der Planung ?
— Welche Personen setzt man für die Durchführung ein ?
— Welche Beeinflussungen zum Ziel bzw. zum Auftrag sind von welchen Personen zu erwarten ?

ad c) Zeitstrukturen

Die Zeit ist eine der wenigen konstanten Meßeinheiten, die wir absprechbar zur Verfügung haben. Wir können in der Planung Zeitpunkte festlegen und dadurch Abgrenzungen schaffen. Ein ziel- oder aufgabenorientiertes Vorgehen ohne zeitliche Begrenzung ist undenkbar. Wenn die Zielerreichung nicht zu terminisieren ist — was in den meisten Fällen jedoch möglich ist —,dann muß zumindest die Planungsphase abgegrenzt sein oder der Beginn der Durchführung fixiert werden. Üblicherweise wird in der Planung ein zeitlicher Ablauf der einzelnen Durchführungsphasen und der damit verbundenen Tätigkeiten festgelegt.
Fragen zu diesem Bereich sind:

— (Bis) Wann muß das Ziel erreicht werden ?
— (Bis) Wann muß das Auftrag erfüllt sein ?
— Wie lange soll die Planungsphase dauern ?
— Wie lange wird für die Durchführung Zeit sein ?
— Wann muß wer wem helfen ?
— In welchen Zeitfrequenzen müssen bestimmte Ereignisse stattfinden ?
— Wie schaut der zeitliche Ablaufplan für die Zielerreichung aus ?
— Wann spielt eine Zeitvorgabe keine Rolle ?

ad d) Mittel und Methoden in der Planung

In diesem Bereich der Planung findet eine Sammlung und Versammlung von
— methodischen Möglichkeiten
— bekannte Verfahren
— hilfreichen Mitteln und
— kreativen Ideen
statt, um aus einer endgültigen definierten Zielsetzung eine ausführende Entscheidung zu machen. Thematisch und semantisch macht dieser Abschnitt der Planung und des zielorientierten Vorgehens immer wieder Schwierigkeiten. Schauen Sie sich nicht allzugenau die folgenden Aussagen und Fragen an, um an der Verwirrung teilhaben zu können.

— Welche Mittel verfahren eine Vorgangsweise, ohne einen methodischen Weg zu kennen?

— Welcher Weg verfährt ein Mittel, ohne in irgendeiner Weise zur Vorgangsweise zu werden?

— Der Weg zum Vorgehen ist der gleiche, der auch zum Rückschritt geeignet ist.

— Weg mit dem Verfahren, die Richtung muß stimmen!

— Methoden sind Wege, wo etwas vorgeht und nichts zurückgelassen wird.

Genügend Verwirrungen helfen, Fusionen als Konfusionen zu enttarnen und wieder Unordnungen herzustellen, die zumindest als solche erkannt werden.

Die methodische Hilfe des zielorientierten Vorgehens hat in der Planungsphase selbst noch einmal einen Schwerpunkt, der sich mit Hilfsmitteln und Methoden zur Zielerreichung beschäftigt.

Die Gefahr im Planungsabschnitt ist, sich in methodische Gefälligkeiten zu verirren, denn häufig sind Mittel und Methoden so attraktiv, daß die Zielsetzungen darauf abgestimmt werden. Diese wegorientierte Vorgangsweise mag, wenn sie bewußt ist, in gewissen Fällen nützlich sein, in Organisationen ist sie in der Regel aber fehl am Platz.
Im Abschluß der Planungsphase wird die Zielsetzung nochmals präzisiert und als Entscheidung verankert. Das bedeutet ein Bekenntnis für ein Ziel, das mit vollem Engagement erreicht werden soll.

4.7.3.4. Durchführung

Werden die ersten drei Schritte des zielorientierten Vorgehens exakt getan, dann sind in der Durchführungsphase keine Schwierigkeiten zu erwarten. Es wird durch geplante Maßnahen, Aktivitäten und persönlichem Einsatz das ausgeführt, was erhoben, festgelegt und geplant worden ist.
Je mehr sich Personen mit den Zielsetzungen und Aufträgen identifizieren können, umso mehr werden Kräfte für das erfolgreiche Gelingen frei.

4.7.3.5. Kontrolle

Nach der Durchführung muß beim zielorientierten Vorgehen grundsätzlich eine Kontrolle erfolgen,

a) die überprüft, ob das Ergebnis der Zielsetzung entspricht,
b) die prüft, welche Informationen und Ergebnisse weiterzuleiten sind,
c) ob es im Prozeß oder bei der Zielsetzung Abweichungen gab,
d) die jegliches Ergebnis, sei es Zielerreichung oder Zielabweichung, dokumentiert,
e) die nach Abschluß der Kontrolle eine Reflexionsphase vorsieht, um Erfahrungswerte systematisch aufzuarbeiten.

Die Selbst- und Fremdkontrolle hat im zwischenmenschlichen Bereich eine wichtige Funktion für die Weiterentwicklung, für Veränderungen und die Aufrechterhaltung eines sozialen Systems. Im persönlichen Bereich dient die Selbst- und Fremdkontrolle dem Reifen, Wachsen und Lernen, das dadurch nicht ein schicksalhaftes Geschehen bleibt, sondern in eine bewußte, selbstständige und autonome Richtung geführt wird.

Als abschließende Bemerkung möchte ich an die Wechselwirkungen der verschiedenen Ebenen erinnern, die beim zielorientierten Vorgehen im Spiel sind.

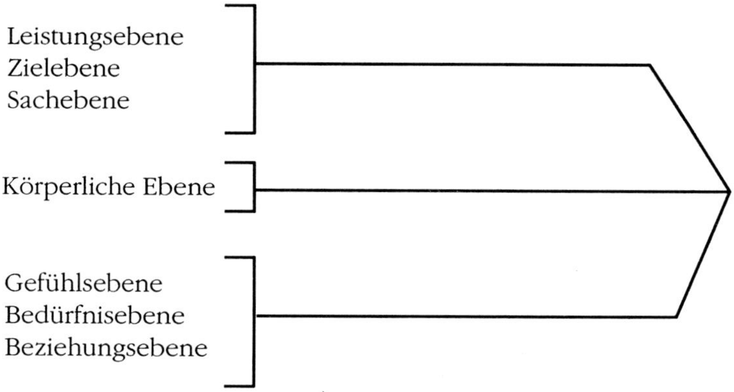

Die Beachtung und natürliche Gesunderhaltung dieser Ebenen ist ein wesentlicher Aspekt des zielorientierten Vorgehens. Wenn Ziele so angesetzt werden, daß Personen körperlichen, psychischen oder geistigen Schaden erleiden, dann stimmen sie nicht mehr.

4.8. Handlungsbereitschaft (Mut zum Risiko)

Stellen Sie sich vor, es erscheint Ihnen in diesem Augenblick eine wunderschöne Fee. In einem wortlosen Gespräch erfahren Sie, daß Sie drei Wünsche offen haben, die in Erfüllung gehen werden. Die einzige Handlung, die sie setzen müssen, ist, diese Wünsche niederzuschreiben:

"Deine Wünsche werden in Erfüllung gehen" sagt dann die Fee und verschwindet mit einem zauberhaften Abgang.
Hand aufs Herz, glauben Sie, daß diese drei Wünsche wirklich in Erfüllung gehen? Meine Erfahrung ist, daß es gar nicht so leicht ist, drei Wünsche zu finden, von denen ich die Gewißheit habe, daß diese erfüllt werden. Sich etwas zu wünschen geht ohne Schwierigkeiten. Schwierig ist es bereits, eine Auswahl von Wünschen zu treffen, mit deren Erfüllung wir rechnen dürfen. Ihre Auswahl der drei Wünsche war zugleich eine Entscheidung, das Niederschreiben war eine überprüfbare Handlung. Diese Tätigkeiten — Entscheiden, Aufschreiben und sich dadurch festlegen — zeigen einen Mut zum Risiko.

Oft wünschen wir etwas sehnlichst, fürchten uns aber gleichzeitig vor der Erfüllung des Wunsches. Wir haben uns schon so viel in unserem Leben gewünscht, haben magische Phantasien eingesetzt, wurden enttäuscht und entmutigt. Am Ende jeder Wunscherfüllung oder Wunschverweigerung standen die nächsten Schlange und klopften an, um Einlaß zu bekommen. Durch zahlreiche Enttäuschungen, Peinlichkeiten und Bestrafungen haben wir oft das Tor unserer Wünsche versperrt und dadurch Phantasien und Gefühle ausgeschlossen, die hinter unseren Handlungen als treibende Kräfte stehen können.

Unser Glauben an Wunder öffnet das Tor zu den Wünschen und Phantasien. Wir brauchen sie als Nährboden für unser Streben, unsere Ziele und zu unserem Wohlbefinden.
Unser Glauben an Wunder kettet unser Verlagen, unsere selbständigen Handlungen und unsere Zielsetzungen in ein Verließ der Trägheiten und des Abwartens, unbarmherzig und erbarmungslos.

Die Handlungsbereitschaft als ein methodisches Mittel, wirkungsvoll und erfolgreich zu sein, kennzeichnet folgendes:

1.) Wünsche, Gefühle und Phantasien haben und zulassen.
2.) Wünsche in Ziele verwandeln.
3.) Ziele als selbstverantwortliche Entscheidungen verstehen.
4.) Handlungen setzen.
5.) Ergebnisse akzeptieren.

Jede Entscheidung, jedes angestrebte Ziel und jedes konkrete Tun ist mit einem Risiko verbunden. Das Risiko heißt "Veränderung" und "Entwicklung". Das, was ist, kennen wir, es ist uns vertraut, das, was sein wird, meinen wir zu kennen, aber es ist uns vom Ergebnis her noch fremd.
Machen Sie nebenbei ein kleines Experiment: Testen Sie Ihre Handlungsbereitschaft und unterbrechen sie das Lesen für kurze Zeit. Nehmen Sie fünf bis sieben dicke Bücher aus ihrem Bücherregal und stapeln Sie diese auf dem Fußboden.

Stellen Sie sich mit beiden Füßen auf den Bücherstapel und schließen Sie die Augen. Bleiben Sie zwei Minuten mit geschlossenen Augen auf Ihren Büchern stehen und atmen Sie ruhig durch. Springen Sie danach mit geschlossenen Augen auf den Boden und bleiben wiederum zwei Mituten mit geschlossenen Augen stehen.

Falls Sie das Experiment mitgemacht haben, gehen Sie im Geiste durch, an welchen Stellen der Durchführung Verzögerungen, Hemmungen oder der Gedanke an einen Abbruch aufgetreten sind, und welche Gefühle sich bei dieser kleinen Prozedur eingestellt haben. (Falls Sie nicht mitgemacht haben, machen Sie sich bitte nicht die Mühe, dies zu begründen...)

Die Handlungsbereitschaft kennt ein klares NEIN oder JA zum bewußten Tun.

Ich bin überzeugt, daß das Selbstbewußtsein einer Person mit der genügenden Bereitschaft zu klaren Stellungnahmen zusammenhängt. Sich immer Möglichkeiten offen zu lassen, mehrere Sachen gleichzeitig tun zu wollen, es jedermann rechtmachen zu wollen, hundertprozentig sein zu wollen oder keinen Fehler zulassen zu wollen, sind alltägliche Selbstbetrügereien, die unser Tun lähmen.

4.9. Bildung von Theorien, Modellen, Methoden, Techniken, persönlichen Lebenskonzepten

Als eine wichtige methodische Hilfsquelle für Personen, die wirkungsvoll und erfolgreich leben, halte ich die Fähigkeit der Bildung von Theorien, Modellen, Methoden, Techniken und persönlichen Lebenskonzepten. In der Einführung dieses Buches und durch die Gliederung des Buches bin ich auf diesen kybernetischen Kreislauf bereits thematisch eingegangen. Ich wiederhole in diesem Abschnitt nur der Vollständigkeit wegen nochmals die Grundzüge.

Jeder von uns verfügt, ob bewußt oder unbewußt, über persönliche Lebenskonzepte (Überlebenskonzepte), die wir für uns selbst oder für andere einsetzen. Instrumente, Techniken oder Fertigkeiten erleichtern (oder auch erschweren) uns, im Zusammensein komplexe und vielfach verzweigte Tätigkeiten zu vereinfachen. Dies können Gesprächstechniken sein, handwerkliche Fertigkeiten oder das Handhaben von Geräten, Maschinen und Computern, — geschaffen wurden die Techniken ursprünglich, um die Lebensqualität zu verbessern.
Wege, Verfahren und Vorgangsweisen, die man im Laufe der Zeit erprobte, wurden, nachdem sie sich bewährten, als Methode zur Anwendung und Vermittlung geplant eingesetzt. Die Methode gibt über einen bewußten Aktionsplan Auskunft und zeigt Wege der schrittweisen Handhabung auf. Modelle als Erfahrungs- und Entwicklungsgebilde fassen Erkenntnisse, Wissen und Konstruktionen komprimiert zusammen, um aus dieser Reduktion Möglichkeiten für neue Impulse, Methoden und Techniken zu schaffen.

Zukünftige Aufmerksamkeit.

Die Theorie ist eine Art Überbau, wo bewußt Zusammenhänge, Ableitungen und Wissen aus abgegrenzten, thematischen Bereichen wieder angeboten werden. Mit Zunahme der Bewußtheitsdimension stößt man einerseits auf härtere Grenzen des Unerkennbaren, andererseits gelingt es, die erlebte Wirklichkeit zu belassen, zu gestalten und hilfreich strukturell aufzugliedern.

Das "In-den-Mittelpunkt-Rücken" der Person als einzigartiges natürliches Wesen ist eine altbewährte Methode, die sicherlich zur Evolution beigetragen hat. Wir greifen in unseren Arbeiten in und mit Organisationen, Gruppen und Mitmenschen gerne auf alte Weisheiten zurück, da das Neue sich sowieso meist als "schon gehabt" herausstellt, und wählen daher die Erfahrungsanreicherung mit dem Durchlaufen der Bereiche vom persönlichen Konzept zur Theorie als wichtige Grundlage, Bewußtheiten zu erweitern, aus. Entscheidend ist das Vermögen, bei den einzelnen Bereichen zu bleiben und dann die anderen Bereiche mitzuberücksichtigen.

5. Die offenen Interventionstechniken
als methodisches Instrument der kommunikativen Koexistenz

Jedes Zusammensein und jeder Arbeitsprozeß werden durch Interventionen geregelt, gesteuert und beeinflußt.

Durch unsere Bedürfnisse, durch unser Verständnis der Wirklichkeit, in der wir leben, durch unsere Wünsche und Zielsetzungen machen wir immer wieder Energien für Beeinflussungen und Eingriffe frei, um Befriedigungen zu erreichen.

Wir intervenieren im Sinne von
— dazwischentreten
— eingreifen
— einmischen
— widersprechen
— aussagen
— fragen
— auffallen
— einfallen
und setzen uns bemerkbar ein. Interventionen können daher auf verschiedenen Ebenen gleichzeitig gemacht werden, ohne daß Zielrichtungen oder Ergebnisse erkennbar werden. Man interveniert manchmal nur, um etwas zu sagen, gesehen und gehört zu werden, oder auch nur, um seine Existenz zu beweisen. Man kann durch Vielreden intervenieren, aber auch durch langes Schweigen. Wir greifen immer wieder in einen Prozeß ein, um ihn nicht zu verlieren. Manches Mal verlieren wir uns dann selbst aus den Augen.

Ursprünglich war ich der Annahme, daß es Hunderte von Techniken geben müßte, die wir als "Kommunikative Instrumente" bei allen Tätigkeiten in Organisationen, Gruppen und Partnerschaften einsetzen. Es zeigte sich aber, daß erfolgreiche Persönlichkeiten in ihrer Wirksamkeit auf eine begrenzte Palette von Interventionstechniken zugreifen und diese dabei offen deklariert einsetzen. Natürlich gibt es auch manipulative oder verdeckte Interventionstechniken. Auch diese sind, obwohl weitgestreut, bestimmten Gesetzmäßigkeiten unterworfen. Da wir von Kindheit an lernen, über gefühlsbezogene Maschen, Winkelzüge und Manipulationen zu verfügen, erübrigt sich die Arbeit, diese krummen Techniken zu vermitteln. Was sich zu vermitteln auszahlt, sind die offenen Interventionstechniken, weil sie ein konstruktives Miteinander ermöglichen.
Offene Interventionstechniken sind bewußt ausgeübte, beschreibbare und trainierbare Verhaltensweisen, die von einer Einstellung der wertschätzenden Akzeptanz ausgehen und einem zielorientierten Vorgehen dienen.

5.1. Interventionsformen und Interventionsarten

Als Individuum haben wir verschiedene Möglichkeiten, um in ein Geschehnis einzugreifen:

a) durch Äußerlichkeiten,
b) durch nonverbales Verhalten oder körperliche Verhaltensweisen,
c) durch verbale Äußerungen.

Selbstverständlich sind diese drei Interventionsformen nicht streng voneinander zu trennen. Beispielsweise zeigen sich gleichzeitig zur verbalen Äußerung auch nonverbales Verhalten und Äußerlichkeiten. Bewußt oder unbewußt ausgeführt, sendet nonverbales Verhalten bestimmte Signale, die die Wirkung von verbalen Äußerungen beeinflussen.

5.1.1. Äußerlichkeiten

Ich möchte die Äußerlichkeiten vom nonverbalen Verhalten trennen und verstehe unter Äußerlichkeiten beispielsweise Eigenschaften wie
— groß- oder kleinwüchsig zu sein,
— Haarfarbe,
— Größe der Nase,
— Farbe der Augen,
— Körperproportionen,
— Geschlecht,
— Alter usw.
Diese Eigenschaften sind nicht wie ein nonverbales Verhalten als erfahren oder erlernt anzusehen, sondern es sind äußere Merkmale, die einfach Gültigkeit haben und dadurch gewisse Wirkungen hervorrufen. Auf die Äußerlichkeiten haben wir kaum Einflußmöglichkeiten. Unsere Größe ist vorgegeben, ebenso die Farbe unserer Augen und das Geschlecht.

Wir intervenieren durch Äußerlichkeiten im Sinne von Anpassung oder Abweichung. Dadurch bewirken wir, oft ohne es zu wollen, einen großen Grad an Bestätigung oder Aufmerksamkeit. Als Stummer unter Geschwätzigen, als Zwerg unter Basketballspielern oder einfach nur als Frau unter Männern bedarf es keiner zusätzlichen Intervention, um Aufsehen zu erregen. Wenn wir als Nackter durch eine Ansammlung bekleideter Menschen flitzen, genügt unsere Blöße, um Gesprächsstoff zu liefern. Die Angezogenen werden ausziehen und tausend Gründe finden, daß es ungehörig ist, schmucklos, unbekleidet und ausgezogen herumzulaufen.

Was konnte ich dafür, daß ich einen Zwillingsbruder habe ? Wir wurden grundsätzlich als "ihr" beachtet. Dreißig Prozent der Menschen, die mich grüßten, kannte ich gar nicht, denn sie grüßten in Wirklichkeit meinen Bruder.

Wir wecken Interesse durch Äußerlichkeiten und wissen oft gar nicht, wodurch wir Signale setzen oder Beurteilungen hervorrufen. Aussehen, Geschlecht, Alter, Kleidung und Einrichtung sind wirksame Zeichen in zwischenmenschlichen Begegnungen.

5.1.2. Nonverbales Verhalten

Über das nonverbale Verhalten könnten dicke Bücher geschrieben werden. Jedes verbale Verhalten und jede Äußerlichkeit ist vom nonverbalen Verhalten mitbestimmt. Wir sagen "ja" und schütteln leicht den Kopf dazu, wir sprechen davon, daß mehr in Betracht gezogen werden muß, und setzen die Brille ab, wir lächeln uns freundlich an und steigern uns in ein Stakkato des Fingertrommelns hinein. Wir bezeichnen ein Thema als trocken und haben gleichzeitig feuchte Hände. Man setzt sich im Stuhl zurecht und weist darauf hin, daß man Vorgesetzter ist. Man schaut weg und ist ganz bei der Sache.

Das non-verbale Verhalten begleitet unser Tun, im pseudowissenschaftlichen Bereich tobt man sich mit den Erkenntnissen der Körpersprache bis zur Verneigung aus und lernt nicht die Beachtung des Ausdrucks und der sinnlichen Wahrnehmung vor der Interpretation.

Die persönlichen nonverbalen Interventionen sind dominanter für jede Kommunikation als die verbalen Äußerungen und jede Äußerlichkeit. Ein genaues Verständnis dieser Sprache ist jedoch sehr schwer zu erwerben. Die pseudowissenschaftlichen Deutungsregeln zur Körpersprache gehören in die Rubrik eines psychologischen Firlefanz.

Wir müssen uns vor zu schneller Interpretation von nonverbalem Verhalten hüten. Als Regel kann gelten, daß das Eingehen auf nonverbales Verhalten immer mit einer genauen Beobachtung und einem Beschreiben des Verhaltens beginnen muß. Erst in der Kommunikation mit der betroffenen Person sind persönliche Stellungnahmen, Deutungen oder Interpretationen zulässig. Jedes Körperlesen oder Aufzeigen von nonverbalen Verhaltensbereichen gehört in den Intimbereich der betroffenen Personen und darf nicht als Waffe eingesetzt werden.

Das nonverbale Verhalten kann sich zeigen durch

a) Äußerlichkeiten, wie sie dargeboten werden;
b) Handlungsweisen, die im Kontakt zu anderen Personen auffallen;
c) Haltungen, die in der Bewegung und im Einhalten sichtbar werden.

Wir intervenieren, ohne ein Wort zu sagen, durch

— Gesten
— Mimik
— Bewegungen
— Körperhaltungen
— Atmung
— Blickrichtung
— Bleiben und Weggehen.

Diese Interventionen können bewußt oder unbewußt, offen oder verdeckt eingesetzt werden. Füße auf den Tisch legen, Zeitung lesen, aufspringen, beim Fenster hinausschauen, den Mund verziehen, sich eine Pfeife stopfen oder den Aschenbecher reinigen: Jede dieser Verhaltensweisen beeinflußt das zwischenmenschliche Geschehen.

Im Kontakt zu anderen Personen gibt es noch reichlichere Möglichkeiten der nonverbalen Kommunikation: sei es ein fester oder weicher Händedruck, das Hin- oder Wegrücken eines Sessels, Anschauen oder Wegschauen eines Gesprächspartners, eine Berührung, ein Verbeugen, Hinbeugen oder Zurücklehenen, Abneigen und Hinwenden, eine Distanz einnehmen oder die Nähe suchen, etwas reichen oder kopfschüttelnd verweigern; all diese Interventionen werden bewußt oder unbewußt registriert und spielen für den zwischenmenschlichen Kontakt eine entscheidende Rolle.

Vor dem Hintergrund der bioenergetischen Analyse geben die Haltungen und Bewegungen die am wenigsten verfälschten Auskünfte über eine Person. Die körperliche Haltung, die jemand einnimmt, und die sichtbaren Bewegungsabläufe geben Informationen über den Menschen, wie er wirklich ist. Auch die Kommunikationsabläufe werden durch Haltungen und Bewegungen stark beeinflußt: Wir reagieren aufgrund unserer Erfahrungen und stereotypen Vorstellungen stark auf bestimmte Haltungs- und Bewegungsmuster. Wenn zum Beispiel jemand von oben her kommt, dann antworten wir durch ganz bestimmte Verhaltensweisen. Schleicht einer gebeugt vorbei, hat einen verkniffenen Mund, hinkt und schielt, trägt Stiefel zur Sommerszeit oder kurzärmelige Hemden bei sibirischer Kälte, dann rufen unsere vorurteilsbehafteten Einstellungen bestimmte Assoziationen und Verhaltensweisen hervor.

5.1.3. Verbale Äußerungen

Im Verbalen haben wir vielfältige Möglichkeiten zu intervenieren, und nach dem Vorherigen wird klar, daß jede verbale Äußerung als Verbündeten oder als Widersacher nonverbale Äußerungen hat.

Verbale Äußerungen treten in Form von
- Lauten, Tönen
- Geräuschen
- Bildern
- Schriftzeichen
- Zeichen
- Symbolen

auf.

Sprachlich kann man verbale Äußerungen in
- Aussagen
- Fragen und
- Aufforderungen

einteilen.

Inhaltlich gesehen benutzen wir verbale Äußerungen auf verschiedenen Ebenen und sind befähigt, die Ebenen durchlässig zu erhalten.
Diese Ebenen sind beispielsweie:
- Sach-, Ziel- und Leistungsebene
- Bedürfnis-, Gefühls- und Beziehungsebene
- Real- und Phantasieebene
- Vergangenheits-, (Gegenwarts-,) Zukunftsbezogen
- Verständnis — Unverständnis
- usw. (siehe 4.6.)

Verbale Äußerungen können als Kommunikations- oder Konfusionsmittel eingesetzt werden. Sie können gezielt oder um des reinen Redens willen genutzt werden.

Verbale und nonverbale Interventionsformen laufen nicht immer synchron ab. Es kommt immer wieder vor, daß diese beiden Kommunikationsformen gleichzeitig gegenläufige Interventionen tätigen. Wir sagen beispielsweise freundlich "ja" und schütteln gleichzeitig unser Haupt, wir sprechen über die Freude und verkrampfen gleichzeitig die Faust. Derartige gegenläufige Tendenzen blockieren die Dynamik und Kraft der Äußerungen. Ein wirkungsvolles Auftreten eines Menschen wird immer im Gleichklang von verbalen und nonverbalen Äußerungen erfolgen. Wir erleben Personen, bei denen diese beiden Interventionsformen stimmig sind, als echt, glaubwürdig und kraftvoll wirken.

5.2. Definitionen und Abgrenzungen bei den offenen Interventionstechniken

Das Außergewöhnliche ist, daß es nichts Außergewöhnliches gibt. Diese Einsicht ist außergewöhnlich.

Das Fremdwort "Intervention" hat in der deutschen Sprache verschiedene Bedeutungen und heißt soviel wie Eingriff, Einmischung, Einspruch. Interventionen finden wir als feststehenden Begriff im Wirtschaftsleben, in der Politik und beim Militär; es löst beim Gebrauch unterschiedliche Reaktionen aus, da meistens gefühlsmäßig besetzte Assoziationen damit verbunden sind.

Das Intervenieren im allgemeinen beinhaltet Fähigkeiten und Fertigkeiten eines Eingreifens in ein Geschehen. Der Begriff "Technik" setzt als Fertigkeit voraus, ein Verhalten bewußt und zielgerichtet einzusetzen. Techniken im Kommunikationsbereich werden für verschiedene Aufgaben und Zielsetzungen genutzt, wie etwa:

a) Sammeln von Informationen
Fakten

b) Festlegung von Rahmenbedingungen
Vereinbarungen
Regeln
Anweisungen
Instruktionen

c) Aufstellung von Bewertungskriterien
Beurteilungskriterien
Überprüfungsmerkmalen

d) Eingaben von Impulsen
Handlungsaufforderungen
Abgrenzungen
Konkretisierungen

e) Aufzeigen von Abweichungen
Bestätigungen

f) Trennung von Ebenen
Verdeutlichung von Ebenen

Bei den Interventionstechniken im einzelnen möchte ich noch zwischen folgenden Kategorien unterscheiden:

offen—verdeckt
konstruktiv—destruktiv
funktional — allgemein — dysfunktional
wertschätzend—entwertend

5.2.1. Definition: offene Interventionstechniken

Offene Interventionstechniken sind

a) ein unbewußtes Eingreifen in ein Geschehnis oder in einen Prozeß (Technik)
b) auf eine offen deklarierte Zielsetzung ausgerichtet
c) berücksichtigen die beteiligten Personen
d) werden zu einem bewußt ausgewählten Zeitpunkt gesetzt und sind
e) auf ein überprüfbares Ergebnis angelegt.

Die bewußte Darlegung der Ziele (Aufrechterhaltung oder Veränderung eines Systems bzw. einer Struktur) und die Ergebnisorientiertheit sind dabei die wesentlichen Bestandteile.

5.2.2. Definition: verdeckte Interventionstechniken

Das Kennzeichen für verdeckte Interventionstechniken ist das Fehlen einer Zielsetzung auf der sach- oder leistungsbezogenen Ebene.

Die Fertigkeiten des Intervenierens sind einseitig auf die Bedürfnisbefriedigung ausgerichtet, oder die Zielorientiertheit ist durch Wünsche und Bedürfnisse so weit getrübt, daß Manipulationen nicht auszuschließen sind. Verdeckte Techniken werden von uns allen perfekt beherrscht, und es bedarf einer großen Beherrschung, den Weg der offenen Techniken zu gehen.

Diese verdeckten Techniken sind Relikte unserer Lebensgeschichte und der damit verbundenen negativen Erfahrungen. Unser Schutz- oder Abwehrinstinkt hat uns gelehrt, verdeckte Techniken einzusetzen und der Wirkung von offenen Strategien zu mißtrauen.

Verdeckte Techniken sind, solange sie auf eigene Bedürfnisse ausgerichtet sind, nicht unbedingt der Manipulation zuzuordnen. Erst dann, wenn die Techniken ausbeuterisch und ausnützend verwendet werden und die betroffenen Personen keine Chance haben, ein Gleichgewicht in der Bedürfnisbefriedigung zu erreichen, kann man sie als Manipulationstechniken bezeichnen.

Verdeckte Techniken werden meistens angewandt, wenn gegenläufige Wünsche, Bedürfnisse und Zielsetzungen in einer Person oder in einer Gemeinschaft vorliegen. Diese Techniken sind ein Versuch, trickreich den Konflikten zu entkommen.

Als Gesetzmäßigkeit kann angesehen werden, daß die Anwendung von verdeckten Interventionstechniken bei unserem Gegenüber ebenfalls die Anwendung verdeckter Techniken und Machenschaften zur Folge hat.

Ein Großteil unserer Erziehungsmethoden hat unsere Fähigkeit, geradlinig Forderungen auszusprechen, verbildet. Unser Kommunikationsvermögen ist dadurch manchmal bis zur Unkenntlichkeit verschüttet. Wir haben oft gelernt, mehr an unsere trickreichen, verdeckten Interventionen zu glauben und enttäuscht oder triumphierend daran festzuhalten, als das Risiko von offenen Auseinandersetzungen einzugehen. Ich glaube, daß es heute keinen Bereich der Öffentlichkeit gibt, wo nicht verdeckte Interventionstechniken die Oberhand gewonnen haben. Wir finden kaum Personen, die demütig und erfolgreich mit offenen Interventionstechniken arbeiten. Diese aber sind langfristig überzeugend und erfolgreich.

Verdeckte Interventionstechniken kommen mir vergleichbar vor, wie wenn ein festlich gekleideter Ritter noch eine Ritterrüstung zusätzlich anzieht. Nach einiger Zeit weigert er sich, die Rüstung abzulegen, weil er Angst hat, nackt und bloß dazustehen. Er vergißt einfach auf sein festliches Gewand, das er unter der Rüstung trägt.

Ein Beispiel für verdeckte Interventionstechniken:

gedacht	gesagt
A: Ich möchte alleine gehen und nachher Karten spielen.	A: Ich gehe heute zum Eishockeyspiel. Du willst sowieso nicht mitgehen ?
B: Er soll mich einmal wirklich einladen.	B: Ich mag schon, aber Dir ist es ja nicht recht.
A: Dir kann man es wirklich nicht rechtmachen. Da frage ich Dich, und schon fängst Du an zu jammern.	
B: Wenn Du mich wirklich einmal fragen würdest, aber Du willst sowieso lieber alleine gehen.	

Konflikte und Störungen im zwischenmenschlichen Bereich sind bei der Anwendung von verdeckten Interventionstechniken geradezu programmiert.

5.2.3. Definition: konstruktive Interventionstechniken

Wir sprechen von konstruktiven Interventionstechniken, wenn sie

a) **offen die Zielrichtung erkennen lassen und**

b) **die Ziele, Wünsche, Bedürfnisse und Interessen der beteiligten Personen mitberücksichtigen.**

Konstruktive Techniken sind daher immer offene Interventionstechniken, die sich nicht gegen jemanden richten, sondern zum gemeinsamen Vorhaben beitragen.

5.2.4. Definition: destruktive Interventionstechniken

Es hat sich gezeigt, daß Personen mit einem Zerstörungs- und Selbstzerstörungspotential in der Lage sind, auch offene Interventionstechniken als reines Kampfmittel für destruktive Impulse auszunützen. Offene Techniken, perfekt beherrscht, können tatsächlich für Personen, die die Absicht haben

— zu stören
— um jeden Preis zu siegen
— sich zu opfern
— subtil gewalttätig zu sein
— jemanden fertig zu machen
— zu verletzen
— zu betrügen
— auszunutzen

zu einer gefährlichen Waffe werden. Die Destruktivität besteht in einer Verschmelzung von Ebenen, wo auf der sach- und zielorientierten Ebene die offenen Interventionstechniken eingesetzt werden und auf der Beziehungsebene unausgesprochen ein affektives Zerstörenwollen durchschlägt. Es bedarf in solchen Situationen einer gelebten, wertschätzenden Haltung, um mit der Hilflosigkeit, Ohnmacht und dem damit verbundenen Schmerz fertig zu werden, ohne gleich destruktiv zurückzuschlagen.

Destruktive Interventionstechniken sind nur durch Körperempfindungen spürbar.

5.2.5. Definition: allgemeine Interventionstechniken

Allgemeine Interventionstechniken werden eingesetzt, um meist noch unstrukturierte Wünsche, Bedürfnisse, Vorstellungen und Interessen zu wahren oder zu befriedigen. Diese Techniken sind offen für alles und werden in der Regel nicht bei einem zielorientierten Vorgehen eingesetzt. Durch allgemeine Interventionstechniken erhöhen und dämpfen wir Spannungen, behalten Verspannungen bei, um geschützt Befriedigungen verschiedenster Art nebenbei kassieren zu können. Es gibt sehr viele dieser Techniken, einige wenige möchte ich nennen:

— Wie geht es denn so ?
— Wir werden schon sehen!
— Es muß etwas geschehen!
— Versuchen wir es einmal anders.
— Es ist wirklich interessant.
— Wir müssen Zeit sparen.
— Ich habe nichts getan.
— Wie schaut es denn aus ?

5.2.6. Definition: funktionale Interventionstechniken

Funktionale Interventionstechniken sind grundsätzlich offene Interventionstechniken. Sie beziehen sich auf eine abgesprochene, vereinbarte oder verliehene Funktionsverteilung, wo den Beteiligten bekannt ist, wer

— Leiter
— Berater
— Verhandler
— Mitglied

ist. Die Interventionstechniken leiten sich dann aus den Funktionen der Personen ab. Die Funktion verleiht den eingesetzten Interventionstechniken eine zusätzliche Gewichtigkeit. Ein Leiter kann Anweisungen geben, und sie werden befolgt werden. Ein Mitarbeiter kann seinem Kollegen auch eine Anweisung geben, aber es wird fraglich sein, ob dieser sie befolgt. Die Interventionstechnik der Anweisung entspricht nicht der Funktion des Mitarbeiters (Mitglieds). Einem Berater wird zugestanden, auf Abweichungen hinzuweisen, während unter Mitgliedern solche Interventionen häufig in ein affektives Erklärungs- und Rechtfertigungsgespräch münden.

5.2.7. Definition: dysfunktionale Interventionstechniken

Personen, die ihre Funktion als Leiter, Berater, Verhandler oder Mitglied mißbrauchen, bewirken eine Konfusion. Ein Berater beispielsweise, der scheinbar als Helfer interveniert und sich gleichzeitig wie ein Leiter verhält, verliert die Glaubwürdigkeit des Klienten. Ein Verhandler, der entgegen seiner Funktion seinen Verhandlungspartner wie seinen Untergebenen oder Vorgesetzten behandelt, wird Störungen auslösen und wahrscheinlich nicht zu einem befriedigenden Verhandlungsresultat kommen. Dysfunktionale Interventionstechniken richten sich gegen die konstruktive Struktur der Funktionsverteilung, führen zu einer Konfusion bei den betroffenen Personen und lassen daher keine echte Kommunikation aufkommen.

Vor kurzem habe ich ein Beispiel für destruktive Interventionen dieser Art geschildert bekommen: Eine Mutter sagte zu ihrer verheirateten Tochter:
"Ich bin deine Mutter. Aber wenn du jetzt mit deiner Familie in den Urlaub fährst und dich nicht um mich kümmerst, dann ist mein Leben nichts mehr wert, und ich werde mich umbringen."
Aus dieser Aussage ist zu erkennen, daß sowohl eine Mißachtung der mütterlichen Funktion zum Ausdruck kommt

— ich bin Mutter
— du hast dich um deine Mutter wie eine Mutter zu kümmern
— deine Funktion als Ehefrau und Mutter ist unwichtig

als auch die Interventionstechniken

— Situationsbeschreibung
— Ziele, Forderungen aussprechen

erpresserisch und bedrohlich eingesetzt werden.

5.2.8. Definition: entwertende Interventionstechniken

Aus Überlebens-, Schutz- und Abwehrhaltungen heraus neigen wir leicht dazu, Entwertungen in unser Kommunikationssystem einfließen zu lassen. Wir entwerten

— uns selbst
— andere Personen, Gruppen, soziale Gebilde
— Objekte und Gegenstände
— Themen und Zielsetzungen
— Gefühle
— Abläufe, Vorgangsweisen und Prozesse

und bestätigen und wiederholen dadurch die nicht bewältigten und verdrängten Grundkonflikte unseres Lebens. Personen, die entwertend intervenieren, verzerren bewußt oder unbewußt soziale Wirklichkeiten, um ihr eigenes Welt- und Menschenbild illusionär aufrecht erhalten zu können. Das entwertende Intervenieren beinhaltet durchwegs eine Leugnung der Wirklichkeit — man will nicht sehen, wie etwas ist (Personen, Situationen, Objekte). Aus einer konfliktträchtigen Grundhaltung werden Probleme vermehrt. Leider ist das entwertende Intervenieren so gesellschaftsfähig, daß die meisten Menschen nur noch mit einem flauen Körpergefühl die Auswirkung registrieren oder psychosomatische Beschwerden die Folge sind. Das quälerische Beschuldigen, Schuldsuchen und Schuldgefühle haben führen konsequent in die Sackgasse der Entwertungen. Wir nehmen eine Haltung ein, um unlustvollen Systemen Einhalt zu gebieten und halten sie dadurch aufrecht. Die Aufrichtigkeit ist mit so vielen Gefahren verbunden, daß Personen lieber bodenlos mit einer doppelten Moral leben. Beispiele dafür sind:

— wieso hast du heute nicht besser Tennis gespielt?
— das war schon ganz gut, aber...
— Sie als Psychologe müssen ja wissen...
— haben Sie schon überlegt...
— seien Sie vernünftig
— machen Sie sich nichts daraus
— ich bin selbst schuld...
— da kann man nichts machen
— bemühen Sie sich

Bestimmte Rollen werden im Alltag besonders gerne genützt, um entwertende Interventionen zu setzen und eine sich wiederholende Dramatik in Gang zu halten: Die Rolle des Opfers, des Verfolgers und des Retters. In der Transaktionsanalyse spricht man in diesem Zusammenhang vom "Drama-Dreieck", wo sich die Interventionen zwischen Verfolger, Opfer und Retter nur so jagen und die Rollen in atemberaubendem Tempo vertauscht werden. Diesem entwerteten Karussell der Interventions-"spiele" kann man nur durch Akzeptanz und der Deklarierung offener Zielsetzungen entkommen.

5.2.9. Definition: wertschätzende Interventionstechniken

Personen, die zu einer wertschätzenden, akzeptierenden Haltung gefunden haben, werden offen, konstruktiv und ihrer Funktion entsprechend intervenieren. Wertschätzende Interventionen beachten die Situation, die Ziele, die Gesprächspartner, die eigene Person, die Zeitstruktur, die Themen und die Ebenen. Sie sind darauf ausgerichtet, gemeinsam zu konstruktiven Ergebnissen zu gelangen.

Schlüsselbund oder eine Grammatik.

5.3. Die offenen Interventionstechniken

Für die Anwendung der offenen Interventionstechniken empfehle ich, von einer wertschätzende Akzeptanz auszugehen und sich auf die Interventionen vorzubereiten. Offene Interventionstechniken werden dann angewendet, wenn wir uns

a) der Zielsetzung der Intervention bewußt sind,
b) die konkrete Interventionstechnik bewußt ausgewählt haben,
c) diese offen deklarieren,
d) Personen, Rahmenbedingungen, Funktionen, Ebenen und Zeitstrukturen mit berücksichtigen und
e) einem überprüfbaren Ergebnis zusteuern.

Die offenen Interventionstechniken sind keine grundsätzlich unbekannten Fertigkeiten, sondern viele von diesen praktizieren wir im Alltagsleben. Durch die bewußte Anwendung gelingt es, Gespräche, Arbeitssequenzen und Kommunikation effizient zu gestalten.

Das bewußt methodische — nicht technische — Praktizieren der offenen Interventionstechniken ist von einer Reihe von Einflußfaktoren, bezüglich ihres Wirkungsgrades, abhängig:

a) Bewußtheit
   — zielorientiert
   — ergebnisorientiert
   — Benennung der Technik

b) Einstellung, Haltung
   — wertschätzend, entwertend
   — konstruktiv, destruktiv

c) Verhaltensweisen
   — verbal + nonverbal + körperlich
   — beobachtbar, beschreibbar
   — trainierbar

d) Situation
   — Funktionsverteilung
   — Ebenen
   — Rollen
   — Status

e) Wissen von verdeckten Interventionstechniken

1. Situationsbeschreibung

Situationsbeschreibungen enthalten Aussagen, Informationen, Stellungnahmen und Standpunkte darüber, wie eine Situation beobachtet und erlebt wird. In der Situationsbeschreibung werden Informationen mitgeteilt, die

— sofort überprüfbar sind (Fakten)
— oder einer Überprüfung standhalten (Fakten)
— subjektive Wahrnehmungen ausdrücken
— oder subjektives Wissen preisgeben
— Assoziationen liefern.

Als komprimierte Zusammenfassung von Fakten und ohne zusätzliche Deutungen und Interpretationen sind Situationsbeschreibungen für Leiter, Verhandler, Berater und Mitglieder ein wirkungsvolles Instrument zur Herstellung einer gemeinsamen Verständnisbasis. Je mehr die Situationsbeschreibung aufgrund von exakten Beobachtungen erfolgt, umso leichter können diese Informationen aufgenommen und angenommen werden. Personen, die saubere Informationen liefern, fördern dadurch auch das Klima des Austauschens und des Vertrauens. Die Situationsbeschreibung ist vor allen anderen Interventionstechniken besonders

— am Beginn von Gesprächen, Arbeitssitzungen, Konferenzen, Verhandlungen und Beratungen
— bei Krisensituationen (Konfusionen)
— als Vorbereitung eines Auftrages
— bei der Situationsanalyse im zielorientierten Vorgehen

angebracht. Ich empfehle für das Trainieren dieser Technik, eine Zeitlang keine emotionalen Deutungen und moralischen Bewertungen in die Beschreibung aufzunehmen und rein auf der sachbezogenen Ebene zu bleiben.

In der Therapie benützen wir diese Technik, um gemeinsam mit dem Klienten Realitätsbezüge zu verstärken, die durch Konfliktreaktionen oder neurotisches Verhalten gefährdet waren.

2. Funktionsverteilungen klären

In der sozialen Gemeinschaft werden Funktionen geteilt, damit leichter Entscheidungen getroffen werden können und die Handlungsfähigkeit gewahrt wird. Die Funktionsverteilung erfolgt durch Vereinbarung, Verhandlung, Festlegung, Verleihung oder Erwerbung. Sie schafft einen Rahmen für alle Beteiligten. Im

Zusammensein und bei der Arbeit beschränken wir uns im allgemeinen auf vier Funktionsbereiche, die mit bestimmten Tätigkeiten verbunden sind: Die Funktion des Leiters, Beraters, Verhandlers und des Mitglieds.

Bei der Klärung der Funktionsverteilung genügt es nicht, Bezeichnungen zu vergeben, sondern es ist notwendig, daß alle Beteiligten zur Einsicht kommen, daß die Funktionsverteilung für alle von Nutzen ist.

3. Funktionsbeschreibung

In der Funktionsbeschreibung werden die Tätigkeiten aufgelistet, die jedem Funktionsbereich zugeordnet werden. In der Regel sind folgende Tätigkeiten den einzelnen Funktionsbereichen zugeordnet:

Funktionsbereich	Tätigkeit
Leiter	beurteilen entscheiden leiten (an) kontrollieren
Berater	beraten (Zeitstruktur!)
Verhandler	fordern verhandeln klären Standpunkte stellen Übereinstimmungen fest
Mitglieder	überprüfen die Bereitschaft zur Arbeit beschreiben die Situation planen (verhandeln) führen durch geben Information weiter

Dies ist eine grobe Übersicht. Im Einzelfall kann die Funktionsbeschreibung noch viel detaillierter erfolgen und in Richtung einer fein abgestimmten Job-Description gehen. Dadurch wird auch eine Kompetenzverteilung vorgenommen. Als Beispiel möchte ich die Funktionsbeschreibung nennen, die ich für meine Tätigkeit als Berater bei einem Interventionstechnikseminar vornehme:

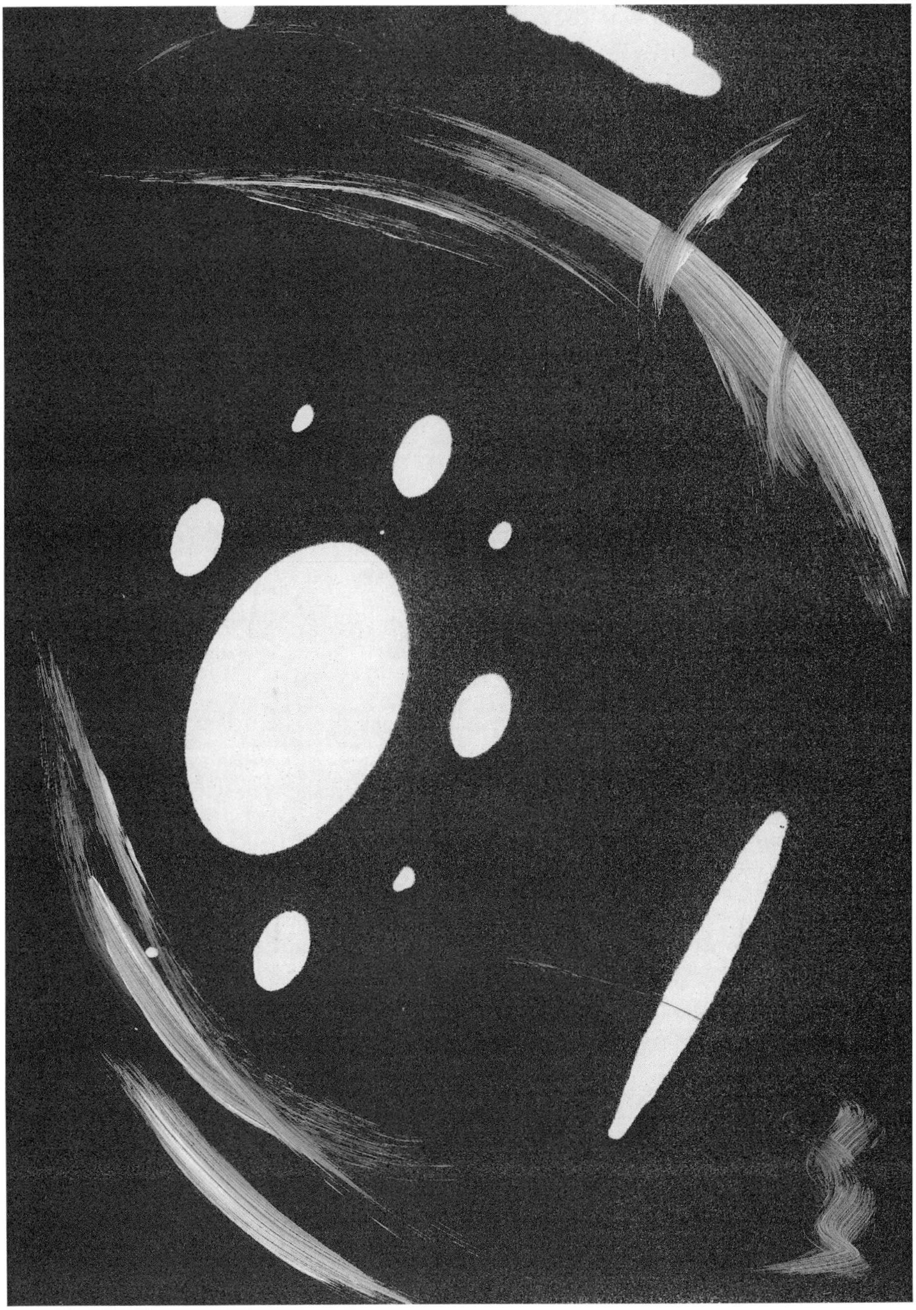

Der Weg ist das Ziel.

a) Selbsterfahrungslernen ermöglichen
b) Beobachtungen mitteilen (bezogen auf den einzelnen Teilnehmner und die Gruppe)
c) Strukturhilfen anbieten
   — Themen
   — Aufgaben, Übungen, Hilfsmittel
   — Diskussion, Analysen
   — Theorie
d) Durchschaubarkeit anstreben
e) Umsetzungs/Übersetzungshilfen anbieten

Die Funktionsbeschreibungen können auch als grobe Zielsetzungen für die Tätigkeiten verstanden werden.

4. Aussprechen von persönlichen Zielen
Forderungen, Bitten
Wünschen
Bedürfnissen
Interessen
Gruppenzielen
Organisationszielen

Dieses Aussprechen von persönlichen Zielen ist die Grundlage jeder Kommunikation und Zusammenarbeit. Es ermöglicht der Person selbst und auch anderen, ein Vorgehen auf sein Ergebnis hin zu überprüfen.

Werden persönliche Ziele klar deklariert, entsteht eine Basis für eine konstruktive Auseinandersetzung und Verhandlung. Das Aussprechen von Zielen ist zu trennen von der Festlegung auf ein Ziel hin. Wie ich beim Kapitel über das zielorientierte Vorgehen ausgeführt habe, ist die strenge Einengung auf ein Ziel erst ein weiterer Schritt.

Bei Aussprache von Forderungen als Interventionstechnik ist es empfehlenswert, auch eine Bitte, eine persönliche Bitte bis hin zum Betteln in Erwägung zu ziehen, da wirkliches Bitten oft mehr Erfolg hat als die ausgeklügeltste Forderung.

5. Aussprechen lassen von persönlichen Zielen
Forderungen, Bitten
Wünschen
Bedürfnissen
Interessen
Gruppenzielen
Organisationszielen

Dieses Aussprechen-Lassen von Zielen, Forderungen, Bitten, Wünschen und Bedürfnissen ist selbst eine Forderung. Sie kann in einer konstruktiven Weise nur dann gestellt werden, wenn man selbst bereit ist, seine eigenen Ziele auszusprechen. Ist man selber nicht bereit, sich offen zu deklarieren, wird es zu einem Abwehren, Blockieren und Verweigern von Informationen durch den Partner kommen.

Für Auseinandersetzungen und Verhandlungen ist diese Interventionstechnik von großer Wichtigkeit. Manche Personen neigen dazu, Gedanken zu lesen oder haben die Einstellung "Ich weiß das sowieso.". Diese Haltung erhält Scheinwirklichkeiten aufrecht und ist der Hintergrund mancher Kommunikationsstörung. Das klare Deklarieren der eigenen Ziele und das Bemühen, die Ziele des anderen kennenzulernen, sind eine Basis für konstruktives Vorgehen.

Die Forderung oder Bitte nach Information ist als Interventionstechnik zugleich auch eine Art Seismograph, wie es um die Bereitschaft zur Zusammenarbeit steht und wie gut der Verhandlungspartner vorbereitet ist.

6. Informationsfragen

Jedes Fragestellen kann man als Anwenden einer Interventionstechnik bezeichnen. Sehr häufig ist aus der Fragestellung heraus nicht ersichtlich, welche Zielsetzung damit verbunden ist. Wir stellen Fragen, um

— Informationen zu erhalten
— Informationen geben zu können
— Kenntnisse und Wissen zu überprüfen
— Kontrolle auszuüben
— jemanden zu lenken, zu beeinflussen
— abzulenken, auszuweichen,

und abhängig von der Einstellung des Fragestellers erleben wir Fragen als kommunikationsfördernd oder als verwirrend. Viele Fragen sind keine Fragen, sondern ein Instrument, um jemanden zu beeinflussen, zu steuern oder in die Enge zu treiben. Es wird solange gefragt, bis der andere das sagt, was man gerne hören will, ohne selbst Stellung bezogen zu haben. Das Zurückhalten von Informationen durch Fragen ist eine weitverbreitete Technik, um "Material" zu sammeln, das man gegen jemand anderen verwenden kann. Manche Menschen kommen sich durch den Besitz vieler Informationen mächtig vor, was dazu führt, daß sie durch Fragen Informationen horten und nicht bereit sind, etwas von sich preiszugeben.

Die Informationsfrage als offene und konstruktive Interventionstechnik hat eine ersichtliche Zielsetzung, nämlich, bestimmte Informationen zu erhalten, die für das weitere gemeinsame Vorgehen wichtig sind.

Das Stellen einer konstruktiven Informationsfrage setzt voraus, daß man aktiv zuhören kann. Oft wird nur gehört, was man hören will, und was unangenehm ist, wird überhört. Aktives Zuhören ist vorurteilsfrei und um Verständnis der anderen Person und deren persönlichen Zielen bemüht. Aktives Zuhören ist nur von einer Haltung der wertschätzenden Akzeptanz heraus möglich.

Es ist empfehlenswert, Fragen mit eigenen klaren Stellungnahmen zu verbinden, die es erleichtern, Informationen gebündelt zu liefern. In dieser Verbindung sind Fragen dann kein Machtinstrument, sondern eine Technik der konstruktiven Kommunikation. Der Befragte weiß, warum er eine Antwort geben soll und kann die Antwort in der Regel auch präziser und den Kern der Frage treffender geben. Ein Beispiel: Der Vorgesetzte fragt seinen Mitarbeiter, den er für eine Arbeit braucht: "Was haben Sie heute nachmittag noch vor?" Als Antwort wird er günstigstenfalls eine Aufzählung von geplanten Tätigkeiten (Alibis?) und Vorhaben erhalten. Nützlichere Informationen wird er bekommen, wenn er dem anderen erklärt, warum er diese Frage stellt. Das klingt dann etwa so: "Ich brauche Sie heute nachmittag für ein Verkaufsgespräch. Es wird eine halbe Stunde dauern. Was hatten Sie für heute nachmittag vor?"

7. Konkretisieren

Das Konkretisieren als Interventionstechnik kann auf zwei Arten erfolgen:

a) das Konkretisieren der eigenen Aussage
b) das Konkretisieren einer fremden Aussage.

In Gesprächen, bei Sitzungen oder Diskussionen wollen wir häufig einfach reden und unsere Gedanken ausspinnen. Für das Verständnis und für den gezielten Austausch von Informationen ist es zwischendurch angebracht, Aussagen zu konkretisieren im Sinne von

— zusammenfassen
— Beispiele machen
— definieren
— verdichten
— vereinfachen
— einen Zusammenhang herstellen.

Oft wird die eigenen Meinung in einer allgemeinen Ausdrucksform mit "wir", "man" und "es" verkleidet. Die Technik des Konkretisierens hilft, einen direkten Zusammenhang zur Person, zur Sache oder zur Situation herzustellen.

Beispiele:

allgemeine Aussage	Konkretisieren
Man könnte einige Beispiele anführen.	Sie können Beispiele dafür aufzählen.
Die Wissenschaft vertritt die Ansicht...	Ich vertrete aufgrund meiner wissenschaftlichen Erkenntnisse die Ansicht...
Mit Beamten kann man einfach nicht zusammenarbeiten.	Ich habe in letzter Zeit zweimal ein Erlebnis mit einem Beamten gehabt, die mich an einer Zusammenarbeit mit diesem Beamten zweifeln ließen. Ich habe folgendes erlebt...

Das Konkretisieren ist als Interventionstechnik wohlbekannt, wird allerdings oft zu wenig konsequent genutzt. Es mögen die eigenen Ängste, sich genauer auszudrücken, eine Rolle dabei spielen, Tatsache ist jedoch, daß lieber verständnisvoll Informationen mißverstanden, falsch ausgelegt oder überhört werden, als daß sich die Mühe gemacht wird, Ausagen genauer zu erforschen. Wir sind verständnisvoll unverständlich und fühlen uns dann wechselweise unverstanden, statt verständnislos gegenüber Unverstandenem zu sein. Verwegen ein Verständnis bewirken, ist der Technik des Konkretisierens eigen.

8. Konkretisieren lassen (= Forderung)

Die Aufforderung an den Gesprächspartner, seine Aussage zu konkretisieren, gibt ihm die Chance, wirklich auf "Sendung und Empfang" zu schalten. Diese Interventionstechnik nützt dem Empfänger und dem Sender; der zur Konkretisierung Aufgeforderte kann in der Wiederholung das ihm Wichtige selbst besser begreifen und vermitteln, und der zur Konkretisierung Auffordernde bekommt die wirklich wichtigen Inhalte seines Gesprächspartners nocheinmal zusammengefaßt.

9. Reformulieren

Das Reformulieren als offene Interventionstechnik ist das sinngemäße Wiedergeben und Wiederholen des Gesagten.

Diese Technik ist die am meisten wissenschaftlich erforschte Fertigkeit in der Kommunikation, die dazu dient, Verzerrungen und Mißverständnisse zu vermeiden. Als Nebeneffekt bewirkt das Reformulieren ein Klima der Akzeptanz, der Empathie und des Angenommenseins. Durch die Wiedergabe der erhaltenen Informationen erfolgt ein aktives Aufnehmen und Annehmen. Diese Interventionstechnik basiert auf der Fähigkeit, aktiv zuzuhören. Damit ist gemeint, daß aufgenommen wird, was gesagt wurde, nicht was gemeint war. Aktives Zuhören unterläßt das Verfilzen des Gesagten mit Interpretationen, Deutungen, moralischen Bewertungen und stereotypen Vorurteilen. Aktives Zuhören bezieht sich rein auf beobachtbare Fakten.

Eine Erweiterung des aktiven Zuhörens ist es, wenn das Reformulieren des Gesagten mit einer Beschreibung der Situation verknüpft wird.

Beispiel: "Sie haben gesagt, daß unsere Terminvereinbarung für morgen 10 Uhr in Ordnung geht. Bei der Eintragung des Termins haben Sie seufzend den Kopf geschüttelt."

Ein Reformulieren mit einer gleichzeitigen Beschreibung der Situation gibt dem Sender die Möglichkeit, seine eigene Aussage nochmals zu hören, zu überprüfen und gleichzeitig einen zusätzlichen Bezug zur Situation zu gewinnen. Diese Technik kann helfen, übergangene und nicht bewußte Ebenen mitanzusprechen, um aus der Vielschichtigkeit der komplexen Wirklichkeit ohne verzerrende Zutaten oder Weglassungen eine andere Sichtweise anzubieten.

Beispiel:

A: Ich habe derzeit eine gute Stellung im Betrieb, und an sich müßte ich zufrieden sein.

B: Was ich von Ihnen höre, ist, daß Sie eine gute Stellung im Betrieb haben, aber im Gefühlsbereich scheint etwas zu sein, das sie beschäftigt.

A: Ja. Irgendwie habe ich Angst, nicht mehr weiterzukommen.

Beim Reformulieren steht der andere mit seiner Aussage und seiner Situation im Mittelpunkt. Im Reformulieren kommt nichts von meinen Ansichten, Meinungen und Zielen durch, es ist weder tröstend noch suggestiv oder belehrend. Meist ist der erste Eindruck von dieser Art des Intervenierens überraschend und mit einem Gefühl der Erleichterung verbunden. Dies hat eine stimulierende Wirkung auf den Gesprächspartner und steigert seine Bereitschaft, weitere Informationen zu geben.

10. Rahmenbedingungen, Regeln und Strukturen festlegen oder vereinbaren.

Individuen, Gruppen und Organisationen brauchen für das soziale Zusammensein minimale abgesprochene Strukturen. Dies können die bekannten Ordnungsprinzipien sein wie das Festlegen oder Vereinbaren von

— Zeitstrukturen
— Themen
— Aufgaben
— Aufträgen
— Anweisungen
— Zielsetzungen
— Problemstellungen

oder auch Ordnungsprinzipien, die man gewöhnlicherweise als unordentlich, anarchistisch und chaotisch bezeichnen würde. Aber auch das Festlegen von Anarchie als Ordnungsprinzip ist eine Struktur.

Es gibt keine Strukturlosigkeit.

Die Interventionstechnik "Strukturen vereinbaren" stellt daher nicht Strukturen in einen strukturlosen Raum, sondern wählt aus möglichen Strukturen solche aus, die für ein konstruktives Beisammensein zweckmäßig sind. Diese Vereinbarung ist eine methodische Hilfe, um innerhalb von klaren Rahmenbedingungen alle Möglichkeiten zu nützen, um mit dem Fähigkeitspotential der Beteiligten etwas zu erreichen oder auszuführen. Eine Aufhebung und Neuverhandlung von abgesprochenen Strukturen und Rahmenbedingungen können nur alle beteiligten Personen vornehmen, die der ursprünglichen Entscheidung zugestimmt haben.

11. Anweisungen erteilen
Aufgaben stellen
Aufträge erteilen
Instruktionen geben
Befehle erteilen

Diese Tätigkeiten sind dem Funktionsbereich des Leiters zugeordnet. Die Funktion des Leiters wird durch Vereinbarung, Festlegung oder ein traditionelles Recht einer Person zugeordnet. Oft sind Kompetenzverteilungen schriftlich festgelegt, zum Beispiel in Satzungen, Statuten oder Stellenbeschreibungen. Auch eine mündliche Vereinbarung zwischen den Beteiligten ist möglich.

Es scheint einfach, einen Auftrag zu erteilen oder eine Aufgabe aufzugeben, und doch sollte gerade diese Interventionstechnik sehr sauber geübt werden. Folgende Punkte sollten bei der Erteilung eines Auftrages besonders beachtet werden:

a) die präzise Vorbereitung (Ist-Zustandserhebung = Situationsanalyse)
b) die prägnante Formulierung des Auftrages (kurz, verständlich, überprüfbar)
c) ein eindeutig aktiver Impuls für den Empfänger
d) Klarheit bei den Ebenen (Sach-, Ziel-, Leistungsebene)
e) Wissen um die eigene Einstellung und Haltung
f) Bereitschaft zur Kontrolle

In der Folge einige Beispiele für unproduktive Aufträge:

Der Vorgesetzte gibt unerfüllbare Aufträge, um dem Mitarbeiter Unfähigkeit vorwerfen zu können.

Anweisungen werden in Überfülle gegeben, um Macht-Bedürfnisse auszuleben.

Der Leiter will nicht nur die Ausführung seines Auftrages, sondern er will gleichzeitig noch Verständnis für seine Art der Auftragserteilung.

Der Vorgesetzte gibt Aufträge, aber legt zugleich noch größeren Wert darauf, daß er beliebt/geliebt wird.

Der Vorgesetzte gibt nur total abgesicherte Anweisungen ohne Spielraum für den Mitarbeiter, um als fehlerlos zu erscheinen oder als ein Über-Arbeiter zu gelten.

Aufträge werden eher alibimäßig erteilt, um eine Beschäftigungslage vorzugaukeln.

Anweisungen werden mit einem Unterton gegeben, der permanent

- aggressiv
- traurig, resignierend
- anklagend
- depressiv etc.

ist, um dadurch den Mitarbeiter zusätzlich emotional beschäftigt zu halten.

Beim Erteilen von Aufträgen ist die innere Einstellung des Leiters dafür entscheidend, ob dieser konstruktiv oder destruktiv ist. Gefährlich wird es, wenn der Leiter

a) sich zusammennimmt oder verlangt, daß der Mitarbeiter sich zusammenreißt
b) sich anhalten oder anklammern will
c) mit doppeltem Boden operiert
d) sich über den anderen aufregt und meint, immer recht zu haben
e) sich absichernd zurückhält und perfektionistisch und zwanghaft den Leistungsaspekt überbewertet.

12. Direktes persönliches Ansprechen, Anreden einer Person

Können Sie sich bei dieser Interventionstechnik vorstellen, was ich damit meine?

Ich habe Sie gerade mit einer Informationsfrage direkt angesprochen. Es war natürlich eine rhetorische Frage, und mir fehlt jetzt Ihre Antwort und noch mehr, wie Sie auf eine direkte Anrede reagieren.

Diese Technik ist ''ausgesprochen'' wichtig und wirkungsvoll für den unmittelbaren persönlichen Kontakt. Wir neigen dazu, privat und beruflich Menschen allgemein und unverbindlich anzusprechen. Häufig wird die betreffende Person in ihrer Anwesenheit nicht beachtet. Das indirekte Ansprechen ist beispielsweise gekennzeichnet durch

— die Wörter''man'' und ''wir'', ''irgend...''
— absolute Feststellungen wie: nie, niemals, keiner, alle, jeder, nichts, viele...
— das Verwenden der 3. Person: er, sie
— der Konjunktiv: hätte, könnte, wäre, würde
— das Nicht-Hinsehen, mit wem gesprochen wird (= Augenkontakt)

Wenn wir unsere Sinne und unsere Aufmerksamkeit nicht auf die Person fokussieren, mit der wir sprechen, gleiten wir leicht in eigene Phantasien ab und nehmen Signale auf der nonverbalen und körperlichen Ebene nur noch schlecht wahr.

Ein Beispiel: V und K sitzen gegenüber und führen ein Verkaufsgespräch:
(V schaut dem Rauch seiner Zigarette nach)

V: Man könnte doch bei der jetzigen Wirtschaftslage davon ausgehen, daß jeder vernünftige Mensch einen Personalcomputer braucht, da man ja in einigen Jahren sogar direkt bei der Bank seinen Kontostand abrufen kann.

(K verdreht die Augen und schüttelt den Kopf)

K: Ich will mich nur informieren...

V: Genau um die Information geht es. Keiner kann heute behaupten, daß wir nicht schon alles bedacht hätten, was Kundenwünsche betrifft. Die Konkurrenz mag zwar...

(K schaut V direkt an)

K: Sie haben mich soeben mitten im Satz unterbrochen. Mein Wunsch an Sie ist, daß sie mich über die verschiedenen Computersysteme, die Sie führen, informieren.

Je mehr beim direkten Ansprechen des Gesprächspartners die sinnliche Wahrnehmung bewußt eingesetzt wird, umso leichter gelingt es, einen echten kommunikativen Kontakt herzustellen. Augenkontakt und Augenbewegungen geben rasche und genaue Hinweise, wo die Hauptakzente beim Sprecher und beim Zuhörer liegen. Wird immer wieder ein Augenkontakt hergestellt, so kann man davon ausgehen, daß eine persönliche beachtende Zuwendung vorliegt. Ein Blick nach oben bedeutet meist ein Abrücken in die Phantasie und eigene Ideenwelt. Ein Blick nach unten ist meist ein Zeichen einer emotionalen Suche. Wenn wir die hilfreichen, begleitenden nonverbalen Verhaltensweisen nutzen und zugleich die Anrede so direkt, aktiv und konkret wie möglich zum Gesprächspartner hinrichten, dann wird der Einsatz dieser Interventionstechnik stark zu einer konstruktiven, wertschätzenden Kommunikation beitragen.

13. Feedback

Bevor ich auf das Feedback als Interventionstechnik näher eingehe, will ich ein viel beachtetes Schema aus der Gruppendynamik erläutern. Dieses Schema zeigt übersichtlich, welchen Stellenwert offene Gesprächstechniken im Alltag haben.

Josef Luft und Harry Ingham entwickelten ein einfaches graphisches Modell, das die Veränderungen der Fremd- und Selbstwahrnehmung im Laufe eines Kommunikationsprozesses darstellt. Die vier Quadrate dieses sogenannten Johari-Fensters sind:

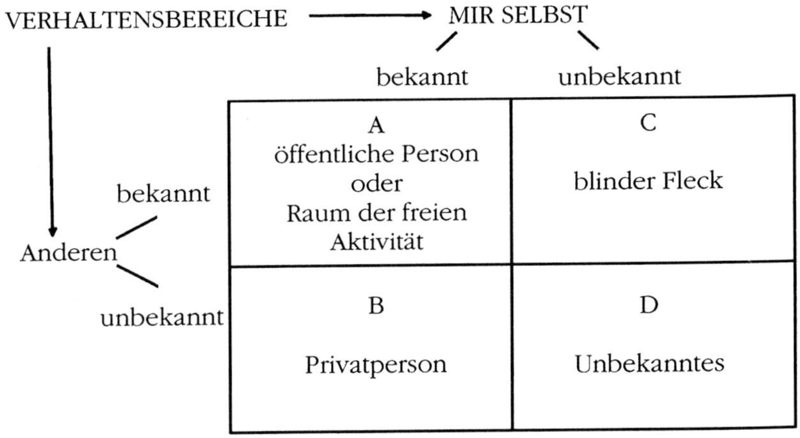

Quadrat A ist der Bereich der öffentlich bekannten Sachverhalte und Tatsachen. Verhalten, Informationen, Entscheidungen und Handlungen sind sowohl mir selbst bekannt als auch für andere wahrnehmbar. Es ist der Bereich der freien Aktivität.

Quadrat B ist der Bereich des Verhaltens, der mir bekannt ist, den anderen aber nicht. Als Privatperson besitze ich Informationen und Verhaltensmuster, Vorstellungen und Einstellungen, die für andere unbekannt und versteckt sind.

Quadrat C ist der blinde Fleck der Selbstwahrnehmung. Es sind Verhaltensweisen und Tatsachen, die für andere sichtbar und erkennbar, mir selbst hingegen nicht bewußt sind. Durch die Konfrontation mit dem Bild, das andere von mir haben, kann dieser blinde Fleck verkleinert werden.

Quadrat D bezieht sich auf Vorgänge, Informationen, Verhaltensweisen und Einstellungen, die weder mir noch anderen bekannt sind und sich im Bereich bewegen, der in der Tiefenpsychologie als unbewußt bezeichnet wird.

Quadrat E: Dieser Bereich wird im JOHARI-Fenster verschwiegen. Es ist das Unerkennbare, die unerschöpfliche Quelle der Geduld, Besinnung und der Demut.

Mit Hilfe

a) der Förderung einer Informationsbereitschaft
b) der ausdrücklichen Mitteilung
c) des aktiven Zuhörens
d) eines Feedback-Prozesses

können wir den Raum der freien Aktivität (Quadrat A) vergrößern und eine möglichst breite Plattform der abgesprochenen Wirklichkeit für ein gemeinsames Kommunizieren und Handeln aufbauen.

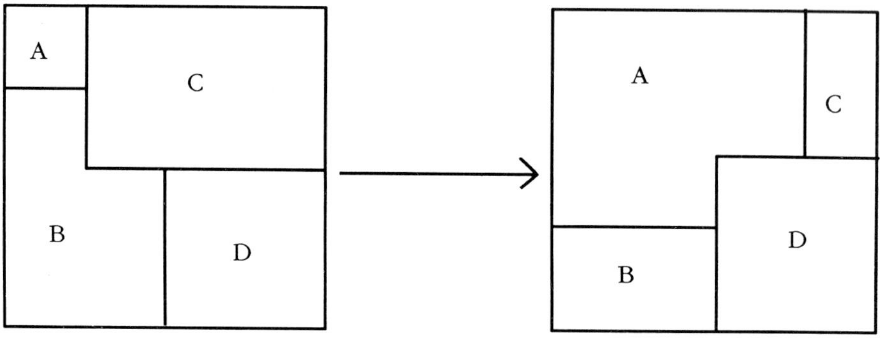

Mit Hilfe der Interventionstechniken und speziell dem Feedback kann in einem Rückmelde- und Rückkoppelungsverfahren unsere Kenntnis über das Eigen- und Fremdbild erweitert werden. Feedback ist als Mitteilung eine Rückmeldung an eine Person, wie Verhaltensweisen von anderen wahrgenommen, verstanden und erlebt werden. Feedback ist als offene Interventionstechnik eine konkrete Beschreibung einer Verhaltensweise eines anderen mit dem Zusatz einer persönlichen Stellungnahme. Dieses hilft, Verhaltensweisen des Partners

a) bewußt zu machen
b) diese erkennbar und mitteilbar zu beschreiben
c) sie für eine Beibehaltung verfügbar zu erhalten
d) mit der Erlaubnis und weiteren Handhabung der bisherigen auch eine Veränderung und Modifikation zu ermöglichen
e) den Raum der gemeinsamen freien Aktivität (Quadrat A) auszuweiten.

Feedback kann unaufgefordert gegeben oder auch erbeten werden. Es ist letztlich als eine Art des Schenkens zu verstehen, das keine Verpflichtungen zu Gegenleistungen (auch nicht zu Veränderungen des anderen) beansprucht. Für das Geben von Feedback hat sich folgende Vorgangsweise bewährt:

1. Beschreibung

Verhaltensweisen werden beobachtet, und diese Beobachtung wird mitgeteilt. Die Beschreibung enthält keine moralische Bewertung und keine Interpretation, sondern beschränkt sich auf die allen erkennbaren Fakten.

2. Verständlich

Das Feedback soll klar, verständlich und präzise sein und nicht zur Verwirrung beitragen. Zu wenige oder zu viele Informationen bezüglich der beschriebenen Verhaltensweise verwässern ein Feedback.

3. Zeitpunkt

Um das Feedback möglichst konkret zu halten, ist es günstig, den Zeitpunkt der Beobachtung mitzunennen.

4. Persönliche Stellungnahme

Zum Feedback gehört als wichtigstes Kriterium die persönliche Stellungnahme, bei der exakt, korrekt, angemessen, brauchbar und zur rechten Zeit dem Partner gesagt wird, ob die beschriebene Verhaltensweise mir gefällt oder mich stört.

Ohne die Haltung der wertschätzenden Akzeptanz ist das Feedback keine konstruktive Interventionstechnik. Die Haltung der wertschätzenden Akzeptanz äußert sich auch darin, die Beobachtungen in annehmbarer und angemessener Form und zum akzeptablen Zeitpunkt mitzuteilen.

Die Wirkung des Feedbacks für den Feedbackgeber ist, daß er seine Wahrnehmungsfähigkeit, Beobachtungsgabe und Ausdrucksfähigkeit übt. Er verstummt nicht zu einer inneren Betrachtung und bleibt nicht im inneren Dialog gefangen, sondern überspringt die Hürde persönlicher oder gesellschaftlicher Hemmungen und teilt seine Beobachtungen mit.

Wer nicht bereit ist, Feedback zu geben, verweigert seinen Mitmenschen gegenüber die Liebe und Wertschätzung.

Für den Feedbackempfänger ist das Feedback eine Möglichkeit, mit der Sichtweise, die andere von ihm haben, konfrontiert zu werden. Er kann gewisse Verhaltensweisen weiterhin zeigen und weiß, daß er dadurch entweder Anerkennung, Gefallen oder Bestätigung findet oder Störungen verursacht. Es liegt dadurch in seinem Entscheidungsbereich, bewußt Verhaltensweisen beizubehalten oder zu korrigieren. Das Feedback hilft dem Feedbackempfänger zu einem autonomen, selbstgesteuerten und verantworteten Verhalten.

Bei einem korrekten Feedback ist der Empfänger immer der Beschenkte und nicht der Verpflichtete.

Die Wirkungen des Feedbacks sind in der Regel eine Vertiefung der Beziehungsfähigkeit und eine Befriedigung sozialer Bedürfnisse. Wird das Feedback aus einer wertschätzenden Haltung heraus bewußt und korrekt als Interventionstechnik gegeben und entgegengenommen, so reduziert sich das Maß an Kränkungen, Verletzungen und Lähmungen im sozialen Kontakt auf eine realistische und lebendige Betroffenheit.

Der Informationswert dieser Aussagen beinhaltet keine destruktiven und feindseligen Akzente und führt dadurch nicht in kämpferische, flüchtige Überlebensmuster.

Beispiele für Feedback:

Es stört mich, daß Sie unsere Vereinbarung, um 10 Uhr mit der Sitzung zu beginnen, durch Ihre 15minütige Verspätung nicht eingehalten haben.

Es gefällt mir, daß Sie mich jetzt auf meine Abweichung vom Thema aufmerksam gemacht haben.

Es ist mir unangenehm, als Sie mir während des letzten Telefongesprächs mit Hr ... eine Frage stellten.

Es gefiel mir und tat mir ausgesprochen gut, daß du mir für dieses Wochenende mit meinem Freund A ein Tennismatch organisiert hast.

Es macht mich nervös und ärgerlich, wenn Sie während unseres Arbeitsgespräches in Ihrer Zeitung herumblättern.

Ich habe mich riesig über dein Geschenk zu meinem Geburtstag gefreut.

Ihre Aussage, daß meine Mitarbeiter alle arrogant sind, sagt mir nicht zu, da Sie nicht bereit sind, genauere Fakten zu den einzelnen Personen mitzuteilen.

14. Das Ansprechen von Abweichungen

Fast in jedem Seminar taucht die Frage auf, was man mit notorischen Zuspätkommern oder Personen, deren Lieblingsspiel es ist, andere warten zu lassen, machen kann. Die Teilnehmer schildern in den buntesten Farben, wie alle Versuche des Intervenierens fehlgeschlagen sind und wie unangenehm die damit verbundene Hilflosigkeit zu spüren ist. Meine Empfehlung ist, bei diesen Fragen Gespräche über

Gründe des Zuspätkommens, Entschuldigungen und Erklärungen zu vermeiden und stattdessen nur über die Verbindlichkeit von Vereinbarungen, Absprachen und Übereinkünften zu diskutieren.

Zuspätkommer haben immer Gründe, Entschuldigungen und Erklärungen, warum sie gerade diesen Termin nicht einhalten konnten, aber es gibt keine Gründe, abgesprochene Vereinbarungen platzen zu lassen. Die Interventionstechnik "Abweichungen ansprechen" setzt voraus, daß

a) vorher Rahmenbedingungen und Strukturen geschaffen wurden
b) alle beteiligten Personen Einsicht in die Verbindlichkeit einer Abmachung haben
c) mögliche Abweichungen nicht geplant werden.

Ohne offen abgesprochene Rahmenbedingungen, Regeln oder Strukturen gibt es keine Abweichung.

Übliche Rahmenbedingungen und Strukturen sind:

— Zeitstruktur
— Themenfestlegung (z.B. Tagesordnungspunkte)
— Zielsetzungen
— Mittel, Vorgangsweisen, Verfahren
— Aufträge, Anweisungen, Aufgaben, Instruktionen
— Personen (Anzahl, Benennung)
— Orte

Liegt eine Abweichung vor, so ist darauf zu achten, daß von seiten des Ansprechers keine moralische Verurteilung durch

— Anschuldigung, Anklage
— Interpretation
— Drohung oder
— Nicht-Beachtung, Ignoranz

erfolgt, sondern auf der sachlichen Ebene das Faktum der Abweichung aufgezeigt wird.

Beispiele:

a) Wir hatten gestern vereinbart, um 8 Uhr mit der Besprechung zu beginnen. Sie kamen um 8.15 Uhr.

b) Du hattest mir versprochen, mir das Buch innerhalb von einer Woche zurückzugeben. Es ist nun bereits ein halbes Jahr verstrichen.

c) Wir wollten heute vormittag die Zielsetzung für das Projekt "U" herausarbeiten. Bis jetzt haben wir andere Themen behandelt.

Gerade bei dieser Technik spielt die innere Einstellung eine entscheidende Rolle bezüglich der Annehmbarkeit dieser Interventionsform. Ohne wertschätzende Akzeptanz gegenüber dem Abweicher kann das Ansprechen von Abweichungen leicht zu einem Bestrafungsinstrument entarten.

Abweichungen sind einerseits ein offensichtliches Merkmal eines Widerstandes und können paradoxerweise andererseits auch Zeichen eines neuen Entwicklungsschrittes beim Abweicher sein. Für die Tätigkeit als Leiter, Verhandler und Berater ergibt sich durch den Einsatz dieser Interventionstechnik eine wirkungsvolle Möglichkeit, sowohl Widerstandsarbeit als auch Entwicklungsförderung konkret zu betreiben. Es bedarf dabei eines hohen Grades an faktenorientierter Aufmerksamkeit, eines Fingerspitzengefühls für die disziplinierte Vermittlung und einer hilfreichen Bereitschaft zur Konfrontation.

Vielen Menschen sind ihre eigenen Abweichungen gar nicht bewußt. Das Ansprechen von Abweichungen ist für diese Personen auch eine Hilfe, ein realistischeres Bild der eigenen Person zu gewinnen.

Ein Tauber kann applaudieren und hört den Applaus nicht, den er spendet. Eine Person kann abweichen und braucht den Widerhall eines Mitmenschen, um seine Abweichung zu merken.

15. Ansprechen und Aufzeigen von persönlichen Normen und Regeln, die für allgemein gültig erklärt werden.

Bescheiden verstecken wir unsere persönliche Meinung hinter Allgemeinplätzen — so wie ich es gerade tue. Um unsere bescheidenen Stellungnahmen gewichtiger und sicherer wirken zu lassen, formulieren wir sie als absolute Gültigkeit und genießen es, wenn andere sich in unserem selbstgebastelten Normen- und Wertsystem verstricken.
Es ist doch unnütz und übertrieben, jedesmal zu betonen, wenn eine persönliche Ansicht vertreten wird, und überaus lästig, die Zustimmung von Anwesenden zu erfragen. Man weiß einfach, was andere denken und fühlen, und es wäre eine Zeitverschwendung, hier mit einer falsch verstandenen Behutsamkeit vorzugehen. Ich gebe zu, daß mir diese kurze, normativ gehaltene Einführung Spaß macht beim Formulieren und ich Tendenzen verspüre, weiterzumachen.

Um persönliche Meinungen gewichtiger und sicherer wirken zu lassen, werden sie gerne als absolute Gültigkeit und allgemein verbindliche Regel formuliert. Verhängnisvoll sind diese allgemein gültig erklärten Aussagen und hinter Allgemeinplätzen versteckten persönlichen Stellungnahmen, wenn dadurch wichtige persönliche Informationen verlorengehen oder notwendige Auseinandersetzungen ausbleiben. Meist genügt es, den Gesprächspartner korrigierend darauf aufmerksam zu machen, daß dies wohl seine Meinung sei, man aber dieser Aussage nicht beipflichten will.

Beispiele:

X: Wir wissen doch alle, daß man ohne einen Gesprächsleiter nie vernünftig diskutieren kann.

IT 15: Sie formulieren Ihre Aussage allgemein und absolut, und ich wünsche mir, daß Sie es als Ihre Meinung sagen. Ich selbst finde unser Gespräch bisher sehr konstruktiv.

Y: Wir sitzen hier nur unnütz herum und verschwenden unsere Zeit.

IT 15: Dies ist Ihre Ansicht. Ich will...

Z: Diese Beispiele sind der reinste Quatsch, und die Praxis schaut einfach anders aus.

IT 15: Ihnen gefallen diese Beispiele nicht. Was, meinen Sie, schaut in der Praxis anders aus?

Diese Interventionstechnik hat Ähnlichkeiten mit der vorhin besprochenen Technik

— des Ansprechens von Abweichungen
— des Konkretisierens und
— des direkten Ansprechens.

16. Ansprechen von Exponentenäußerungen

Exponenten sind Personen, die sich trauen, risikohaft sich selbst oder ihre persönliche Umwelt in Frage zu stellen. Die Interventionstechnik "Ansprechen von Exponentenäußerungen" besteht darin, Aussagen dieser Personen zu lokalisieren und deren Dynamik aufrechtzuerhalten. Exponenten sind gleichzeitig Mitglieder und Gegner ihrer Gruppe, erzeugen Spannungen und ermöglichen einen situativen Wechsel der Rollenverteilung. Exponenten funktionieren durch ihre Nicht-

Funktion. Exponentenäußerungen sind für die Dynamik eines Gruppenprozesses sehr wichtig und sollten daher nie übergangen werden.

Oft ist es so, daß Exponenten etwas anderes wünschen, als sie letztlich bewirken. Beispielsweise fordert jemand Veränderungen und bewirkt Stabilität, Angepaßtheit oder Kohäsion in der Gruppe, die sich geschlossen gegen ihn stellt. Oder jemand will ein bestimmtes Ziel erreichen und wird dadurch selbst zum Thema in der Gruppe. Ein anderer will die Gruppe verlassen, und es gelingt ihm und der Gruppe, sich bezüglich ihres Zusammenseins neu zu organisieren.

Ein aufmerksamer Berater, Partner und Leiter hat ein offenes Ohr für Exponentenäußerungen und die Fähigkeit, diese Aussagen offiziell zu thematisieren. Ich erinnere mich gerne an eine Situation bei einem gruppendynamischen Seminar in der Schweiz, wo ich damals wegen der Sprache resignierte. Die Mitglieder waren nicht bereit, hochdeutsch zu sprechen, und ich meinte, daß ich somit meine Erfahrungen in diesem Seminar als Unverständiger machen werde. Ein älterer Kinderarzt griff meine Aussage (also die Exponentenäußerung) auf und erklärte, daß die Schweiz als Staat wahrscheinlich deswegen noch existiere, weil sie bisher in der Lage war, Minderheiten zu respektieren. Die Folge war ein beiderseitiges Entgegenkommen: Die Gruppe sprach hochdeutsch, und ich übte mich im Verständnis des Schweizerdeutsch.

Erkenntlich sind Exponentenäußerungen leicht durch

a) die Steigerung der Spannung (des Drucks) in diesen Situationen
b) ein Gefühl oder einen Hinweis: Diese Person hält sich für etwas ganz Besonderes!
c) Sinnfragen, die plötzlich auftauchen.

Es ist günstig, Exponentenäußerungen nicht als Störung anzusprechen, sondern als Ergänzung oder zusätzliche Ansicht. Durch die auftretenden Spannungen werden genügend Kräfte frei, die eine Neuordnung herbeiführen. In meinem Leben habe ich wegen meiner häufig exponierten Ansichten und durch die Berücksichtigung der abweichenden Äußerungen von anderen Personen am meisten profitiert und neue Impulse für meine Arbeit erhalten.

17. Umformulierung als Deutung

Deutungen zu geben oder Umdeutungen vorzunehmen, sind Techniken, die häufig für manipulative Beeinflussungen verwendet werden. Beim offenen und konstruktiven Einsatz dieser Interventionstechnik ist es daher erforderlich, daß beim Gesprächspartner nachgefragt wird

— ob seine ursprüngliche Aussage in der Umformulierung noch enthalten ist und
— ob die Umdeutung für ihn hilfreich ist.

Im therapeutischen Geschehen werden Umformulierungen gerne genützt, um verschiedene Facetten des Verhaltens, der Einstellungen, der Gefühle und Vorstellungen herauszuarbeiten. Man muß dabei allerdings immer darauf achten, dem Klienten nicht etwas ein- oder auszureden.

Diese Interventionstechnik bietet die Möglichkeit der Erweiterung der Wahrnehmung, des Ausdrucks und der Schaffung eines flexiblen Rollenverhaltens. Einige Beispiele sollen die Handhabung dieser Technik demonstrieren:

1. Beispiel:

Klientin: Ich möchte mich meinen Kolleginnen so gerne mehr zuwenden, aber jedesmal, wenn es soweit wäre, ist meine Kehle wie zugeschnürt.

Berater: Sie sprechen von Ihrem Wunsch, sich jemandem zuzuwenden. Es klingt aber danach, daß es auch um Ablehnung (Umdeutung) geht.

Klientin: Nein...ja, ja. Ich habe das Gefühl, daß ich von allen abgelehnt werde und habe dauernd Angst, etwas Falsches zu sagen.

2. Beispiel:

Teilnehmer: Ich habe wirklich das Probleim, "nein" zu sagen.

Berater: Damit ich mir ein Bild machen kann, bitte ich Sie, solch eine Szene zu schildern, in der Sie nicht "nein" sagen können. (konkretisieren lassen)

Teilnehmer: Wenn mich ein Freund fragt, ob ich ihm am Wochenende beim Umzug helfe, kann ich nicht "nein" sagen.

Berater: Wollten Sie "nein" sagen? (Informationsfrage)

Teilnehmer: Ich hatte meiner Frau und meinen beiden Kindern versprochen, mit ihnen segeln zu gehen. Aber weil ich nicht "nein" sagen kann, habe ich beim Umzug geholfen.

Berater: So wie Sie sich verhalten haben, konnten Sie sogar ein sehr hartes Nein gegenüber Ihrer Familie praktizieren (Umdeutung). Sie sagten Ja zum Freund, aber Nein zum Ausflug mit der Familie.

Teilnehmer: Nein, ich kann wirklich nicht "nein" sagen.

Berater: Nein?

3. Beispiel:

Klient: Ich muß immer und immer wieder kontrollieren, ob die Türen und Fenster verschlossen sind.

Berater: Kontrollieren Sie, ob die Türen verschlossen sind, oder kontrollieren Sie, ob Türen offen (Umdeutung) sind.

Umformulierungen oder Umdeutungen sind, wenn sie von einer Haltung der wertschätzenden Akzeptanz getragen sind, eine reizvolle Erweiterung im Wahrnehmungsbereich. Durch das Aufzeigen von zusätzlichen Perspektiven weichen festgefahrene Vorstellungsmuster auf, und häufig bieten sich neue Betrachtungsweisen für problemhafte Situationen an. Umformulierungen helfen, Überhörtes, Übersehenes oder Unbegreifliches zugänglich zu machen und neue Dimensionen des Erkennens, Denkens, Fühlens und Handelns zu erwerben.

18. Ansprechen und Aufzeigen der Ebenen (Ebenen deutlich machen, Ebenen wechseln)

Die Fähigkeit, Ebenen in der Kommunikation bewußt zu erkennen, einzuhalten oder zu wechseln, ist eine methodische Hilfe, um die Komplexität der Wirklichkeit zu strukturieren (siehe Kapitel 4.6.). Die Interventionstechnik des Ansprechens und Aufzeigens von Ebenen zielt auf die Bewußtmachung und Trennung von vermischt verwendeten Ebenen und dient damit der leichteren Verständigung zwischen den Gesprächsteilnehmern.

In Gesprächsverläufen wollen wir uns verständigen und bleiben nicht stehen. Wir sind bewegt und sehnen uns nach Ruhe. Wir wünschen uns Befriedigung unserer Bedürfnisse und ernten Enttäuschung und Unfrieden. Wir meinen es gut und fühlen uns gleichzeitig unwohl.

Das Kommunizieren auf mehreren Ebenen zugleich erschwert die Verständigung und das Zusammenleben. Ebenen zu entflechten und das Gespräch bewußt auf

Der Griff zum Öffnen.

beiderseitig abgestimmten Ebenen ablaufen zu lassen, ist eine Hilfe für konstruktive Kommunikation.

Ohne Ihre Erlaubnis spiele ich in den nächsten Zeilen das "Ebenen-Wechseln-Spiel", um zu demonstrieren, wie ausgeliefert wir dieser fast irrationalen Vielfalt von Ebenen gegenüberstehen:

"Es war einmal ein Narr, der träumte, er sei in Wirklichkeit ein eingebildeter Kranker. Als er erwachte, verwechselte er seine Wirklichkeit mit seiner Einbildung und beschloß, gesund zu werden, indem er seine Mitmenschen zu Narren erklärte. Gefühlsmäßig war ihm nicht klar verständlich, ob seine Entscheidung helfen könnte, die Bildung der Intelligenzbestien auf das durchschnittliche Maß der Unfähigkeit von Beamten zu senken. Er glaubte zu wissen, daß er lieber eine Liegestatt besaß als zu lügen, aber auch an der Wahrheit vorbeischlich. Morgen verstarb er, als er dies lesen mußte, weil er gestern die Gegenwart vergaß."

Im allgemeinen genügt es, für die Zusammenarbeit und das Zusammenleben folgende Ebenen zu beachten und zu nützen:

1. Leistungs-/Sach-/Ziel-/Auftragsebene
2. Bedürfnis-/Gefühls-/Beziehungsebene
3. Körperebene
4. Vergangenheits-/Gegenwarts-/Zukunftsebene

Bildhaft hieße das, daß in einem Hochhaus jede Etage bewohnt ist und eine Versammlung der Hausbewohner stattfinden soll. Sie rennen durch die Räume, verfahren sich mit dem Lift und hetzen über die Stiegen, doch keiner weiß, wo der Versammlungsort ist. Hilflos fragt jeder jeden, und jeder vermutet den Ort zu kennen, ohne dort jemanden zu treffen.

ach Stunden und Tagen des Umherirrens zieht sich jeder müde zurück und verschläft die Hausversammlung, die nicht stattfinden konnte. Sie träumen alle von einem Haus mit einem Stockwerk und nur einem Raum.

Wir brauchen, um bewußt intervenieren zu können, schematische Hilfen, die es uns erlauben, verzögert wahrzunehmen und umfassender zu begreifen. Das folgende Schema ist geeignet, sich beim Hören einer Aussage zu distanzieren und durch Zuordnung auf verschiedenen Ebenen eine vertiefte Reflexion einzuleiten.

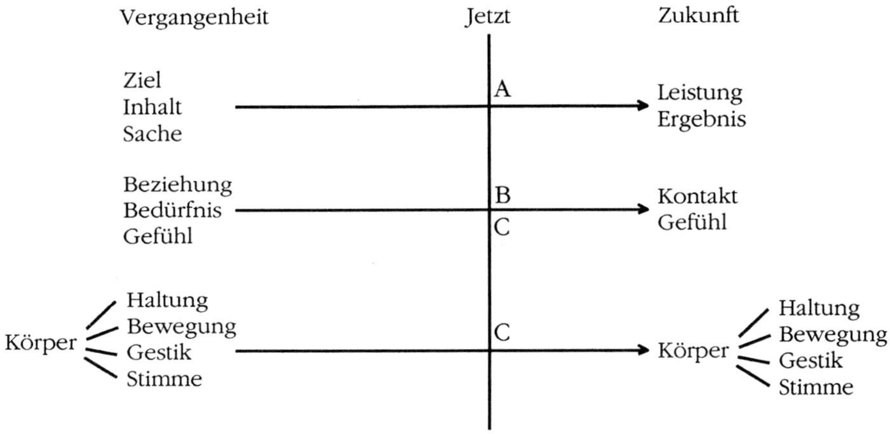

A Ich werde heute abend in ein Konzert gehen.	Zielformulierung
B Ich möchte heute nicht ins Kino gehen.	negative Bedürfnisformulierung. Es ist kein Hinweis über persönliche Ziel, Wünsche enthalten.
C Ich würde gerne mitkommen, aber ich habe Kopfweh.	Bedürfnisformulierung und Information über das eigene körperliche Befinden, Information über Ziel bleibt offen.

Wenn Gesprächspartnern ein Austausch oder eine Verbindung auf einer gemeinsamen Ebenen möglich ist, kann man von einem Kontakt sprechen. Dann wird der Aufbau einer Beziehung und ein konstruktives Miteinander möglich.

19. Bildhafte Sprache und Medien

Diese Interventionstechnik ist artverwandt mit dem Konkretisieren. Bilder, Symbole und zusätzliche Medien erleichtern uns die Kommunikation. In Bildern sind oft viel präzisere Aussagen möglich als durch einen Schwall trockener Worte.

Ein Beispiel:

A: Mein Sohn hat immer Schwierigkeiten in der Schule, und ich weiß nicht mehr, wie ich ihm helfen soll.

B: Können Sie mir genauer sagen, was mit "immer Schwierigkeiten" gemeint ist? (konkretisieren lassen)

A: Er eckt einfach überall an, weil er sich nichts gefallen läßt.

B: Vielleicht schildern Sie mir ein Beispiel aus der jüngsten Zeit, damit ich mir leichter ein Bild machen kann. (konkretisieren lassen)

A: Er prügelte sich mit einem Mitschüler. Dessen Eltern liefen zum Direktor und beschwerten sich. Der Direktor hat mich kommen lassen und mir gedroht, daß er meinen Sohn aus der Schule werfen wird, wenn es nochmals geschieht.

B: Was haben Sie anschließend getan? (Informationsfrage)

A: Bis jetzt noch nichts. Aber ich werde ihn am Sonntag einen Aufsatz schreiben lassen, wie man sich in der Schule benimmt.

B: Ihr Sohn läßt mit dieser Prügelei die Puppen ganz schön tanzen (bildhafte Sprache). Könnten Sie einmal grob auf einem Blatt Papier skizzieren, wer bei dieser Geschichte mit wem was macht?

A:

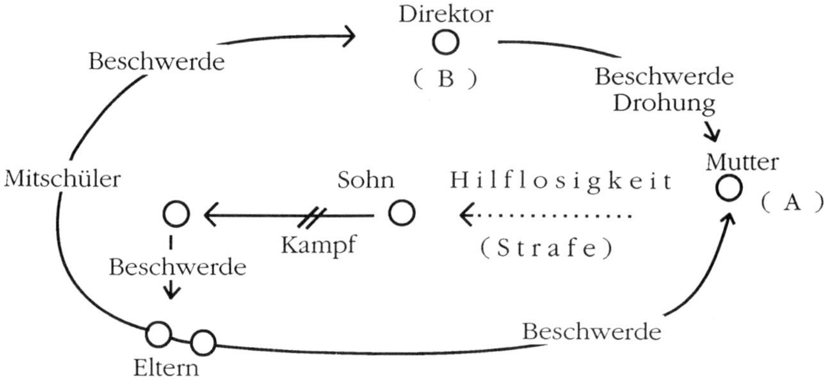

B: So wie Ihre Skizze aussieht, steht Ihr Sohn im Mittelpunkt des Geschehens. (Situationsbeschreibung)
Er scheint der einzige zu sein, der aktiv direkt gehandelt hat, während die anderen indirekt sich abreagieren. (Umdeutung)
Mit Ihrer geplanten Strafarbeit für Sonntag reihen Sie sich in die Kette ein. (Ebenen ansprechen)
Vielleicht ist es günstiger, daß Sie diese anfangs angesprochene Hilflosigkeit eingestehen und sich von Ihrem Sohn ein wenig beraten lassen.

Durch die bildhafte Sprache können Interventionen deutlicher, kraftvoller und wirkungsvoller werden. Medienwechsel oder Medienunterstützung helfen uns, leichter Informationen zu vermitteln. Die Trockenheit der Worte wird bewässert und das logische Alltagsgrau angesprüht, wenn Bilder, Zeichen und Symbole wieder Begleiter sein dürfen.

Das Verwenden von Medien in Bild und Ton, wie

— Video
— Tafeln, Flip-Charts
— Pinwände
— Sprechblasen und Wolken
— Farbstifte
— Skizzen, Grafiken, Zeichnungen
— Tonband
— Knetstoffe
— Zinnfiguren
— Raster, Schemata,

als Hilfe für die Sprache sorgt für eine Lebendigkeit, die sowohl dem Sender wie dem Empfänger zugute kommen. Die bildhafte Sprache als Interventionstechnik ist eine wunderbare Möglichkeit, als Erwachsener bei ganz ernsten Anliegen spielerisch vorgehen zu dürfen.

20. Handlungsaufforderung

Der beste Chef ist derjenige, der seinen Mitarbeitern das anschafft, was diese sowieso tun wollen.
Der beste Mitarbeiter ist derjenige, der das, was er tun will und soll, tatsächlich beginnt zu tun.
Das schönste Ziel, das man sich setzen kann, ist, wenn man mit aller Kraft und Engagement auch das Ziel erreicht.
Wie häufig sind Wünsche, Ziele und Pläne abgesteckt und wie von unsichtbarer Hand zurückgehalten, bleiben die Akteure träge und untätig sitzen, sich vorbereitend auf die Ausreden und Entschuldigungen beim Versagen.

Wir wollen etwas tun und tun alles, um es nicht zu tun.

Wir wünschen uns etwas und haben Angst, daß der Wunsch in Erfüllung geht. Wünsche und Befürchtungen sind wie Zwillinge, die nur beim genauen Hinschauen auseinander zu halten sind.
Ich selbst habe oft über mich und andere gerätselt, wie es möglich ist, daß nur noch ein kleiner Anstoß fehlt, eine Handlung anzufangen, fortzuführen oder zu beenden und plötzlich eine stumpfsinnige Lähmung und Bewegungslosigkeit sich über den ganzen Körper ausbreitet und es zum absoluten Vergessen des Vorhabens kommt.
Der Tod des Handlungsreisenden ist seine unendliche Geduld beim Warten, Erklären und Vermeiden. Er trifft sich nicht mehr, außer mit sich selbst, und er bewegt sich nicht mehr mit seiner Betroffenheit. Er opfert seine Wünsche und Ziele

den alten Gefühlen und Geschichten und züchtet in seinen Vorstellungen nur noch die Dornen von den Rosen — vergißt die Pracht der Blüten.

Beim Aufwachsen und als Erwachsener brauchen wir für bestimmte Wünsche und Vorhaben Personen, die uns

— behüten
— begleiten
— Impulse geben
— Kräfte verleihen
— Spannung wecken
— Druck machen
— mitziehen
— Erlaubnisse geben
— unterstützen

Ein leichter Klaps, ein kleiner Schubs und ein symbolischer Tritt vermögen Wunder zu wirken. Ein Streicheln, eine Ermutigung oder eine Erlaubnis können uns genauso wie ein Stoßen und Drücken ein Ansporn sein, um uns zu vereinbarten, festgelegten und auch selbst gewollten Handlungen zu treiben. Diese Technik besteht in einer energiegeladenen Aufforderung zum bewußten und zielorientierten Tun. Voraussetzung für ihre Anwendung ist allerdings, daß das Ziel, der Auftrag oder das Anliegen bekannt und klar abgegrenzt sind. Die Aufforderung selbst wird dann einen hohen Wirkungsgrad erzielen, wenn

a) die Intervention von einer Person aus einer wertschätzenden Einstellung gemacht wurde
b) alle Kräfte mobilisiert wurden
c) der passende Zeitpunkt gewählt wurde.

Zwei Beispiele:

"Projektgruppe"

A: Wir haben heute die Zielsetzungen für das Projekt formuliert. Wir haben nur noch 10 Minuten Zeit.	Situationsbeschreibung
Wir müßten uns nächste Woche nochmals treffen, um die Planung zu besprechen.	Erwartung
B: Genau. Also heraus mit unseren Terminkalendern und finden wir für nächste Woche einen gemeinsamen Termin.	Handlungsaufforderung

''Auftrag''

Mitarbeiter:	Habe ich richtig verstanden, daß ich bis Mitte des Monats in zwei Abteilungen eine Bedarfserhebung bezüglich Fortbildungswünschen zu machen habe?	Reformulierung
Chef:	Ja. Beginnen Sie gleich morgen früh damit.	Handlungsaufforderung

Diese Interventionstechnik besticht durch ihre Einfachheit, und dennoch halte ich sie für eine der Techniken, die besonders schwierig in der Anwendung sind. Das Abstimmen der Aufforderung auf die unterschiedliche Mentalität der Partner, die Variationsmöglichkeiten vom sanften Ermutigen bis zur unbequemen Bissigkeit und das Finden des geeigneten Zeitpunktes lassen diese Technik einmal als Taktstock und das andere Mal als Schlagstock erscheinen. Gefühlsmäßiges Bewegtsein und körperliche Bewußtheit helfen, Trägheiten zu überwinden und verpaßte Gelegenheiten zu reduzieren. Handlungsaufforderungen dosiert und überlegt eingesetzt, sind die Würze eines impulsarmen Alltags.

6. Epilog

Persönliche Lebenskonzepte

Von Krücken und Kräften

Er war verletzt und humpelte.
Nur langsam kam er voran.
Er wollte bei den anderen sein, sie einholen, sogar überholen. Zurückgelassen blieben ihm nur sein Schmerz und sein Alleinsein. Er haßte sich, die anderen und seine Behinderung. In seinem Unglück fand er Krücken.

Lange übte er mit ihnen.
Wo er auch war und was er auch tat, die Krücken waren bei ihm. Er konnte sich auf sie verlassen.
Je geschickter er wurde in der Handhabung, umso mehr vergaß er die heilenden Kräfte in ihm.
Statt dem Aufspüren seiner Kräfte hatte er bald eine stattliche Sammlung von Krücken.

Eines Tages stellte er sich und sie im Wettkampf zur Schau.
Er gewann.
Die anderen verloren.
Sein Beispiel machte Schule.
Er wurde zum Vorbild, und seine Krücken wurden nachgebildet. Krücken wurden idealisiert, Kräfte verbildet.

Wieviele Krücken besitze ich, um zu gewinnen, mich zu verbessern und besser zu sein als andere?
Welche Krücken benütze ich, um nicht mehr meine Sinne, meine Kräfte und Gefühle zu spüren?
Wieviele Krücken konstruiere ich, um mich zu wehren, zu schützen und zu rebellieren?
Welche Krücken sind meine überflüssige Zier für die Sucht nach Macht, Besitz und Geltung?

Wir vertrauen Krücken mehr als unseren Kräften.
Wir opfern die Kräfte den Mächten und dem Haben, ohne aus der Ohn(e)-Macht heraus natürlich zu gedeihen.

Kräfte und Krücken.

Wir sparen unsere Kräfte für den Abschied, der nicht stattgefunden hat, den Abschied von Krücken.
Wir sind unterschiedslos Gefangene unserer eigenen Krücken geworden.

Er schlendert nicht mehr bloßfüßig über eine Wiese im morgendlichen Tau, sieht nicht mehr das Glitzern der Sonne im Wassertropfen, hört nicht mehr die Geschichten, die der Wind erzählt.

Die Schönheit zählt nur, wenn bezahlt wird.
Die Wohltat läßt sich nur mit der Mätresse Erfolg sehen.
Das Dasein leidet unter der bedrückenden Last der Leistung.

Er ist mächtig geworden, aber kraftlos.
Mit Krücken überwindet er die Leere, das Dunkle seiner Qual und fürchtet sich vor seiner Kraft, die sich in seinem Innersten zusammengezogen hat.
Lieber idealisiert er sich und sein Weltbild und sammelt neue Krücken, statt in stiller Bewegtheit wieder seine Kraft zu finden.

Er bietet viel, um seine Illusionen behalten zu dürfen, und kettet sich fest, panzert sich, um jedem Impuls der Kraft zu widerstehen.

Alles scheint in Ordnung zu sein.
Jedes Problem ist zur bekrückenden Welt geworden.
Das Bewußtsein über die Kraft schlummert verdrängt.
Der Tod wartet.

Mit jeder Krücke starb ein Stück seiner Kraft, sein Selbst. Am Ende seiner Kraft fiel er.
Der Boden und die Erde fingen ihn auf, hieltenihn ohne Verlangen, Phantasien, Traumbilder, Gefühle stiegen auf, wurden wach. Andere Wirklichkeiten und Wahrnehmungen durchströmten ihn. Kräfte bewegten ihn, und bewegt folgte er den inneren Kräften.

Er stolperte hinein in die dunkle Höhle seines Selbst.
Er sah seine Kräfte bei der Arbeit.
Rastlos und ruhelos waren sie beschäftigt, Krücken zu bauen, Störungen einzusperren, Wahrnehmungen zu verzerren und Probleme zu pflegen.
Er hatte seine freien Kräfte versklavt.
Er hatte sie und sich selbst verraten.
Er schrie. Er schrie um Hilfe.

Menschen tauchten auf.
Sie hatten Geschenke bei sich.
Ein Alter gab ihm die Bescheidenheit wieder.
Einer, der wie ein Narr wirkte, schenkte ihm die Verrücktheit.
Eine mütterliche Gestalt hauchte ihm Herzlichkeit ein.
Ein kleiner Junge spielte mit ihm, bis er lächelte.

Er begann zu begreifen.

Er ließ sich und die Krücken fallen.
Er fand zurück zum gewöhnlichen Leben, seinem Leben.
Er besann sich wieder auf die Stille, dachte um, fühlte, spürte Energien durch seinen Körper fließen, liebte, träumte und glaubte.
Sein Dasein war nicht zu verbessern durch Krücken.
Seine neuen Kräfte bescherten ihm die Erkenntnis von einem ganz gewöhnlichen Leben, in dem es viele Menschen und Plätze zu finden gibt, wo er seine Kräfte außergewöhnlich spürt.

ICH ATME,

auch wenn ich MICH vergesse.
Ich lebe in meiner Vergeßlichkeit weiter, denn das Schöpferische verlangt keine Tiefe der Bewußtheit, sondern begnügt sich, mit mir Schicksal zu spielen.

Ein leichter Lufthauch zieht spürbar an meinem Mund vorbei. Ich hole tief Luft, spüre Bewegungen in meinem Körper, weiß von meiner momentanen Bewußtheit der lebendigen Existenz und schenke aus der Fülle und Erfüllung heraus meinen Atem der Welt.
Das bewußte Atmen verschafft uns Zugang zu den Quellen des Seins und Werdens und verbindet den menschlichen Organismus mit dem Kosmos, den Körper mit der Seele.
Shira-Gama nennt die Wissenschaft vom Swara (vom Atmen) die höchste aller Wissenschaften: Sie ist die Flamme, welche die Wohnung der Seele erleuchtet.

Ich ATME,
und so, wie ich atme, lebe ich.
Der natürliche, lebensnotwendige Reflex des Ein- und Ausatmens ist für uns so bequem installiert, daß wir diese Energiequelle oft unbewußt verkommen lassen. Wir atmen automatisch, vegetieren verlebt dahin, sterben ab in unseren Beziehungen zum eingehauchten Odem und in unserer Beziehung zur Umwelt. Bewußtes Atmen ist eine belebende Atmung, ist die lebendige, erleuchtete Seele des Menschen, die es uns erlaubt, weltoffen, hingebungsvoll zu leben.

Das Einüben in die bewußte Atmung gilt als ein Weg zu sich selbst und als eine Demutsgeste der Schöpfung gegenüber.

Ich ATME,
der Tod ist atemlos.
Die Identität des Menschen in seinem Dasein wird durch das Maß seines Atmens geformt. Jegliches unaufmerksame Geschehenlassen, Anhalten und Drosseln der Atmung gibt uns einen Hinweis auf ein gefühlsgebundenes und schicksalhaftes Warten. Das Atmen gibt dem Körper Bewegung und Impulse für sein Reifen und Wachsen. Das bewußte Atmen ist bewegte Geistigkeit.

Ich ATME,

und weil ich atme, bin ich bewußt Objekt der Natur und eigenständiges Subjekt meiner Geschichte. Mit jedem Atemzug weiß ich von meinem naturgebundenen Dasein als Lebewesen und werde zugleich stimmgewaltig, ausdrucksfähig meine Geschichte mitteilen.

Das pulsierende Einlassen der Luft, Energien umsetzend, Heimat finden im Körper und das befreiende Auslassen des Atems geben uns das Geheimnis der vergänglichen Lebendigkeit preis, das uns realistisch kontaktfähig macht.

Ich ATME,
und singe von meinem bewegten Leben.
Der Atem trägt unsere Stimme und verrät uns die Stimmung. Der Klang der Stimme, der Takt der Laute, die Stille der Pausen geben uns Hinweise, wie weit wir unser Herz gestimmt haben. Der Weg des Herzens folgt keinen Spuren, sondern verwischt im Ausatmen die gewichtigen Eindrücke des Aufsetzens des Fußes auf die Mutter Erde. Jeder Schritt, der mit bewußter Atmung verbunden ist, wird zum Fortschritt. Die Atmung läßt den Körper schwingen, und wir brauchen dieser Bewegung nur zu folgen um einer leichteren Lebensgestaltung willen.

Ich ATME
und lausche meinen Sinnen.
Bewußtes Atmen schärft die Sinne. Je mehr wir bei Sinnen sind, umso mehr ist das Leben mit Sinn erfüllt.

Ich ATME.

Träume

Im Traum gibt es keine Lüge.
Ich träume und begreife
meine vollständige Wirklichkeit.
Richtungslos und ungebunden,
springe ich,

falle ich,
bin eins und alle gleichzeitig,
bin Seher und Gesehener.

Ich bin, weil ich träume.
Ich gehe meinen Weg,
aber in Wirklichkeit träume ich ihn.

Ich bin als Eintagsfliege unterwegs,
summe ein Wiegenlied im Walzertakt
und lächle über das Alltagsleben
der früh Vergreisten.
Ein Tag mehr wäre mehr als unnatürlich.

Ein vollgenutzter Tag,
wo ich jedem einen guten Tag wünsche.

Mit einem Schlüssel öffne ich die Tür zum Abgrund.
Eine Brücke vor mir hindert mich, hinabzuspringen.
Bequem, wie immer in meinem Leben,
benütze ich den Übergang,
ohne die Tiefe eines Blickes zu würdigen.
Ich übergehe den Grund des Seins,
den Abgrund des Bewußtseins.

Viele offene Treppentüren
führen stufenlos
in Räume, wo der Boden unerkennbar ist.

Ein Sprung ins bodenlose Dunkel

erschüttert und erhellt mein Bewußtsein,
falls ich es wage,
auf die gewohnte Bequemlichkeit
zu verzichten.

Endlich wahnsinnig geworden,
entwerfe ich Erklärungen vor meinen Augen,
die durch Sphärenmusik offen gehalten werden.
Etwas Nähe würde nur das Geheimnis offenbaren.

Die Formel zerfällt,
und ich verfalle
in meine übliche Traurigkeit und Verzweiflung,
die mir vertraut sind.
Ich laufe davon,
laufe, bis ich bemerke, daß ich stehe.
Allein und ohne Wahn.

In meinen Träumen
gelingt mir der Wechsel der Bewußtseinsebenen.
Im Alltag scheint mir das Üben
viel zu schwierig.
Daher meine Schwierigkeiten.

Als Feigenblatt treibe ich den Fluß hinab.
Getragen vom Wasser,
bewegt von den Wellen.
Ein Wirbel nimmt mich gefangen.
Chancenlos ziehe ich meine Kreise,
ohnmächtig zum Bleiben verurteilt.
Meine frühere Leichtigkeit schwindet,

ich werde welk und unansehnlich.
Aufgeweicht stoße ich auf einen Stein,
der mich unnachgiebig wendet.
Die Strömung des Flusses erfaßt mich wieder
und treibt mich weiter.

Anstöße, Weichwerden und Beeinflussungen
sind die Funken in meinen Träumen,
die den Zündstoff für das andere Sein liefern.

Der Weg dorthin, wo das Irgendwo sein Zuhause hat,
scheint aussichtslos.
Ich gehe und finde keine Richtung.
Müde geworden, nehme ich Platz.
Ausweglos.
Irgendwo.

In meinen Visionen,
die gerne mit mir spielen,
gibt es Standorte und Richtungen.
Voraussetzung ist eine ungeordnete Aufmerksamkeit.

Ohne Träume verhungern Visionen.
Ohne Visionen finden sich keine Ziele.
Ohne Ziele gibt man auf, bevor begonnen wurde.
Ohne Ende kein Beginn.

Endlich der Anfang.

Der Zaun

Ich schlenderte dahin
und fand auf meinem Weg wieder diesen Zaun.
Weit und breit keine Öffnung,
kein Durchkommen.
Abweisend und drohend in seiner Bauweise.

Vor vielen Jahren
sah ich ihn das erste Mal.
Damals wollte ich ihn noch übersteigen,
überwinden
und blickte hinüber.

Eine zauberhafte Wiese
mit wunderschönen Blumen breitete sich vor mir aus.
Blaue Veilchen
stimmten meine Seele auf die Natur ein.
Rote Rosen
öffneten hingebungsvoll mein Herz.
Bunte Orchideen
erfüllten mein Wesen mit erregender Freude.

Fassunglos wollte und konnte ich den Anblick nicht ertragen.
Unvorbereitet traf mich die Wucht
einer Ganzheit und Vollkommenheit,
der ich noch nicht gewachsen war.
Mein Blick senkte sich,
und wie einen rettenden Strohhalm
fand meine Aufgewühltsein
den Zaun.

Zitternd hielt ich mich fest,

lehnte mich an.
Ohne die Grenze zu überschreiten
wurde ich ihr bester Liebhaber,
um vergessen zu können.

Grenzenlos fand ich Grenzen;
wo keine waren,
schuf ich sie.
Mein Lebensinhalt war der Zaun geworden.
Mit jedem und allen sprach ich über ihn,
verklärte ihn,
machte ihn unüberwindbar
und vergaß mit der Zeit die jenseitige Welt.

Ich war älter geworden,
meine Augen waren müde
vom Ausschauhalten nach Grenzen.
Meine Lebensaufgabe
war der Halt am Zaun.

Ich war zufrieden, aber friedlos.
Ich war freundlich, ohne Freude zu empfinden.
Ich war tüchtig, aber verschlossen.

Ein Schmetterling
flatterte den Zaun entlang.
Mein Blick folgte seinem tanzenden Flug,
verlor sich in der Leichtigkeit seiner Bewegungen.
Wie von einem Windstoß getroffen,
überquerte er plötzlich den Zaun.

Unverhofft sehe ich wieder die Wiese
jenseits des Zaunes.
Ich sehe bewußt eine Welt, meine Welt,
voller Blumen, Farben und Gefühle,

die ich vergessen glaubte,
die aber wahr waren,
wie ich selbst.

Ich spüre ein Sehnen,
ein Hingezogen-Sein zum unerreichbar Scheinenden.

Langsam richte ich mich auf
und wage das Unmögliche.

Der Zaun.

Ich gehe durch den Zaun,
höre hinter mir die Ketten
meiner Vorstellungen und Einbildungen fallen

Endlich das Ende

Das Ende ist eingefangen und hat angefangen.
Ich gehe als befangener Gefangener dorthin,
wo es keinen Ausweg gibt.

Umgeben von hohen Mauern,
mutlos und machtlos,
erahnend und kühl gelassen,
schaue ich in ein Nichts,
das ich selbst erschuf.

Das Gleiche bleibt gleich.
Bleich gestehe ich mir die Gewöhnlichkeit des Seins ein.
Harre der Dinge, die unvermeidlich kommen.
Halte den Kopf gesenkt, noch ohne Demut.
Bin ganz die Enttäuschung,
mit einem halbherzigen Spüren,

einem krampfhaften Zucken.

Verwundert stelle ich fest, daß es keine Wunder gibt.
Starr außen, unruhig innen,
wird das Warten quälerisch bewußt.
Die Deutlichkeit
des schicksalhaften Dahinplätscherns des Lebens
ertönt wie ein Glockenschlag durch meinen Kopf.
Nicht gelebt, nur gewartet.
Auf das Ende.

Das Ende hat es nicht eilig.

Müde gewordene Gedanken
pflegen noch den letzten Rest der Hülle meines Selbstbildes.
Ein Stoß löst das Bild in Fratzen auf,
die Götzenbildern gleichen.

Fast will ich mich niederknien.
Vor mir selbst und meinen Einbildungen.
Geblendet schließen sich meine Augen,
und ich höre mich als Gefangener unhörbar rufen.

Das Ende naht als Stille.
Frierend, die blendende Glut vor Augen,
kommt aus meinem Innersten ein Stöhnen.
Röchelnd mein Atem
aus dem Mund,
der immer log.

Eine letzte Lüge formen meine Lippen.
Bekenntnisse,
die für mich und die Welt von Wert sein sollten.
Niemand mehr vernimmt mich,
nur das Echo narrt meine Sinne.
Mein Selbst ist umgarnt und eingesponnen.
Ich beginne verständnislos zu stammeln.

Langsam sterben meine Worte ab.
Ich gebe auf,
finde mich mit dem unvermeidlichen Tod ab.
Bald wird der erlösende Augenblick mir leise zulächeln.

Eine seltsame Heiterkeit
beschleicht mich von der Seite.
Sie flüstert mir zu,
auf die nächste, letzte Träne zu achten.

Als ich sie sehe,
werde ich von ihr weggespült,
aufgenommen von einem Fluß,
der mir fremd ist.
Frei.

Endlich.